KB244276

완벽한 쇼핑

완벽한 쇼핑

저자_ 김기환

1판 1쇄 인쇄_ 2012. 10. 2
1판 3쇄 발행_ 2012. 11. 10

발행처_ 김영사
발행인_ 박은주

등록번호_ 제406-2003-036호
등록일자_ 1979. 5. 17.

경기도 파주시 문발동 출판단지 515-1 우편번호 413-756
마케팅부 031) 955-3100, 편집부 031) 955-3250, 팩시밀리 031) 955-3111

값은 뒤표지에 있습니다.
ISBN 978-89-349-5958-8 13300

독자 의견 전화_ 031) 955-3200
홈페이지_ www.gimmyoung.com
이메일_ bestbook@gimmyoung.com

좋은 독자가 좋은 책을 만듭니다.
김영사는 독자 여러분의 의견에 항상 귀 기울이고 있습니다.

완벽한 쇼핑

김기환 지음

김영사

당신은 오늘 산 물건에 만족하는가?

환한 조명 아래 반짝이는 물건들, 은은한 음악이 흐르고 기분 좋은 향기가 넘쳐흐르는 곳. 누구나 백화점에 들어서면 깔끔하고 쾌적한 분위기에 매료되어 뭔가를 내 것으로 만들고 싶은 소비의 욕망에 사로잡히게 된다.

기자 생활 17년 동안 만 10년을 드나든 곳이 백화점이다. 백화점만큼 '있는 자와 없는 자'가 확연히 구분되는 공간이 있을까. 10년 동안 백화점 취재를 하다보니 고객을 보면 물건을 사러 왔는지, 아이쇼핑을 온 건지 대략 알 수 있다. 아이쇼핑을 온 사람은 점포 안에 들어가지 않고 마네킹에 입혀놓은 옷가지만 둘러보며 매장 주위를 빙빙 돈다. 백화점 직원도 이런 고객들에게는 구매를 권하지 않는다. 이들에게는 백화점 한편에 마련된 '○○○ 초특가전' '○○○고별전' 같은 할인행사장이 반가울 따름이다.

백화점 매장을 자기 집 드나들듯 하는 고객들은 고급승용차에서 내리자마자 백화점 회전문을 통과한다. 주차는 백화점 직원의 몫이다. 백화점에 들어서면 주위를 살펴보지도 않고 목적지를 향해 발걸음을 재촉한다. 주문해놓은 상품을 찾거나, 필요한 물건을 사기 위해서다. 이들은 대개 VIP고객들이다. 이들에게는 발레파킹 서비스부터 각종 문화행사 초청, 파티나 패션쇼 초청 등 그들만의 쇼핑 기회가 마련된다.

'일터'로서의 백화점은 소비 공간과 더불어 유통 공간의 의미가 크다. 깨끗한 진열대에 전시된 물건이나 늘씬한 마네킹이 입고 있는 물건이 소비자에게 팔려나가는 건 백화점 세상의 극히 일부분일 뿐이다. 화려한 조명의 이면에는 백화점에 입점한 업체들 간의 경쟁이 무척이나 치열하다. 시즌별로 내세울 만한 물품을 선정하고 세일 전략을 세우고 고객을 관리하고 재고물품을 처분하는 것이다. 백화점이 VIP고객관리에 공을 들이는 건 전체 고객의 약 20퍼센트를 차지하는 VIP고객이 전체 매출의 80퍼센트를 차지할 정도로 비중이 크기 때문이다.

'호모 콘수무스(homo consumus)'라는 말이 있다. '소비하는 인간'이라는 뜻이다. 인간은 누구나 소비를 통해 자신의 존재감을 충족시키려는 욕망을 갖고 있다. 있는 자와 없는 자의 욕망은 그다지 큰 차이가 없다. 대부분의 사람들은 남들보다 더 좋은 옷, 큰 차, 비싼 가전, 귀하고 독특한 장신구를 소유하고 싶어 한다. 그런 욕망을 채워줄 수 있는 돈이 있느냐 없느냐는 그 다음의 문제였던 것이다. 필자는 최첨단 소비의 공간인 백화점을 출입하면서 '소비의 가치란 무엇인가'에 대해 고민하지 않을 수 없었다.

돈을 내고 어떤 물건을 소유하는 소비라는 행위에는 배고픔, 헐벗음을 피하려는 기본적인 욕구를 충족하기 위한 목적도 있지만, 현대에 들어선 이후로는 남들과의 차별성을 위한, 그리고 자신의 고유한 정체성을 드러내기 위한 목적이 더 커진 것 같다. 유독 한국에서 명품 시장이 불황을 모른 채 급성장하고, 대규모 쇼핑업체가 속속들이 들어설 뿐만 아니라 온라인 쇼핑몰 또한 우후죽순으로 생겨나고 있다. 이러한 현상을 보자니 아마도 내핍의 시기를 끝내고 경제발전기에 접어든 한국인의 소비욕구가 한꺼번에 분출되었기 때문이 아닐까도 생각해본다.

언제부터인가 소비가 남과의 경쟁 레이스처럼 받아들여지면서 백화점과 같은 유통업체와 상품을 생산·제조하는 업체들은 이렇듯 끊임없이 소비자를 유혹한다. "○○을 사는 순간 당신의 아침이 달라집니다" "○○은 당신의 품격을 높여줄 것입니다"…… 그리고 출근하는 버스의 앞좌석에도, 운전기사석 뒤편에 붙어 있는 모니터에서도, 지하철 승강장과 붐비는 지하철 안 곳곳에서도, 시내 빌딩 옥상에서도 소비자를 향해 '이것을 소비하면 행복해질 것'이라는 구호를 24시간 쏟아낸다.

어떤 물건을 살 것인지 결정하고 지갑을 여는 소비의 주체는 분명 소비자이다. 그런데도 유통업체나 제조업체가 만들어내는 '가상의 소비욕망'이, 그리고 때로는 업체의 이득을 얻기 위해 '왜곡된 소비정보'가 더 힘을 발휘하고 있다는 느낌을 떨칠 수 없다. '똑똑한 소비'란 어떤 것인지 충분히 고민을 한 후 이 책을 쓰

완벽한 쇼핑

겠다는 결심을 한 것도 소비자에게 '소비의 주체는 당신'이라는 지극히 평범한 진실을 알리려는 바람 때문이다.

소비자가 그야말로 '주체'가 되는 소비를 하려면 무엇보다 정보가 많아야 한다. 업체의 이해를 교묘하게 숨긴 광고나 마케팅 방식에 쉽게 유혹되기보다는 진실에 입각한 정보의 힘이 종래에는 더 센 법이다. 정보의 균형이 깨지면 한쪽은 일방적으로 끌려다닐 수밖에 없다. 소비의 주체로서 다양한 정보를 확보한다면 자신의 소비욕구가 진짜 나의 것인지, 아니면 누군가에 의해 만들어진 것인지 제대로 알 수 있다. 더불어서 당당하게 소비욕구를 충족하는 데 따른 자존감도 더 커질 것이다.

필자는 그간 소비자가 접하기 쉽지 않은 유통현장을 10여 년간 취재하면서 소비자가 알아야 할 그들만의 영업 비밀, 혹은 소비자의 상식을 깨는 정보를 꼼꼼히 담기 위해 애써왔다. 하지만 지금은 장바구니가 갈수록 가벼워질 수밖에 없는 고물가 시대다. 물가를 잡겠다며 품목별로 경제부처 담당자를 정해놓았다지만 소비자의 체감물가는 떨어질 줄 모른다.

나는 이 책의 정보가 좋은 물건을 고르는 것뿐만 아니라 특히나 현실적인 가계살림에도 도움이 될 수 있도록, 가상의 인물 알뜰녀, 알뜰남 씨를 등장시켜 그들의 경험을 통해서 얻게 된 '돈 되는 정보'만을 수집했다. 물론 일부 언론 보도를 통해 알려지거나 들어봄직한 내용도 상당수 포함되어 있다. 이런 내용은 재차 확인을 통해 업그레이드했다. 하지만 책 속에 담긴 대부분의 정보는 필자의 노하우와 발품을 팔아 처음 얻은 내용들이다. 오랜 기간 출입을 하면서 알게 된, 기업이 숨기고 싶은 정보들도 그대로 공개했다.

내용에 따라서는 수혜를 보는 기업이 있을 수 있겠고, 반대로 피해를 보는 기업도 있을 것이다. 그러나 특정한 기업을 돕거나 또는 피해를 주기 위해 결코 이 책을 쓰진 않았다. 소비자의 입장에서 알아야 할 정보가 무엇인지, 알게 모르게 피해를 보는 일은 없는지, 실제 피해를 봤다면 어떻게 대응해야 하는지에 초점을 맞췄다. 선택은 독자들이 해야 하는 것이며, 기업들은 소비자의 그 판단을 존중해주길 바랄 뿐이다.

오늘 당신은 무엇을 샀는가? 가격과 품질에 만족하는가? 매일매일 무언가를 소비하는 시대에 모쪼록 이 책이 당신의 소비행위를 만족시키고, 소비의 가치에 공감하는 데 작은 도움이 될 수 있다면 저자로서 더 이상 바라는 것이 없겠다.

2012년 9월
김기환

똑똑한 정보가
백화점 VIP를 만든다

완벽한 쇼핑

완벽한 쇼핑

세일 때? 아니면 가격인하 때?

"아는 만큼 잘 산다(buy)"는 말은 '돈 버는 쇼핑'의 기본을 가르쳐준다. 쇼핑에도 머피의 법칙이 적용될 때가 있다. 내가 사고 나면 꼭 그 상품이 할인행사에 들어가고, 계산을 다 마쳤는데 다른 브랜드의 비슷한 제품이 큰 폭의 할인을 해주는 것을 목격하곤 한다. 억울하다고 가슴 칠 일이 아니다. 쇼핑 정보를 챙기는 데 게으르거나 무심한 자신을 탓할 일이다.

알뜰 소비자들은 백화점, 할인마트 등에서 실시하는 할인행사 정보를 적극적으로 파악한다. 집으로 배달되는 전단지나 광고를 유심히 살피기도 하고, 직원들과 안면을 터서 행사가 몰리는 시간이나 기획행사 시기 등을 미리 알아보기도 한다. 인터넷 홈페이지도 자주 들락거리면서 평소 메모해뒀던 구매용품의 할인행

똑똑한 정보가 백화점 VIP를 만든다

사는 없는지 꼼꼼히 파악한다.

여기서 소비자들이 제일 많이 궁금해할 점 한 가지를 소개해보자. 백화점에서 정상가보다 저렴한 가격에 물건을 판매하는 방법은 '세일'과 '가격인하' 두 종류가 있다. 세일과 가격인하 모두 재고물량을 줄이기 위해 시즌이 지난 직후 실시한다는 점은 똑같다. 하지만 이를 진행하는 방식이 각기 다르다는 점을 혹시 알고 있는가? 쉽게 말해, 세일은 물건이 팔리지 않아도 일정 기간 인하된 가격으로 판매하는 반면, 가격인하는 상품이 모두 팔릴 때까지 인하된 가격으로 판매한다.

보통 백화점 정기세일에서 저렴하게 판매되는 세일품목은 정기세일 시작 전 최소 20일간 정상가로 판매된 제품 안에서만 해당된다. 이는 공정거래법상 '할인특매규정'에 명시돼 있다. 세일을 진행하는 브랜드 매장을 가보면 일부 아이템들은 세일에서 제외되는 것을 보았을 것이다. 이는 매장에 입고된 지 20일이 채 안된 최신상품이기 때문이다. 세일품목은 세일이 끝나자마자 바로 정상가로 복귀시키거나 판매를 중단해야 한다. 그리고 다음 세일에 다시 세일품목으로 지정하려면 최소 20일간 정상가 판매를 필수적으로 해야 한다.

한편 가격인하 상품은 한 번 가격이 낮춰지면 정상가로 돌릴 수 없다. 모든 물량이 소진될 때까지 할인가로 판매된다. 다음과 같은 구매자들을 심심치 않게 보게 된다. 세일기간에 백화점에 들러 가격이 인하된 제품을 구입했고, 나중에 세일이 끝난 후 다

완벽한 쇼핑

시 백화점에 갔는데 자신이 산 그 물건이 아직도 할인된 가격에 판매되는 것을 보고 억울한 마음에 항의하는 경우 말이다. 이는 세일과 가격인하의 개념을 정확히 구별하지 못했기 때문이다.

백화점 세일은 보통 1, 4, 7, 10, 12월(12월 정기세일은 업체에 따라 생략하기도 함)에 열리는 '정기세일'과, 정기세일 직전 약 일주일 동안 진행하는 '브랜드세일' 두 가지로 나뉜다.

브랜드세일은 주로 인지도가 약한 브랜드들이 정기세일에 앞서 저렴한 가격을 내세워 손님을 끌려고 실시하는 경우가 대부분이다. 브랜드세일에 참여하는 브랜드들은 전체 입점 브랜드 중 30~40퍼센트 선이다. 노세일(No Sale) 브랜드를 제외한 나머지 50~60퍼센트는 백화점이 내건 공식세일 기간에 맞춰 세일을 진행하는 게 보통이다.

정기세일 기간은 대략 12~17일 정도 열리는데, 정기세일 중 기간도 제일 길고 세일 참여 브랜드 수도 가장 많은 때가 1월과 7월, 즉 여름과 겨울 정기세일이다. 여름·겨울 정기세일 때엔 봄·가을 세일에는 참여하지 않는 구찌, 프라다 같은 일부 명품 브랜드들까지 대거 참여하는 특징이 있다.

정기세일은 백화점 전체 세일 행사지만 모든 브랜드가 다 참여하지는 않는다. 화장품이나 보석류는 원래 세일을 하지 않는 경우가 많은데, 가령 에르메스, 샤넬 등 명품브랜드의 경우 브랜드이미지 제고를 위해 고가정책을 내세우다 보니 노세일 부류로 꼽힌다. 일부 명품브랜드는 재고물량이 발생하더라도 절대로 세일

똑똑한 정보가 백화점 VIP를 만든다

을 하지 않고 대신 아예 소각해버리기도 한다. 예를 들자면, 그동안 노세일을 표방했던 푸마가 2012년 갑작스레 세일에 참여한 이례적 사례를 들 수 있다. 독일 푸마 사의 국내 직접진출 결정으로 기존 판권을 가지고 있던 이랜드가 재고를 떠안게 되면서 재고방출 세일에 나선 것이다.

적어도 세일과 가격인하의 차이점, 그리고 세일이 언제부터 언제까지 열리는지만 잘 파악하고 있어도 '나만 백화점에서 비싸게 샀다'며 땅을 치고 후회하는 일은 피할 수 있다.

백화점 세일, 상식으로 알아두세요!

- 1, 4, 7, 10, 12월에 행해지며, 정기세일과 브랜드세일(정기세일 일주일 전)이 있다.
- 품목은 정기세일 시작 전 최소 20일간 정상가로 판매된 제품.
- 세일 상품은 세일 후 정상가로 구매해야 한다. 단, 가격인하 제품은 해당 상품의 모든 물량이 소진될 때까지 할인가로 판매한다!

백화점은 365일 가격인하 행사 중

상품전, 기획전, 감사전……

백화점에선 다양한 가격인하 행사가 연중 내내 기획된다. 백화점 가격인하는 세일과는 다르다. '여성 의류전', '5월 사랑과 감사의 달' 행사 등 시즌이나 이슈에 맞는 브랜드나 상품들을 모아 가격을 할인해 판매하는 것이다. 대부분의 상품이 참여하는 세일과는 달리 가격인하전은 일부 브랜드나 상품만 참여해 일주일 미만의 기간 동안 진행하는 것이 특징이다.

신상품만 할인품목이 될 수 있는 세일과 달리, 가격인하전에서 판매되는 상품은 주로 이월상품이나 행사용 기획상품으로서 세일처럼 '직전 20일 정상가 판매' 원칙을 지킬 필요가 없다.

백화점 판촉팀이 기획하는 할인행사들은 고객을 끌어들이는 미끼이자 선물과 같은 것으로서, 정기세일과 더불어 백화점 마케팅 전략의 중요한 부분을 차지한다. 이 행사를 요령껏 이용하면 소비자들 입장에선 이월상품이나 특별기획 상품을 아울렛에서 구입하는 것만큼 저렴하게 살 수 있다.

백화점 할인행사의 종류별 특징을 이해하고 취향에 맞는 제품을 좀 더 저렴하게 구입할 수 있는 방법을 알아보자.

시즌 행사

백화점에서 기획하는 대표적인 시즌행사는 2월에 열리는 설 행사와 9월의 추석 행사, 그리고 5월 감사의 달 행사 등이다. 백화점들은 추석과 같이 선물 특수를 누리는 대목에는 정기세일과 맞먹는 규모로 시즌 이슈에 맞는 상품을 갖춰 대대적인 할인행사를 기획한다. 일시적인 매출을 올리는 데 큰 몫을 하는 것이다. 백화점 여름상품 시즌이 끝나는 7월과 겨울시즌이 끝나는 1월 정기세일 기간에 몇몇 브랜드에서 재고를 줄이기 위해 진행하는 시즌오프 역시 주요 시즌행사다. 평소 세일에는 참여하지 않는 브랜드들이 주로 시즌오프 행사를 통해 물량 조정에 나서는데, 대표적인 브랜드는 폴로, 빈폴 같은 고가 의류 브랜드다. 이들 브랜드의 시즌오프 평균 할인율은 30퍼센트 정도다.

상품군별 행사

의류나 신발과 같은 특정 상품군에 해당하는 브랜드들이 모여 할인행사를 기획하는 경우도 있다. 이러한 행사는 보통 백화점 최고층이나 지하에 마련된 이벤트홀, 혹은 엘리베이터나 에스컬레이터 근처의 매대를 장소로 잡는 특징이 있다.

카테고리 행사는 판매상품에 따라 이월상품전과 특별기획전으로 구분할 수 있다. 지난해 재고를 50퍼센트 정도 인하해 판매하는 경우 이월상품전, 할인행사를 위해 특별제작한 상품을 판매하는 경우를 특별기획전이라 부른다.

일반매장에서 판매되는 정상가 상품 중에는 유난히 인기 있는 품목이 있기 마련이다. 그 품목과 유사한 디자인을 별도로 제작하여 기획상품을 만드는데, 이 기획상품을 모아 저렴하게 판매하는 것이 바로 '특별기획전'이다. 기획상품은 정상가 상품과 재질이나 디자인 면에서 약간의 차이가 있긴 하다. 하지만 가격이 저렴하다는 이점 때문에 유행에 민감한 알뜰파 고객이라면 이용해 볼 만하다.

완벽한 쇼핑

상품군별 행사를 가격책정 방식과 판매 물량으로 구분해보면 초특가전, 한정가전, 균일가전 등으로 또 나눌 수 있다. 한정가전은 이월상품 중에서도 가격을 대폭 인하한 몇 가지 미끼 상품을 한정판매하는 것을 말한다. 가령 지난해에 10만 원에 팔던 상품을 2~3만 원에 50개 정도 수량을 한정해 판매하는 식이다. 균일가전은 가격을 균일하게 맞춰 상품을 판매하는 것을 말한다. '바지 1만 원 균일가전'이라면서 여러 브랜드의 바지를 모두 1만 원에 판매하는 식이다. 초특가전은 균일가전과 한정가전을 합친 개념인데, 한정 품목을 일반가 대비 50~60퍼센트 이상 할인해서 균일가에 판매하는 방식을 말한다.

나도 백화점 VIP처럼 구매할 수 있다

정기세일 첫날, 개장 시간에 맞춰 백화점을 찾은 '알뜰녀 씨'. 그녀는 평소 눈도장을 찍어놓은 재킷을 할인된 가격에 살 수 있다는 기대감에 부풀어 서둘러 매장으로 향했다. 그런데 이게 웬걸? 이틀 전까지만 해도 수량이 넉넉했던 재킷이 품절됐다는 것이다. 이틀 새 무슨 일이 일어난 것일까?

알뜰녀 씨가 광고 전단에서 확인한 백화점 정기세일은 사실상 그전에 시작됐다. 단 VIP고객에 한해서다. 백화점은 VIP고객 관리 차원에서 보통 정기세일 일주일 전부터 'VIP고객용 세일'에 들어간다. A백화점의 한 관계자는 '정기세일 일주일 전에 VIP고객들에게 사전 세일을 알리는 전화 또는 문자를 보낸다'며 VIP고객들이 이 기간 동안 매장을 방문할 경우 세일 가격에 상품을 준다고 털어놨다. 알뜰녀 씨가 점찍은 재킷을 VIP고객들이 미리 사는 바람에 놓쳐버린 것처럼, 이렇듯 정기세일만 손꼽아 기다리던 일반 소비자들은 원하는 물건을 손에 넣기가 쉽지 않다.

어떻게 이런 편법 행위가 가능할까? 우선 백화점 매장은 VIP고객이 구입한 상품에 대해 카드 결제시 임시방편으로 카드번호 승인을 딴 뒤 일종의 가짜 영수증을 끊어준다. 그리고 세일에 들어가면 다시 정식 승인을 낸 뒤 정상적인 영수증을 발급하는 것이다. 이 같은 과정은 백화점과 입점업체 간에 엮여진 고도의 편법기술로 진행되기 때문에 누구도 그 내막을 알 수 없다.

또 다른 편법은 백화점 매장직원이 VIP고객에게 상품을 먼저 주거나, 창고에 보관을 한 뒤 세일기간에 결제를 할 수 있도록 돕는 방법도 있다.

그렇다면 알뜰녀 씨가 VIP고객 대우를 받을 수 있는 방법은 없을까? 이럴 때 환불제도를 이용하면 된다. 백화점 정기세일은 입점 판매자들이 대개 그 기간을 미리 알고 있다. 그러니 일반 소비자들은 이들 판매자들로부터 세일기간이 언제인지 미리 알아본 뒤 반드시 세일 6일 전에 원하는 제품을 구입해야 한다. 그리고 세일 첫날 매장에 다시 들러 반품한 뒤 다시 재구입할 경우 세일 가격에 살 수 있다. 세일 전날 내가 산 물건을, 그 다음날 저렴하

완벽한 쇼핑

게 구입한 회사동료를 보며 억울해할 필요가 없다는 얘기다. 백화점에서 구입한 물건은 상품에 하자가 생기지 않았다면 일주일 이내에 환불 받을 수 있기 때문이다. 물론 환불에 대비해 구입한 영수증을 챙겨놓는 건 똑똑한 소비생활의 기본이다.

독자들 중에는 이처럼 미리 물건을 구입한 뒤 환불까지 받으러 다시 발걸음을 하는 것이 너무 번거롭다고 생각하는 분도 있을 것이다. 이렇게까지 고생스럽게 움직여야 하나, 하고 말이다. 하지만 정상가보다 20~30퍼센트 싼 세일 가격이 적혀 있는 영수증을 한번 받아보시라. 번거롭다는 생각은 조금의 여지도 없이 금세 싹 사라질 것이다.

백화점 옷 가격에 숨겨진 계산법

큰맘 먹고 아내에게 옷을 한 벌 사줄까 싶어 백화점을 들렀을 때, 혹은 사회에서 기죽지 않도록 남편을 꾸며줄 요량으로 남성 정장을 사러 갔을 때 옷에 붙어 있는 가격표시의 태그를 보면 어떤 생각이 드는가. 아마 그 액수에 아연실색한 경험이 한 번씩은 다 있을 것이다.

"아니 웬 옷값이 이렇게 비싸! 그깟 천 조각이 얼마나 한다고."

우리나라 옷값은 정말 비싸다. 백화점에서 파는 유명 브랜드의 정장 한 벌 가격은 보통 100만 원을 훌쩍 넘는다. 희소가치 비용을 포함하는 해외명품 브랜드도 아닌 국산 기성복 제품인데도 그러하다.

도대체 정장 한 벌 가격이 왜 이렇게 비쌀까? 우선 원가 분석을 해보면 원단과 부자재 등 제품에 들어가는 제조가는 전체 30퍼센트 정도다. 그보다 많은 36~37퍼센트가 백화점 수수료에 해당한다. 다시 말해 100만 원짜리 옷 한 벌이 있는데, 이 옷을 실제 만드는 데 들어가는 비용은 30만 원이고, 백화점에 입점한 대가로 내는 돈이 36~37만 원이다. 화려한 조명과 깨끗한 쇼핑 공간이 주는 만족감을 위하여 치르는 비용이 아이러니하게도 옷 제작비보다 비싼 꼴이다. 여기에 제조업체들이 자체 고용한 백화점 매장 직원인 숍마스터 몫으로 12퍼센트 정도가 더해진다. 기타 비용으로, 백화점에서 치르는 각종 광고·홍보 프로모션과 고객 초청행사 등에 쓰이는 비용이 약 4~5퍼센트 추가된다고 업체들은 설명한다. 결국 소비자들은 100만 원짜리 여성복을 사면 40만 원 정도를 백화점 몫으로 고스란히 내고 있다는 계산이 나온다.

몇 년 전 "세계에서 리바이스 청바지가 가장 비싼 나라는 한국"이라는 얘기가 나온 적이 있다. 당시 매스컴과 국민들은 "왜 우리나라만 옷값이 그렇게 비싸냐"고 의류업체들을 탓했다. 하지만 의류업계는 "한국의 유통구조를 모르고 하는 얘기"라며 발끈했다.

국내백화점이 의류에 높은 수수료를 매기는 것은 일본 백화점 운영방식을 그대로 답습하고 있기 때문이다. 미국이나 유럽 백화

완벽한 쇼핑

점들은 바이어들이 제조업체에서 물건을 사서 직접 판매하는 방식이다. 그리고 의류업체들은 주문한 양만 만들어 팔기 때문에 재고 부담이 전혀 없다. 또 수수료가 없기 때문에 터무니없는 옷값이 책정되지도 않으니 여러 면에서 합리적이다.

40퍼센트 가까이로 턱없이 높은 백화점 수수료는 입점업체뿐 아니라 소비자들에게도 그대로 폭탄이 되어 날아온다. 하루 빨리 백화점이 가격 거품을 빼고 제품의 질로 승부하는 공간이 되려면 수수료 문턱을 낮추는 것부터 시행되어야 할 것이다.

백화점 옷을 싸게 사고 싶다면, 마리오아울렛으로 가라!

서울 금천구 패션단지길 마리오아울렛. 패션의류를 중심으로 판매하는 이곳에서는 '얼마 전에 백화점에서 본' 것 같은 최신 의류를 30~70퍼센트 싸게 판매한다.

지하 1층, 지상 8층 규모인 1관에서는 여성정장, 영캐주얼, 신사정장, 유니섹스캐주얼, 언더웨어 등 국내외 300여 유명 브랜드가 입점해 있다.

2관(지하 2층, 지상 14층)의 지상 1층은 유명 아웃도어 브랜드들이 총망라되어 있고, 2층에는 30여 개의 국내 유명 골프 브랜드가 모두 모여 있어 국내 최대 규모를 자랑한다.

3관(지하 4층, 지상 13층)은 프라다, 구찌 등 해외 50여 개 주요 명품 브랜드와 국내 아울렛 최초 리빙잡화(침대, 주방가구 등) 매장이 입점해 있다. 제일모직의 모든 브랜드를 한곳에 모아놓은 제일모직관이나 3,4층에 위치한 진, 캐쥬얼관도 눈에 띈다.

매장에 흐르는 음악과 매출의 관계

"오빠 강남스타일 강남스타일~."

평일 오후 3시, 서울 소공동의 모 백화점 본점에는 요즘 최고의 인기를 누리는 '싸이'의 〈강남스타일〉이 흘러나왔다. 하루 중 가장 나른한 시간대에 흥겨운 댄스곡을 틀어주는 건 고객들에게 활기를 불어넣어 구매율을 높이기 위해서다. 경쾌한 음악이 고객의 발걸음을 가볍게 하고 기분을 전환시켜주는 역할을 한다고 백화점 측은 말한다. 특히 여름철이나 세일 기간에는 빠른 템포의 음악을 주로 편성한다.

백화점 매장에서 흘러나오는 음악이 매출에 한몫 담당한다는 것을 아는 소비자들은 거의 없을 것이다. 하지만 백화점 측은 고객의 소비 심리를 과학적으로 분석해 상황에 맞는 음악을 그때그때마다 다르게 선곡하고 있다.

평상시에는 잔잔한 클래식 음악이나 가벼운 팝 음악이 주로 나오지만, 세일이 자주 시행되는 불경기 때에는 빠른 템포의 음악이 주로 흘러나온다. 평상시 백화점에 들르는 고객들은 물건을 바로 구매하기보다 이른바 '아이쇼핑'에 집중하기 위해 들른 경우가 더 많다. 하지만 세일 기간에는 그날 꼭 물건을 구매하리라 마음먹은 손님들이 찾아와 실제 구매로 이어지는 경향이 강하기 때문이다.

절대 사용하지 않는 기피 음악도 있다. 바이올린 독주곡, 혹은 유난히 랩이 많은 댄스곡의 경우 고객의 신경을 거슬릴 우려가 있어 틀지 않는다. 그리고 멜로디보다 가사가 두드러진 노래의 경우, 소비자의 귀를 자극해 쇼핑 집중도를 떨어뜨리는 요인이 된다.

이 외에도 백화점은 소비자들의 지갑을 열게 하기 위해 매장 곳곳에 특별한 전략을 숨겨놓고 있다. 판매사원이 이런저런 코디를 제안하는 것이 수월토록 하기 위해 거울을 바깥에 두는 경우도 그러한 전략의 일환이다. 가령 신세계백화점 여성 캐주얼 매장 피팅룸 안에는 거울이 없다. 이는 고객이 옷에 대해 혼자 판단을 내리지 않도록 하기 위해서다. 피팅룸 바깥에 있는 거울을 이용하면 주변 사람들의 평가와 판매사원의 코디 제안이 가능해질 것이고, 또 그만큼 구매 확률도 높아지기 때문이다.

고객을 오랫동안 백화점에 '잡아두기 위해' 매장 어느 곳에도 시계를 걸어두지 않는다는 점, 그리고 바깥을 볼 수 없도록 창문을 없애는 것 또한 기본 상식이다. 고객에게 시간 가는 줄 모르고 쇼핑을 하라는 백화점의 전략인 것이다. 그밖에 상품 배치에도 비밀이 숨어 있다. 오른손잡이들은 대개 오른쪽으로 움직이게 되는데, 이런 심리를 이용해 주력 상품들을 매장 입구의 오른쪽에 배치해놓는 점이 그러하다.

똑똑한 정보가 백화점 VIP를 만든다

매장마다 매대 높이가 다른 이유

　백화점 매대에도 과학이 숨어 있다. 매대 높이는 몇 년 전까지만 해도 79센티미터가 표준이었지만, 한국인 평균체형이 커지면서 82센티미터로 높아졌다. 허리와 팔을 구부리지 않고 자연스럽게 쇼핑할 수 있도록 과학적 측정과 테스트를 거친 결과이다.

　이에 반해 보석이나 시계를 진열하는 쇼케이스의 높이는 110센티미터이다. 쇼케이스 진열 상품은 눈으로 보고 구매를 결정하는 경우가 많기 때문에 사람들이 편하게 상품을 볼 수 있는 110센티미터 높이로 제작하고 있다.

　백화점들은 샤워, 분수 효과를 위해 최고층과 지하 식품관 개선에도 노력을 기울이고 있다. 샤워 효과란 위층의 고객 유치 파급력이 아래층에도 미쳐 매출 상승을 이끄는 효과다. 분수 효과는 이와는 반대되는 개념으로 보면 된다.

　롯데백화점은 최고층에 행사장을 마련하고 옥상에 공원 등 고객 쉼터를 마련했다. 신세계백화점도 고객들이 자연스럽게 모든 층을 방문할 수 있도록 각종 고객 편의시설을 가장 높은 층에 배치했다. 이곳에는 세계적인 조각가들의 작품이 대거 전시되어 있는 등 마치 야외 전시장을 찾은 듯한 착각이 들게끔 한다.

　식품관 개선에 노력을 기울이는 것 역시 분수 효과를 기대하기 때문이다. 식품·잡화 매장이 1층이나 지하에 위치하는 이유는 충동구매 효과를 노린 것이다. 실제 신세계백화점에서 델리 식품

완벽한 쇼핑

과 화장품의 연관 구매효과는 40퍼센트 수준이다. 화장품·델리 매장 고객 10명 가운데 4명이 다른 상품을 꼭 구매한다는 말이다. 매장에 많은 고객이 몰려 물건을 직접 사는 것을 보면 자연스레 충동구매를 느끼는 경우가 많다. 이는 곧 다른 상품구매로 연결되는 경우가 크게 늘어난다는 설명이다.

고객이 이동하는 동선을 의도적으로 좁혀 북적거리는 느낌을 일부러 연출시키는 경우도 있다. 백화점을 이용하다 보면 에스컬레이터가 연이어 위층까지 이어지지 않고 중간에 반 바퀴를 돌아 맞은편 에스컬레이터로 갈아 타야 하는 경우를 볼 수 있다. 많은 사람들이 이미 파악하고 있듯이, 이는 반대편 매장에도 관심을 갖도록 유도하기 위한 것이다. 에스컬레이터로 이동하는 통로 주변에는 일반적으로 벨트나 모자 등 구매 욕구를 자극할 만한 적당한 가격 제품의 매대나 이벤트 행사장이 늘어서 있다.

매장 구석에도 과학적인 소비 분석이 뒤따른다. 청과매장은 저렴함을 강조하고 풍성하게 보이기 위해 과일을 쌓아두고 판매한다. 이때 귤, 오렌지 등 식욕을 자극하는 주황색 계열을 매장 전면에 배치한다. 비슷한 색상의 과일을 연이어 진열하지 않는 것도 일종의 원칙이다. 바쁜 고객들이 이들을 같은 과일로 인식해 한 종류만 구입한 뒤 가버리곤 하기 때문이다.

란제리 매장은 고객이 주변의 시선 없이 마음 편하게 쇼핑할 수 있도록 각 층의 외진 곳에 주로 배치한다. 란제리 매장이 과거엔 1층에 자리를 많이 잡았지만, 이제는 이러한 이유로 잡화 제품에 그 자리를 내주고 중간층 정도에 자리를 잡고 있다. 반면에 가전, 인테리어, 가구매장 등은 주로 높은 층에 위치한다. 다른 품목에 비해 고객의 빈도수가 좀 낮기 때문인데, 이는 이 분야의 고객층이 목적 구매성향이 강하기 때문이다.

사람은 본능적으로 시선을 좌우로 움직이는 특징이 있다. 이 때문에 수평 진열은 자칫 위아래로 진열된 다른 상품을 못 보고 지나치게 하는 경우가 생긴다. 이를 막기 위해 진열을 할 때에는 한눈에 여러 상품이 같이 들어올 수 있도록 신경을 쓴다. 가령 구두, 핸드백 매장에서는 안정감이 느껴지는 삼각구도나 좌우대칭 구도가 가장 많다. 하지만 명품 브랜드 매장은 거꾸로 심리적으로 불편함을 느끼게 하는 역삼각형 등 비대칭 구도를 자주 활용한다.

TIP 김기자에게 물어봐!

백화점의 판매를 촉진시키기 위한 전략

샤워효과(Shower effect)
위층에 소비자들을 유인할 수 있는 상품을 배치해 위층의 고객 집객 효과가 아래층까지 영향을 미쳐 백화점 전체의 매출이 상승하는 효과. 꼭대기 층에 전문식당가가 있는 이유다.

분수효과(Fountain effect)
아래층에서 위층으로 올라오도록 유인하는 효과. 지하에 식품매장이나 식당을 두어 분수처럼 위로 올라가는 효과를 내고 있다.

백화점 공연관람에도 자격이 있나요?

높은 구매 파워를 자랑하는 VIP고객을 위한 문화행사는 아주 많다. 금융업계는 VIP들을 위해 유명인사를 초빙한 공연을 여는가 하면, 골프 투어나 고품격 해외여행 등을 기획한다. 유통업계도 이들만을 위한 각종 문화행사를 기획한다. 하지만 고품격 문화행사가 VIP고객의 전유물은 아니다. 주5일제가 시행되면서 각종 문화행사를 향유하는 인구가 늘었고 소비자들의 서비스 욕구 수준도 높아졌다. 백화점들이 고객 감성을 자극하는 감성 마케팅에 각별한 관심을 쏟는 이유다.

신세계백화점이 '신세계 문화홀'을 개관한 것도 백화점을 자주 찾는 회원들에게 보다 고품질의 문화공연을 접할 기회를 마련해주자는 취지에서다. 신세계백화점 문화홀에서는 연간 약 1,000회 이상의 다양한 공연이 펼쳐지고, 문화홀 무대를 거치는 아티스트만도 연간 300여 명에 이른다.

2012년 3월 한국을 찾은 바이올리니스트 로랑 코르샤 공연 티켓은 모 전용공연장에서 R석이 9만 원이었다. 바흐부터 현대음악까지 장르와 스타일을 넘나드는 다양한 레퍼토리를 가진 세계적인 바이올리니스트의 공연을 신세계카드 소지자라면 무료로 볼 수 있었다. 카드 소지고객 선착순 200명(1인 2매)에 한해 무료초청장을 주었고, 일부 점포는 신세계카드를 소지하지 않더라도 15만 원 이상 구매고객을 대상으로 선착순 300명(1인 2매)에 한해 공연 티켓을 증정했다.

신세계백화점에서는 이 공연 외에도 세계적인 첼리스트 정명화와 W필하모닉 오케스트라가 함께하는 리사이틀, 그리고 뉴에이지 음악의 선두주자인 브라이언 크레인의 공연 등이 열렸다.

문화공연 일정은 보통 신세계카드(씨티, 삼성 포인트) 고객에게 DM을 통해 미리 고지되고, 선착순으로 초청 티켓이 발부된다. 남보다 먼저 특별한 문화공연을 누리려면 우선 백화점 카드부터 만들어야 한다. 매달 말에 고지되는 본인의 주거래 점포 문화홀 행사를 보고 맘에 드는 공연이 있다면 문화홀 데스크에 가서 티켓을 받으면 된다. 다만 프로모션을 통해 일정 금액 이상 구매시 공연 티켓을 증정하는 경우가 있기 때문에 백화점 프로모션을 수시로 알려주는 SMS나 이메일 신청을 해두는 게 좋다.

백화점이 VVIP고객에 열광하는 이유

어느 저녁, 서울 중구 신세계백화점 본점 트리니티 가든. 은은한 조명이 고급스런 분위기를 물씬 풍기는 공간에 늘씬한 모델들이 여름 신상품을 차려입고 음악에 맞춰 경쾌한 워킹을 선보인다. 관객은 패션쇼가 진행되는 동안 모델이 입은 옷을 직접 만져보기도 하고 맘에 드는 신상품을 주문하기도 한다.

이는 VVIP(Very Very Important Person, 초우량 고객)를 위한 트

완벽한 쇼핑

렁크쇼(Trunk show) 현장이다. 트렁크쇼는 우수고객을 초청해 여는 그들만의 패션쇼다. 상류층 고객에게 값비싼 고급 보석을 판매할 때 트렁크에 담아서 보여줬다는 데서 유래되었다. 백화점의 VIP고객 행사는 트렁크쇼뿐 아니라 뷰티 클래스, 재테크 강좌, 유명가수의 미니콘서트 등 다양한 방식으로 진행된다.

롯데백화점은 '나이트 파티'로 유명하다. 오후 8시부터 시작하는 나이트 파티는 층별로 다양한 테마로 꾸며져 분위기를 고조시킨다. 어떤 층에서는 가수의 미니콘서트를 볼 수 있고, 어떤 층에서는 다양한 게임에 참여할 수 있는 식이다. 나이트 파티의 하이라이트는 역시 명품 신상품과 리미티드 에디션(한정판) 상품을 선보이는 트렁크쇼이다.

업계 처음으로 트렁크쇼를 도입한 갤러리아백화점은 매년 봄과 가을에 VVIP고객을 위한 행사를 마련한다. 타 백화점과 달리 백화점 휴무일에 고객을 초청해 편안하게 쇼핑할 수 있는 기회를 주는 것이다. 쇼가 열릴 때는 고객 전용 스타일리스트 역할을 하는 '쇼핑도우미(Personal Shopper)'가 고객들의 상품 선택을 도와준다.

앞서 프롤로그에도 밝혔듯이 상위 20퍼센트 고객이 백화점 전체 매출의 약 80퍼센트를 차지한다. 경제학에서 유명한 이론 중의 하나인 '20대80 법칙'이 백화점 매출에도 그대로 적용되기 때문에 백화점 측에서도 VVIP에 열광하지 않을 수 없다. 실제 롯데백화점의 경우 상위 20퍼센트 고객들의 구매액이 전체 매출의

80퍼센트에 달한다. 이들의 매출 비중은 2005년 70퍼센트에서 2006년 73퍼센트, 2007년 76퍼센트, 2008년 78퍼센트로 계속 높아지다가 2009년부터 80퍼센트대로 진입했다.

백화점이 VIP고객을 대상으로 은밀한 '시크릿 마케팅'을 실시하는 건 백화점 매출 중 상당 부분이 이들 '큰손' 고객들에 의해 채워지기 때문이다. 한 번 트렁크쇼가 열릴 때마다 수천만 원의 매상을 기록하는 등, 이들은 행사에서 맘에 드는 물건이 있으면 지갑을 여는 데 주저하지 않는다. 그래선지 신제품에 대한 이들의 반응은 인기가 예상되는 품목을 파악해 입고 물량을 조절하는 백화점 측에게 큰 도움이 된다.

고객 입장에서도 남들과 차별화된 쇼핑에 만족감을 느낀다. '그들만의 공간'에 초대됐다는 동류의식, 희소성의 가치를 갖고 있는 명품을 소비하는 기쁨, 남보다 먼저 신상품을 접하는 설렘 등의 감정을 느끼는 것이다. 업계 관계자들의 말에 의하면, 평일에 쇼핑하기 힘든 사업가나 연예인들이 저녁시간에 자유롭게 쇼핑할 수 있을 뿐 아니라 VVIP 간 네트워크를 형성할 수 있다는 점에서 호응도가 높다고 한다. 전국 모든 점포에서 VVIP 초청행사를 정기적으로 진행하는 신세계백화점 관계자 또한 'VVIP고객이 특별대우를 받는다는 느낌을 주기 위해 해마다 다양한 아이디어를 짜내고 있다'고 말했다.

그렇다면 백화점의 이 '특별한 파티'에 초청 받을 수 있는 대상이 되려면 어떠한 기준에 닿아야 할까? 우선 연간 최소한

완벽한 쇼핑

각 백화점별 VIP 대상 기준

롯데백화점

롯데백화점은 VIP고객관리에 MVG(Most Valuable Guest)제도를 도입했다. MVG 고객은 매출액, 사용빈도 등의 데이터를 골고루 분석해 점포별 상위 500~2,000명으로 선정한다. 현재 MVG제도는 구매금액별로 3단계로 분류해 운영하고 있다. 점별 구매금액과 상관없이 연간 1,500만 원 이상이면 MVG-A(ACE), 3,000만 원 이상이면 MVG-C(CROWN), 5,000만 원 이상이면 MVG-P(PRESTIGE)로 운영하고 있다.

롯데백화점은 2005년 명품관 AVENUEL을 오픈하면서 명품을 선호하는 고객을 위해 MVG 외에 AVENUEL VIP 등급을 신설해 명품 구매고객에 맞는 품격 높고 차별화된 서비스를 제공하고 있다. 등급은 3단계로 나누고 있는데 2,500만 원 이상 구매하면 VIP-A, 5,000만 원 이상은 VVIP-A, 1억 원 이상은 VVIP-P 등급으로 운영한다.

신세계백화점

신세계백화점은 매출 상위 999명을 '트리니티'(연간 구매금액 1억 원 이상 추정)로 구분한다. 이들이 VVIP다. '트리니티' 다음으로는 '퍼스트 프라임'(연간 구매금액 6,000만 원 이상), '퍼스트'(연간 구매금액 4,000만 원 이상), '아너스'(연간 구매금액 2,000만 원 이상), '로얄'(연간 구매금액 800만 원 이상)로 나누고 있다. 이들이 모두 VIP에 해당되며, 기준이 되는 구매금액은 매년 조금씩 달라질 수 있다.

현대백화점

현대백화점은 연간 3,500만 원 이상 구매하는 최우수 고객인 '쟈스민' 클럽 회원을 9개 등급으로 나누어 관리하고 있다. '쟈스민' 회원은 다시 VVIP 또는 VIP로 분류된다.

갤러리아백화점

갤러리아 신용카드는 'G-Prestige Reward Program'을 전개하며 차별화된 서비스를 제공한다. 구매금액을 기준으로 800만 원 이상이면 VIP, 1,500만 원 이상 SVIP, 3,000만 원 이상 PRESTIGE, 1억 원 이상 STAR의 4단계로 구분 관리된다. 구매금액별로 상품권뿐만 아니라 국내외 여행권, 크루즈, 뷰티 연간 회원권, 스파, 국내외 고급호텔 숙박권, 항공 마일리지, 건강검진권 등 고객의 취향에 따라 선택할 수 있도록 범위를 넓혔다.

3,000만 원 이상의 명품 브랜드를 구입해야 한다. VVIP 간에도 명품 브랜드 구매금액에 따라 또다시 등급이 나뉘어져 있는 것으로 알려지고 있다. 기업 사장이나 고위임원 부인, 의사나 변호사 등 전문직 종사자, 유명 연예인 등이 주로 VVIP 명단에 이름을 올린다.

"VVIP고객의 회원 수는 주로 명품을 사는 데 씀씀이가 계속 커지다보니 점점 늘고 있는 것으로 파악됩니다. 이는 경제 상황과 관계없이 '명품은 실패하지 않는다'는 업계의 속설을 보여주는 좋은 예입니다."

백화점 측 관계자의 말인데, 그는 경기 불황 속에서도 백화점 매출이 증가하는 것은 VVIP회원들의 비중이 갈수록 커지고 있기 때문이라는 말도 덧붙였다.

백화점 마일리지의 비밀

최근 백화점에서 벼르고 벼르던 A명품 핸드백을 구입한 알뜰녀 씨는 명세표에 찍힌 'OK캐쉬백' 포인트 적립금을 보고 크게 실망했다. 핸드백 값은 무려 170만 원인데 적립금은 1,700원에 불과한 것이다. 오히려 마일리지를 적립하는 것이 더욱 초라하게만 느껴질 정도였다. 제과점, 패밀리레스토랑 등에서도 지불 금액의 2~3퍼센트를 적립금으로 돌려받는데, 백화점의 적립률이

0.1퍼센트라니, 이건 낮아도 너무 낮다. 왜 그런 걸까?

같은 포인트 카드라도 적립률이 제각각이다. 롯데, SK마케팅
앤컴퍼니, GS, CJ 등 기업들이 운영하는 마일리지 제도는 같은
종류의 멤버십카드를 써도 적립률은 제각각이다. 심지어 같은 그
룹 안에서 같은 멤버십카드를 사용해도 적립률이 최고 100배까
지 차이가 난다.

롯데그룹의 마일리지 제도인 '롯데멤버스'는 제휴사에 따라 사
용액의 0.05퍼센트에서 최고 5퍼센트까지 적립금(롯데포인트)을
차등 지급한다. 마일리지 적립률이 가장 적은 곳은 롯데캐피탈로
이용금액의 0.05퍼센트를 적립해준다. 반면 외식 브랜드인 '보
네스페브레드'에서는 사용액의 5퍼센트를 롯데포인트로 되돌려
준다. 롯데시네마, 롯데리아, 엔제리너스커피 등에서는 1퍼센트
로 동일하다.

3,500만 명의 회원을 보유한 OK캐쉬백 역시 어디서 사용하느
냐에 따라 적립률이 천차만별이다. 신세계백화점의 경우 0.1퍼
센트의 적립금을, 외식 브랜드인 '피자헤븐'에서는 사용금액의
10퍼센트를 적립금으로 쌓아준다. 1만 원짜리 피자를 주문하면
1,000원은 포인트로 적립할 수 있는 셈이다. OK캐쉬백을 운영
하는 SK마케팅앤컴퍼니 측에서는 포인트 적립비율이 제휴사의
마케팅 전략에 따라 자율적으로 결정되기 때문에 차이가 클 수밖
에 없다고 설명했다.

GS칼텍스, GS넥스테이션, GS리테일 등에서 사용할 수 있는

똑똑한 정보가 백화점 VIP를 만든다

'GS&포인트'는 0.2~1퍼센트 사이에서 적립금을 차등 지급한다. GS카넷에서 차량 구매가의 0.2퍼센트, '미스터도넛'에서는 구매금액의 1퍼센트를 적립해주는 방식이다.

기업들이 제공하는 적립금 비율이 이처럼 크게 차이가 나는 이유는 무엇일까. 일반적으로 가격이 싸고 생활에서 자주 접하는 식음료가 적립률이 높고, 고가 제품일수록 적립률이 낮다. 이는

적립률을 알면 포인트 부자가 될 수 있다

1. 카드사별 다른 적립률

- 롯데멤버십카드 : 롯데캐피탈 0.05퍼센트 적립, 보네스페브레드 5퍼센트 포인트 지급, 롯데시네마·롯데리아·엔제리너스커피 1퍼센트.
- OK캐쉬백 : 신세계백화점 0.1퍼센트 적립, 피자헤븐 10퍼센트 적립.
- GS&포인트 : GS 카넷 0.2퍼센트 적립, 미스터도넛 1퍼센트 적립.

2. 천차만별 백화점 웨딩 마일리지

백화점 웨딩 마일리지는 결혼을 준비하는 고객들을 대상으로 마일리지 적립금에 해당하는 상품권을 증정하는 제도이다. 결혼 준비를 '원스톱'으로 한 곳에서 할 수 있어 큰 인기다.

- 롯데백화점 : 적립기간은 9개월. 적립 금액에 따라 5퍼센트에 해당하는 상품권을 받을 수 있다. 배우자, 양가 부모의 카드까지 지정해 마일리지를 쌓을 수 있다. 단, 지정한 점포 한 곳에서만 적립 가능.
- 현대백화점 : 적립기간은 6개월. 구매금액의 3퍼센트를 상품권으로 받을 수 있고, 당일 구매금액의 5퍼센트를 상품권으로 받을 수 있다. 단, 현대백화점 카드만 사용.
- 신세계백화점 : 적립기간 8개월. 금액대별(300/500/1,000/2,000/3,000/5,000만 원 이상시)로 5퍼센트의 상품권을 받을 수 있고, 본인 외 가족회원 2인까지 합산가능.

완벽한 쇼핑

저가 제품일수록 포인트 적립에 따른 '록-인(Lock-in)' 효과가 크고, 기업의 부담도 적기 때문인 것으로 분석된다. 여기서 록-인 효과란, 포인트를 적립 받은 소비자가 다른 회사나 다른 브랜드 제품으로 이동하지 못하고, 한 곳에서만 계속 구매하도록 만드는 것을 뜻한다.

자동차나 귀금속 등 고가품의 경우 1,000~2,000원 차이의 적립액보다는 성능과 디자인 등 외적인 요소가 구매결정에 직접적인 영향을 미친다. 따라서 마일리지를 많이 준다 하더라도 록-인 효과는 미미하다.

또 기업으로서는 포인트 환급액이 미래 비용으로 지출되기 때문에 고가 제품에 똑같은 적립률을 적용할 경우 '부채'가 지나치게 높아질 수 있다.

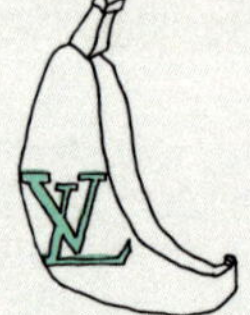

당신도 모르게
카드가 긁히고 있다

완벽한 쇼핑

"강추! 강추!" 정말 믿고 사시나요?

알뜰녀 씨는 최근 온라인 장터인 오픈마켓에서 여성 셔츠를 구입했다. 평소 인터넷 쇼핑몰을 통해 의류를 구입하는 것을 신뢰하지 않았던 그녀지만, 이번에 눈에 띈 옷은 상품평이 워낙 좋아서 자연스레 믿고 주문하게 되었다. 그러나 도착한 상품은 상품평에 씌어 있던 내용과는 영 딴판이었다. 단 한 번 세탁했을 뿐인데 옷감이 쪼그라들어 더는 입을 수 없을 만큼 망가져버린 것이다.

화가 잔뜩 난 알뜰녀 씨는 제품을 반품한 후 다른 소비자들이 똑같은 피해를 당하지 않도록 제품의 문제점에 대해 조목조목 지적한 상품평을 올렸다. 그런데 며칠이 지나도 그녀가 올린 상품평은 게시되지 않았다. 불량 제품을 구입하여 안그래도 심사가 불편했던 차에 상품평마저 게시가 되지 않으니 화가 머리꼭대기까지 오를 수밖에 없었다. 알뜰녀 씨는 당장 업체 측에 전화를 걸어 항의했다. 그러자 상대편으로부터 너무나 뻔뻔스런 대답이 돌아왔다. 자기네들은 아예 상품평을 선별해 게시하는데, 그중에서도 의도적인 악평은 삭제해버린다는 설명이었다. 기가 막혔다. 좋은 평은 올리고 나쁜 평은 모조리 지워버린다면, 이는 분명 소비자들이 정확히 알아야 할 권리를 무시하고 속이는 행위 아닌가.

일부 오픈마켓 업체가 부정적인 상품평을 삭제하고 우호적인 글만 게재한다는 의혹을 사면서 오픈마켓 전체의 신뢰성을 떨어뜨리고 있다. 판매자와 구매자가 직접 거래하는 오픈마켓 특성상 구매자들이 올리는 상품평은 구매행위에 결정적 영향을 미친다. 알뜰녀 씨 사례처럼 긍정적인 상품평으로 도배된 사이트의 경우 운영자 측에서 '조작된 내용'을 올린 것 아니냐는 의혹을 사기에 충분하다.

실제로 알뜰남 씨는 최근 오픈마켓에서 구매자 댓글 중 '강추(강력추천)'라는 상품평이 유난히 많은 남성구두를 구입했다. 도착한 구두는 디자인도 투박했지만, 무엇보다 머리가 아플 정도로 강한 화공약품 냄새로 신고 다니기가 힘들 지경이었다. 물건을 받고 난 뒤 부정적인 경험담을 그대로 사이트에 올렸지만, 잠시 후 알뜰남 씨의 상품평은 지워져 있었다. 다시 같은 내용의 후기를 올렸으나 역시 삭제됐다. 알뜰남 씨의 항의에 업체 측의 대답 역시 뻔했다. "게시판 공간이 부족해서 그중 몇 개를 선별해서 올릴 수밖에 없습니다." 참으로 궁색한 답변이 아닐 수 없다.

개별 상점이라는 오픈마켓의 특성상 물건을 팔기 위해 여러 방법과 수단이 동원된다. 광고나 이벤트, 판촉 행사 등 소비자의 지갑을 열기 위해 수단과 방법을 가리지 않는다. 그중 대표적인 것이 바로 '댓글 알바' 의혹이다. 이미 먼저 상품을 사용한 사람들의 '좋은 평'에 혹해서 물건을 구입했다가 소비자만 낭패를 당하기 십상이다.

한 의류쇼핑몰 운영자가 언젠가 하소연했던 말이 생각난다. "일부 오픈마켓에서 상품후기에 칭찬일색의 글을 올리는 댓글 알바가 공공연하게 활동하고 있어요. 많은 운영자들이 이런 편법을 쓰다보니 정직한 방법으로 장사를 해서는 이 바닥에서 살아남기가 힘들 정도입니다."

소비자들의 피해를 막기 위해 제도적 보완책이 필요하다는 목소리가 많지만, 댓글 하나하나 진위 여부를 따져가면서 규제하기란 쉬운 일이 아니다. 이런 문제에 대해 소비자보호원은, 상황을 알고는 있지만 댓글을 삭제하는 업무 자체는 자신들이 아닌 방송통신위 소관이라고 밝히고 있다. 그리고 댓글과는 별도로 제품에 대해서 문제를 제기했을 때에는 품목별로 피해구제 접수를 받고 있다는 대답이 전부였다.

당신도 모르게 카드가 긁히고 있다

온라인 쇼핑몰 완전 정복기

알뜰녀 씨는 최근 온라인 쇼핑몰 11번가에서 야채탈수기를 구입했다. 구입가는 5만 5,200원이었지만 몇 가지 할인혜택을 받아 최종 결제한 금액은 4만 원. 이 사이트의 회원인 알뜰녀 씨는 '오늘의 쿠폰' 5,000원을 다운 받았고 즉시할인 2,760원의 혜택을 봤다. '바로가기'를 클릭하면 카드 결제 1퍼센트(550원)의 추가 할인혜택이 주어진다. 여기에 평소 적립해놓은 OK캐쉬백 포인트 6,890원을 사용하고 남은 금액 4만 원을 결제했다.

알뜰녀 씨처럼 온라인 쇼핑을 즐기는 소비자들은 쇼핑몰 사이트별 할인 노하우를 숙지해놓는 것이 필수다. 11번가, CJmall, 옥션 등 쇼핑몰 사이트를 둘러보면서 본인이 선호하는 상품이 많은 사이트를 찜해놓자. 이 사이트에 회원등록을 하는 것은 기본이다. 비회원 구매보다 회원으로 구매할 때 혜택이 많고 이메일로 보내주는 쇼핑 메일에서 할인쿠폰을 받는 재미도 쏠쏠하기 때문이다. 야채탈수기를 구입한 뒤 알뜰녀 씨는 11번가로부터 5,000원짜리 할인쿠폰 도착 메일을 받았다.

알뜰 쇼핑의 노하우는 원하는 쇼핑몰로 '직방'하는 것이다. 대개 소비자들은 네이버, 다음 등 포털사이트나 '다나와' 같은 가격비교 사이트 등을 통해 쇼핑몰로 이동한다. 나름대로 사전 가격비교가 됐으니 남들보다 알뜰한 쇼핑이라고 만족한다면 오산이다. 11번가와 같은 온라인 쇼핑몰들은 직방, 이른바 '바로가기'

를 통해 오는 고객들에게 다양한 추가혜택을 주기 때문이다. '바로가기'를 클릭하면 T멤버십 포인트를 통해 최대 10퍼센트까지 상품을 저렴하게 구입할 수 있고, 마일리지 사용도 가능하다. 카드사 추가 할인혜택이나 배송비 무료쿠폰도 챙길 수 있다.

한 가정마다 아버지, 어머니, 자녀 등 최소한 2개 이상 보유하는 휴대폰을 이용한 할인법도 꼼꼼하게 챙기자. SK텔레콤 가입자라면 11번가에서 'T멤버십 포인트'를 활용할 수 있다. '11번가 바로가기'를 설치한 후, 물품 주문 시 'T멤버십카드 본인인증하기' 절차를 거쳐 카드번호를 등록하면 된다. 신문에 난 'OK캐쉬백'을 오려 붙이고, 대형할인마트 등에서 쿠폰을 챙기는 꼼꼼한 고객이라면 OK캐쉬백을 사용하는 것도 한 방법이다. 11번가, CJmall 등에서는 OK캐쉬백 포인트 적립과 사용이 가능하다. 제품을 구입할 때 OK캐쉬백으로 '즉시할인' 혜택을 받거나 적립받을 수 있다.

댓글 달기의 달인이라면 온라인 쇼핑몰에서 물건을 구입한 뒤 빠짐없이 구매후기를 작성하도록 한다. 11번가에서는 구매후기를 작성하면 쿠폰, 포인트 등과 함께 사용할 수 있는 마일리지가 적립된다. G마켓도 상품평을 작성하거나 이벤트에 참여하면 G스탬프, G캐시 등을 지급한다. CJmall, 인터파크 등은 우수상품 후기 고객에게 경품이나 사이버캐시를 제공하는 다양한 이벤트를 벌인다.

어느 정도 온라인 쇼핑의 고수가 됐다면 쇼핑몰에서 우수고객에 한해 제공하는 특권을 누릴 자격이 주어진다. 11번가는 'VVIP등급'을 달성하면 매월 10퍼센트 할인쿠폰 3종, 도서할인쿠폰 3종, 포인트 3,000점 등이 지급된다. 인터파크는 구매실적에 따라 적립된 '하트'를 모아 공연관람 등 문화 혜택을 즐길 수 있는 '하트박스'를 운영한다. 옥션에서는 구매실적에 따라 7등급으로 회원등급을 정해, 등급에 따라 3~9퍼센트의 할인쿠폰을 증정하고 있고, 의류·패션(7퍼센트), 식품·생활(5퍼센트) 분야별로 각기 다른 쿠폰이 제공된다.

원하는 쇼핑몰로 '직방'하는 것 외에 포털 메인 페이지를 주목할 필요가 있다. 대부분 사람들은 네이버나 다음 등 포털 메인 페이지를 초기화면으로 정해놓고 하루 종일 그 사이트를 접한다. 없는 게 없다는 포털 메인 페이지만 꼼꼼히 살펴도 온라인 쇼핑을 의외로 쉽고 간편하게 즐길 수 있다.

첫째, 할인 이벤트 광고를 주목하라. 네이버, 다음 등 포털 메인 페이지의 상단에는 요즘 대세인 소셜커머스를 비롯해 대형마트, 백화점 등 유통업체의 할인 이벤트 소식을 심심치 않게 확인할 수 있다. 쇼핑에 관심이 있는 사람도 매일매일 소셜커머스를 방문해서 확인하기란 쉽지 않다. 이럴 때 즐겨 찾는 포털 메인의 소셜커머스 할인광고에서 평소 원했던 아이템이나 식당 등의 할인정보를 얻을 수 있다. 백화점 같은 경우도 주요 할인행사가 열릴 예정이라면 자사 홈페이지뿐 아니라 포털 메인에 광고를 자주 노출시킨다. 온-오프라인 유통업체의 광고뿐 아니라, 제품, 서비

완벽한 쇼핑

스업체들도 간혹 할인광고를 하기도 한다.

둘째, 특가 정보를 찾아라. 메인 페이지를 잘 살펴보면 최상단 광고 외에도 알뜰쇼핑을 할 수 있는 방법을 또 발견할 수 있다. 네이버의 경우, 메인 페이지 우측 하단의 쇼핑박스 영역에 ‘럭키투데이’ 코너를 운영하고 있다. 해당 코너에서는 매일 특정상품의 파격적인 특가판매 정보를 제공한다. 럭키투데이는 매일 오전 11시에 시작해 24시간 동안, 단 하루만 진행된다. 다음과 네이트도 메인 페이지 우측 상단에서 특가상품 정보를 제공한다. 그야말로 특가인 만큼 평소 눈여겨봤던 아이템이라면 마치 횡재한 듯한 기분이 들 수도 있다.

셋째, 내게 필요한 할인정보를 체크하라. 메인 페이지에서 로그인을 하게 되면 로그아웃 상태로 방문했을 때보다 다양한 할인정보를 만날 수 있다. 네이버는 ‘네이버me’의 관심지역 서비스를 통해 이용자가 설정한 지역의 소셜커머스 쿠폰 정보를 제공한다. 관심지역을 두 곳까지 설정할 수 있어 하나는 자기 집 주변, 하나는 직장 주변으로 설정해두면 자주 활동하는 지역에서 알뜰한 소비생활을 즐길 수 있다. 네이버me로 이동하지 않아도, 네이버 메인에서 로그인하면 로그인 영역에 ‘구독함’이라는 메뉴가 노출되며, 이를 클릭하면 바로 최신 쿠폰 정보를 확인할 수 있다. 다음의 경우에도 로그인을 하면 소셜쇼핑 메뉴가 노출되며, 해당 메뉴를 통해 이용자가 온라인에서 공동구매나 즉시구매를 통해 상품 이용티켓을 할인된 금액으로 구매할 수 있다.

당신도 모르게 카드가 긁히고 있다

주요 가격비교 사이트

옥션 어바웃 (www.about.co.kr)

가격비교 기능에 할인혜택까지 제공. 메인 화면의 '어바웃 특별' 카테고리를 이용하면 전자제품, 생활용품 등을 최대 6퍼센트까지 할인 받을 수 있다. 메뉴 바도 효과적으로 배치되어 있어 필요한 상품을 바로바로 찾을 수 있다. 특히 '퀵바이(Quick Buy) 바'는 총 8개로 이루어진 세부 제품군을 볼 수 있어 여러 페이지에 들어가는 수고를 덜 수 있다.

다나와 (www.danawa.com)

다양한 온·오프라인 쇼핑몰과 제휴를 맺고 있으며, 약 1,500건에 달하는 상품 데이터베이스를 구축하고 있다. 검색 기능도 강력하며, 리뷰, 동영상, 구매가이드 등도 볼 수 있다. 단, 가전제품은 강하지만, 여성 제품군은 다양한 정보가 많지 않다는 단점이 있다.

에누리닷컴(www.enuri.com)

100여 명의 상품전문가들이 체계적인 분류와 정형화된 카탈로그를 제공해주고 있어 보다 빠르게 상품을 비교·검토할 수 있다. 250만 개의 상품 카탈로그를 보유하고 있으며, 신상품 정보, 쇼핑몰 정보, 다양한 쇼핑 이벤트 등을 체계적으로 제공한다.

NHN(네이버지식쇼핑)

인터넷 이용자들의 대부분이 네이버를 이용하고 있어 접근성이 가장 용이하다. 단, 검색 시 옥션, G마켓 상품이 노출되지 않아 소비자가 선택할 물건의 가짓수가 적다.

보다 저렴한 주유소로 안내 받기

인터넷에는 다양한 가격비교 사이트가 제공되고 있다. 쇼핑몰 판매가격을 비교해주는 포털뿐 아니라 쌀, 도서, 책, 유아용품,

TV, 휴대전화 등 다양한 제품에 대한 가격을 비교해주는 사이트까지 있다.

한국판 〈컨슈머리포트(미국의 영향력 높은 소비자 잡지)〉를 표방한 소비자 종합정보서비스 '스마트컨슈머'(www.smartconsumer.go.kr)는 공정거래위원회가 한국소비자원, 식품의약품안전청, 국토해양부 등 22개 기관, 40개 사이트에 흩어져 있던 소비자 정보를 모아 구축한 것이다.

이 서비스는 개별 웹사이트에 떨어져 있던 소비자 정보를 업종별·품목별로 일목요연하게 분류하고, 원하는 정보를 쉽게 검색할 수 있도록 했다. 자동차, 식·의약품, 공산품 등 각종 제품의 리콜 정보와 소비자들이 알아야 할 피해주의보, 피해구제 정보, 생활법령 정보 등을 통합해서 알려주고 있다. 뿐만 아니라 기름값, 아파트 실거래가, 전국 생활협동조합 등 다방면의 구매정보도 들어 있다.

먼저 한국석유공사가 운영하는 석유정보 사이트 오피넷(www.opinet.co.kr)에 들어가면 전국 대부분의 주유소 판매가격을 한눈에 알아볼 수 있다. 오피넷은 전국 주유소의 휘발유, 경유, LPG 등의 가격을 거의 실시간으로 제공하고 있는데, 특히 명절 귀경길에 유용하도록 고속도로, 국도별로도 검색이 가능하다. 한창 고속도로를 달리던 중에 주유소에 꼭 들러야 할 때 각자가 선택한 귀향길 주변의 주유소 가격을 검색해보면 알뜰한 정보를 얻게 되는 것이다. 그리고 지도를 통해 구·군별로 주유소 검색이 가능할 뿐 아니라, 한 번만 클릭하면 각 고속도로나 국도변에 위치한 주유소의 가격정보가 저렴한 곳에서 높은 순으로 자동정렬되기 때문에 손쉽게 정보를 얻을 수 있다. 또 해당 주유소를 클릭하면 그 주유소의 주소, 전화번호 등의 정보를 알 수 있다.

행정안전부에서는 다른 곳보다 낮은 가격에 서비스를 제공하고 봉사활동 등으로 지역사회에 기여하는 '착한가격업소'와 '지방물가정보 공개서비스(www.mulga.go.kr)'를 홈페이지에 발표하고 있다. '착한가격업소'란 주변보다 값은 저렴해도 서비스의 질이 떨어지지 않는 곳을 말한다. 시·군·구 단위에서 음식점과 이·미용실, 숙박, 기타 서비스업소를 대상으로 신청을 받고, 현지 실사와 평가를 거쳐 선정한다.

TV홈쇼핑 편성의 비밀

알뜰녀 씨는 아침이면 남편 출근시키랴 아이들 등교 준비시키랴 늘 정신이 없긴 하지만, 특히나 매주 화요일 아침이면 더더욱 몸과 마음이 바빠진다. 그녀가 즐겨 보는 홈쇼핑 고정 프로그램이 화요일 오전에 방영하기 때문이다. 주부들이 직접 상품을 사용해본 후 홈쇼핑 방송에 출연해 사용 경험담을 이야기해주는 프로그램이다. 그러한 점이 알뜰녀 씨로부터 큰 신뢰감을 불러일으켜서 제품을 주저 없이 구입하게 만들었다. 이날 방송에서 판매한 마스크팩 역시 그러했다. 한 주부고객이 출연하여 사용 전과 후를 비교하면서 더욱 피부가 촉촉해졌다는 이야기를 하자 곧바로 구매를 결심하게 된 것이다.

알뜰녀 씨와 같이 홈쇼핑을 이용하는 많은 주부들은 이렇게 이야기한다. "홈쇼핑은 신뢰가 생명이기 때문에 왠지 거짓 방송을 하지 않을 거란 믿음이 있어요. 여기저기 상품들이 너무 많아 구매를 결정하기가 선뜻 어려울 때에는 그걸 이미 써본 사람들의 사용후기를 듣고서 살까 말까를 결정하지요."

알뜰녀 씨처럼 홈쇼핑의 편성시간을 미리 알아두면 홈쇼핑을 좀 더 영리하게 이용할 수 있다.

오전에는 장년층, 오후에는 젊은층

보통 지상파 방송의 시청자 층과 마찬가지로 홈쇼핑 고객도 새벽부터 오전은 중장년층이, 오후에서 심야까지는 20~30대 초반의 젊은 고객층이 주류를 이룬다. 특히 오전 6시대의 첫 방송 프로그램은 40대 이상 고객 비중이 45퍼센트에 달한다. 전체 고객 중 이들 고객 비율이 30퍼센트가 안 되는 것에 비하면 상당히 높은 시청률이다. 따라서 건강식품, 안마의자, 온열매트 등 건강용품이 주 편성상품이다. 반면 심야는 20대의 젊은 고객들이 높은 비중을 차지한다. 낮 시간대에는 이들 젊은 층이 불과 15퍼센트밖에 차지하지 않지만, 밤 12시가 넘은 심야시간에는 25퍼센트를 넘는다. 판매 물품도 유행에 민감한 젊은이들을 대상으로 잡아야 하기에

당신도 모르게 카드가 긁히고 있다

패션잡화, 이미용품, 혹은 디지털 상품들이 주로 구성된다.

낮 시간대는 주부, 밤에는 온가족 대상

오전시간대에는 20~30대 초반의 젊은 주부들이 왕성한 '미씨존'을 형성한다. 그래서인지 이들을 타깃으로 하는 교육상품, 화장품, 패션잡화, 생활용품, 침구류가 주로 편성된다. 속옷 방송도 이 시간대에 많이 몰려 있다. 남편의 출근과 자녀들의 등교를 마친 전업주부들이 한숨 돌리며 TV 앞에 앉는 시간이기 때문이다. 특히 지상파 방송의 아침 드라마가 끝나는 오전 10시부터 11시까지는 하루 중 가장 주문 건수가 많은 시간이다.

오후에는 젊은 주부보다는 30대 중반 이상의 주부들이 주 타깃이다. 어린 자녀를 둔 주부들은 유치원에서 돌아온 아이들을 돌보느라 정신없이 오후 시간을 보내는 경향이 많다. 그런 젊은 주부들이 TV에 눈을 돌리지 못하는 반면, 시간 여유가 있는 30대 중반 이후의 주부들은 이제부터 본격적인 쇼핑 대열에 들어선다. 보석이나 패션, 명품 잡화 등이 주로 편성되는 때도 이 즈음이고, 특히나 저녁준비를 위한 주방용품이나 식료품 분야도 이 시간대에 시청자들의 눈을 잡는다.

밤에는 컴퓨터, 대형가전제품, 레포츠, 가구 등 남성고객과 온가족 공동상품이 주로 편성된다. 밤 시간의 남성고객 비율은 평일에는 15퍼센트 정도이지만, 주말이나 공휴일 밤에는 30퍼센트까지 올라간다는 통계가 있다. 또한 같은 가전제품이라도 김치냉

완벽한 쇼핑

장고나 냉장고, 소형가전제품은 주부들이 이용하는 종류이기 때문에 밤보다는 낮에 주로 편성된다.

주말 황금시간대를 노려라

주말과 공휴일에는 TV홈쇼핑을 시청하는 소비자가 눈에 띄게 늘어나기 때문에 신규 전략상품이나 화제성 상품을 대거 배치한다. 주말과 휴일의 시청률은 평일 대비 50퍼센트 이상, 매출은 20퍼센트 이상 높기 때문이다.

GS샵의 경우 주말에 가전, 패션 등 특정상품군을 테마로 하는 24시간 '카테고리 킬링 특집' 방송을 월 2회 이상 실시하고 있다.

TIP 김기자에게 물어봐!

TV홈쇼핑도 세일을 하나요?

백화점처럼 공식적인 세일은 없지만, 대신 할인행사는 있다. 세일이라는 말을 사용하지 않을 뿐이지 시즌이 끝날 무렵인 2, 5, 8, 11월에 행사를 실시한다.

설이나 추석, 혼수시즌을 겨냥한 특별 할인행사를 기획하는데, 이때는 가격할인보다는 덤으로 하나 더 주거나 사은품을 끼워주는 형태로 실시한다. 시즌 이슈에 맞게 '카테고리 킬링데이'를 운영하는 곳도 있는데, 가을에는 레포츠 상품, 이사·혼수시즌에는 가전제품을 24시간 동안 할인가에 판매한다.

여기서 하나 더, 할인은 아니지만 타임서비스도 알아둘 필요가 있다. 홈쇼핑 업체들은 하루 중 판매가 저조한 '취약 시간대'에 큰 폭의 할인 방송을 하는데, 이 시간이 보통 아침 6~7시와 심야시간대다. 이 시간의 추가 할인율은 약 5퍼센트이다. 주부 시청률이 높은 오후 4시께 '도깨비 찬스'를 통해 쌀, 생리대, 화장지, 샴푸 등 3만 원 이하의 생필품을 저렴하게 살 수 있다.

당신도 모르게 카드가 긁히고 있다

이들 특집의 경우, 전 고객 사은품 증정, 상품별 가격할인 또는 추가구성품 증정 등 소비자들에게 실질적인 혜택을 주는 경우가 많아 큰 호응을 얻고 있다.

벤츠를 온라인에서 판매한다고?

인터넷 쇼핑몰을 서핑하다 보면 '이런 것도 판매하나?' 고개를 갸우뚱하게 하는 상품이 등장한다. 수입자동차나 경비행기 등 수천만 원에서 수억 원에 이르는 고가품들이 그것이다. 업체 측은 이러한 물건을 판매하는 것이 상품 구성을 다양화하고 매출에 도움을 주기 위한 판매 전략이라고 설명한다. 하지만 실제로 매매 실적은 거의 없다. 인터넷 화면만 보고 선뜻 고가 제품을 구입하기엔 부담스런 탓이다.

옥션은 세계적 명차 메르세데스-벤츠를 판매하고 있다. 벤츠 공식 판매사인 '더클래스 효성'과 온라인 마케팅을 위한 제휴를 맺고 온라인몰 최초로 자동차 판매를 선보였다. 그러나 행사가 진행된 지 수 주일이 지나고도 차를 구입하겠다고 나선 소비자는 없었다. 옥션 관계자는 오픈마켓 이용 층이 다양화되고 구매력도 높아지고 있어 조만간 첫 계약자가 나올 것이라고 기대를 잃지 않고 있다.

11번가는 2012년 초에 오픈마켓 최초로 경비행기를 판매한다고 밝혀 눈길을 끌었다. 9,900만 원짜리 경비행기는 그러나 3개월이 지나도록 주인을 찾지 못했다.

현대H몰이 2월부터 판매를 시작한 8,900만~2억 4,900만 원짜리 해외 유명 헬리콥터형 경비행기도 사정은 마찬가지다.

온라인 쇼핑몰들은 자동차, 경비행기 외에도 그동안 심심찮게 고가의 보석류, 명품 제품을 선보였지만 판매 실적으로 보면 참패를 거듭하고 있다. 그럼에도 고가 이색상품을 잇달아 선보이는 것은 이미지 제고 등 홍보효과가 크기 때문이다.

실제로 롯데백화점 프리미엄몰인 엘롯데는 탄탄한 럭셔리 상품 구성으로 홍보 효과를 톡톡히 누리고 있다. 2012년 3월 오픈한 엘롯데는 각종 명품뿐 아니라 요트, 모터사이클, 미술품 등 상품 구성부터 기존 온라인몰과 차별화를 꾀하고 있다. 입소문을 타며 오픈한 지 보름도 안 돼 방문자 수가 200만 명을 돌파했다. 실제 구매로 이어지는 경우는 많지 않아도 고급 백화점 이미지를 형성할 수 있어 그다지 손해 보는 장사가 아니라는 게 업계 분석이다.

이쪽 업계의 한 관리자가 언젠가 조언했던 것처럼, 온라인몰들이 팔리지도 않는 고가 제품의 판매에 나서는 것은 자신들의 쇼핑몰을 홍보하기 위한 것이다. 그러니 소비자들 또한 이에 현혹되어 충동구매로 이어지는 일은 없어야 할 것이다. 세계적으로 봐도 예전부터 명품을 온라인에서 판매하여 성공한 예가 드물다는 점을 주목해야 한다. 자동차 업계의 경우, 과거 미국 포드와

크라이슬러, 일본 혼다나 스바루 등 중저가 차량을 대량생산하는 업체가 홈쇼핑 등을 통해 차를 판매한 적이 있지만 늘상 성공적인 결과를 얻지는 못했다.

오프라인에서라면 포기했을 쇼핑들

직장인 김모 씨는 여자친구 선물을 고민하다 직장동료로부터 "속옷으로 깜짝 선물을 해보라"는 이야기를 들었다. 평범하지 않은 스타일의 속옷 선물이 은근히 두 사람 관계에 친근감을 줄 것이라는 설명이었다. 문제는 여성 속옷 매장을 혼자 찾는다는 게 영 내키지 않는다는 점이다. 여자친구가 어떤 스타일의 속옷을 좋아할지도 난감했다. 결국 그가 동료의 소개로 찾은 해결책은 속옷만 전문으로 판매하는 속옷 전용 온라인몰이었다.

신세계몰(http://mall.shinsegae.com)에서는 매일 밤 10시~오전 6시에 '언더웨어 심야 팝업매장'이 열린다. 이벤트용 속옷을 취급하는 이 매장은 19세 이상 인증이 돼야 입장할 수 있다. 특히 오프라인 매장에서라면 '낯 뜨거워' 혹은 '민망해서' 감히 구매할 엄두를 못 내는 속옷들도 이곳 온라인 매장에서 만날 수 있다. 권태기 부부들의 결혼 생활에 활력을 불어넣어 줄 수 있는 스타일의 속옷도 있고, 요가나 피트니스로 가꾼 몸을 과시하기 위해 젊은 세대들이 찾는 패션 속옷도 있다.

완벽한 쇼핑

신세계몰은 이러한 제품들이 수요는 분명히 있는데 구매처가 마땅치 않다는 점에 착안해 이 매장을 오픈했다. 팬티스타킹이 상반신까지 연장된 형태로 몸 전체를 가리는 바디 스타킹, 캐미솔과 팬티가 합쳐진 스타일의 속옷인 테디 등 색다른 여성 속옷들이 전시돼 있다. 또 남성용 바디수트, 두 개의 줄이 허리와 엉덩이 아랫부분을 감싸는 형태의 팬티인 조크 스트랩, 앞부분이 돌출돼 편안한 착용감을 주는 팬티 등 남성용도 다양하다.

신세계몰의 경우 속옷 매장 오픈 이후 남성고객이 전체의 절반을 차지하고 있다. 이는 자신을 표현하는 데 거침없는 젊은 직장 남성들이 많아진 요즘 세태를 반영하는 것이다. 그리고 여자친구를 위한 색다른 속옷 선물이나 커플 속옷을 찾는 남자고객들의 수요 또한 반영되었다.

그런가 하면 속옷 쇼핑과는 달리 실제 오프라인 매장에서 잘 취급하지 않아 구매가 어려운 분야가 있다. 바로 '빅사이즈' 샵이다. 모델이라고 모두 S라인을 자랑하거나 날씬한 몸매를 뽐내는 건 아니다. 몸무게가 줄어들까봐 전전긍긍하는 '빅사이즈' 모델들도 있다. 이들은 말라깽이보다 자신들의 풍성한 몸매에 자신감을 갖는다고 한다. 시즌제 드라마인 〈막돼먹은 영애씨〉의 주인공처럼, 날씬하고 예쁜 직장후배와의 일방적인 비교를 사양한 채 대신 더 건강하고 당당하게 살아가는 여성들이 많다. 이들의 활동 공간이 늘고 있는 건 일반 매장에서 쉽게 찾기 힘든 빅사이즈 의류나 신발 등에 대한 수요가 있기 때문이다. 이들에게 필수품은 그저 '빅사이즈'라고 일컬어지는 펑퍼짐한 디자인의 옷이 아니라 세련되고 개성이 강한 옷이다.

이런 소비자의 요구에 부응하는 다양한 체형을 위한 전문 쇼핑몰이 속속 등장하는 추세다. 빅사이즈로도 예쁜 옷을 입을 수 있다는 솔루션을 제시하고 있는 '애니사이즈(www.anysize.co.kr)'는 전 상품을 자체 제작하는 것으로 유명하다. 일부 의류업체가 대량생산을 통해 제품을 판매하는 반면, 애니사이즈는 디자이너의 감각과 노하우가 접목된 자체제작 상품을 내놓으며 고객들의 만족을 사고 있다. 여기에 단 하나의 아이템을 구매하더라도 무료배송 서비스를 제공하고 있다.

중년여성을 위한 빅사이즈 의류를 판매하는 온라인 쇼핑몰도 눈길을 끈다. 지난 2007년 카페24(www.cafe24.com) 솔루션을 통해 문을 연 '빅맘(www.bigmom.co.kr)'이 바로 그곳이다. 빅맘은 셔츠, 블라우스, 재킷, 코트, 바지, 트레이닝복, 신발 등을 구비해놓고 있는데, 특히 사이즈는 66부터 준비돼 있으며 99사이즈부터 140사이즈를 구매하려는 고객들이 많이 찾는다. 사이즈뿐 아니라 디자인도 세심하게 고려한 점이 특징이다. 맞춤 제작이 대부분이지만 100퍼센트 반품이나 교환이 가능하다. 빅사이즈라고 무조건 크고 펑퍼짐하게 만들지 않고 디자인적인 아름다움을 고려해 제작한다고 회사측은 소개하고 있다.

빅사이즈 여성의류전문 쇼핑몰 로로텐(www.loloten.com)은 신체의 단점을 보완하고, 세련되고 편안한 플러스 사이즈 옷을 판매하고 있다. "저희 쇼핑몰의 기본 테마는 '자신감을 업그레이드시켜주는 옷'이라고 볼 수 있어요. 예를 들어 상체가 마른 대신 골반이 크거나, 몸은 말랐지만 유일하게 팔뚝만 굵은 여성들처럼 신체 비율이 맞지 않아 옷 구매에 어려움을 겪는 고객들이 의외로 많더라구요. 우리는 그런 분께 많은 도움을 드리고 있어요."

'꼬시팝(www.ggosipop.com)' 쇼핑몰도 소개한다. 이곳은 발 사이즈가 260밀리미터 이상인 여성들을 위한 슈즈 전문 쇼핑몰이다. 게다가 신발 사이즈뿐만 아니라 종아리, 발목, 발등 높이, 발볼 등을 상세하게 표기해 고객들이 좀 더 정확하게 사이즈를 선택할 수 있도록 하고 있다. 일반적으로 빅사이즈 여성 슈즈는 판매하는 곳이 많지 않고 전문적으로 취급하지 않다 보니 구입을 해도 사이즈가 편하게 맞는 경우가 거의 없다. 그런 점에서 꼬시팝은 실제로 발 사이즈가 260밀리미터인 이곳 디자이너가 직접 신어보고 편한지를 확인한 후에 소개한다고 전한다.

나도 VIP가 될 수 있다

완벽한 쇼핑

어느 명품녀의 쇼핑

국내 최대 명품관인 갤러리아 명품관의 2011년 상반기(1~6월) 개인구매 1위는 40대 여성 A씨로 밝혀졌다. 그녀는 무려 6억 원 어치를 구입한 것으로 나타났다. 명품 구입비로 하루 평균 300만 원 이상을 쓴 셈이다. 이 명품녀가 사들인 제품은 '까르띠에(보석, 8,000만 원대)', '샤넬 세트(액세서리, 4,000만 원대)', '스테파 노리치(의류, 2,000만 원대)', '고야드(핸드백, 1,000만 원대)' 등 종류도 다양하다.

명품녀의 구매액수는 갤러리아백화점 카드사용내역을 기준으로 했다. 그녀가 타사 카드나 현금 등을 사용했을 가능성도 있어 실제 구매액은 이보다 많을 것으로 추정된다. 이 명품관에서는 상반기에 1억 원 이상 구매한 '명품족'이 무려 100여 명에 이르는 것으로 나타났다.

백화점 업계 관계자는 다음과 같이 전한다. "롯데, 현대, 신세계백화점에도 명품관이 있지만 규모가 가장 크고 브랜드가 다양한 갤러리아 명품관에 국내 명품족이 몰리거든요." 이러한 점을 감안하면 이 40대 명품녀가 지난해 상반기 우리나라에서 가장 '큰손'으로 추정된다는 얘기이다.

갤러리아 명품관에 따르면 전반적인 소비 침체 속에서도 명품을 찾는 소비층이 늘면서 명품 매출이 크게 증가했다. 갤러리아 명품관에서 지난해 상반기 상위 1퍼센트 고객의 매출 신장률은 전년 동기 대비 12퍼센트 증가했다.

3,000만 원 이상 구매한 '프리스티지 등급' 고객의 매출은 15퍼센트 늘었고, 구매고객 수도 9퍼센트 증가했다. 갤러리아 측은 이 같은 매출 호조에 대해 명품족의 차별화된 욕구를 충족시킨 결과로 분석한다. 갤러리아 명품관은 백화점 편집숍의 효시로 유명한 'G. STREET 494'를 필두로 'GDS, MANgds', '스티븐 알란', 'g.street494 homme' 등 다양한 콘셉트의 편집숍을 운영 중이다. 이곳에서는 현재 유럽, 미국, 일본 등지에서 유행하는 패션을 실시간 소개하고 있다. 고야드, 스테파노리치, 프레드, 톰포드, 낸시곤잘레스 등은 갤러리아에서만 만나볼 수 있는 브랜드이다.

갤러리아뿐만 아니라 롯데, 현대, 신세계백화점에서도 상반기 평균 10퍼센트 이상의 매출 성장을 보였으니, 한국에서의 명품

완벽한 쇼핑

시장은 분명 불황을 모르는 시장임에 틀림없다.

한국에서 명품시장은 불황을 모를 정도로 성장세다. 중국, 일본 등 아시아의 명품 구매력이 커지는 추세이기도 하지만 한국인의 명품 사랑은 유별나다. 일부 브랜드는 구매예약 대기자만 2,000명에 달하고 3년까지 기다려야 손에 넣을 수 있는 품목도 있다.

요즘 뜨고 있는 프라다 가방('사피아노1786')은 대기자만 수백 명에 달한다. 신세계백화점 관계자는 더 이상 대기자를 받지 말라는 본사의 지시가 있었다며, 최근 '사피아노1786'이 단 한 개만 입고돼 이를 최우선 대기자에게 판매했다고 한다. 신세계백화점의 영등포점 내 프라다 매장 역시 현재 160여 명이 이 제품을 기다리는 상황이다.

프랑스 명품 브랜드 에르메스의 '켈리35'와 '버킨30'은 전 세계적으로 '귀하신 몸'이 되어버린 존재다. 여성들 사이에서 선풍적인 인기를 얻은 미국 드라마 〈섹스 앤드 더 시티〉의 골드미스 사만다가 갖고 싶어 했던 가방으로, 그녀는 극 중에서 자신의 고객인 할리우드 스타의 이름을 대고 물건을 빨리 받으려다 결국 들통이 나 망신을 당하게 되는데, 바로 그 백이 '버킨'이었다. 가격은 웬만한 중형 승용차와 맞먹는다. 그래도 '비싸서'가 아니라 '없어서' 못 파는 실정이다. 신세계 본점 에르메스 매장 측의 말에 의하면, 두 제품은 대기자가 2,000명 이상인데다가 연간 들어오는 수량이 20개 내외여서 2~3년 내 구매하기는 어렵다고 한다.

수백만 원에서 수천만 원을 호가하는 가격, 하지만 그럼에도 원하는 제품을 손에 넣기 위해 몇 년을 기다릴 수 있는 인내심은 '소수의 특권'을 만끽하기 위한 것이다. 그렇지만 누구나 위와 같은 방식으로 살 수는 없다. 오히려 용돈 또는 월급을 모아 명품가방 하나를 마련하려는 '알뜰녀'나 사랑하는 이에게 기억에 남는 선물을 준비하려는 '알뜰남'들이 더 많을 것이다. 그런 이들은 보다 저렴한 가격에 명품을 구입할 수는 없을까 하며 사방으로 그 방법을 찾아 나선다. 명품이 보다 대중화하고 있는 추세도 명품 매장의 문턱이 조금씩 낮춰진다는 사실에서 은밀히 느낄 수 있다. 길을 걷다가 3초에 한 번씩 볼 수 있다는 일명 '3초 백'이 입방아에 오르내린 지 오래다.

인터넷에 '명품 싸게 사는 법'이라고 한번 쳐보라. 그러면 관련 사이트가 줄줄이 올라온다. 해외 사이트를 통해 직접 구매하는 것에서부터 면세점이나 온라인 구매, 최근에는 프리미엄아울렛까지 가세하면서 '명품 싸게 사기 노하우'가 늘고 있다. '같은 제품, 다른 가격'에 소비자들은 유혹을 느끼면서도 한편으론 이내 이런 의심을 떨치지 못하는 것도 사실이다. '혹시 진품이 아니라 가짜거나 B품 아니야?'

이렇듯 유혹과 의심을 모두 불러일으키는 명품이니만큼, 그와 관련된 궁금한 사항 또한 한두 가지가 아닐 테니 이를 속 시원히 풀어보자.

병행수입업체에 주목하라

'명품족'이라고 해서 무작정 명품을 사는 데 흥청망청 돈을 쓰는 건 아니다. 누구나 근사하고 좋은 품질의 제품을 가급적 싸게 구입하기를 원한다. 단 진품이어야 한다. 명품은 그것을 입거나 들거나 신는 순간 그 주체의 자존감을 충실하게 만족시켜주는 존재이기 때문이다. 마음먹고 월급, 생활비를 아껴가며 명품을 구입하려는 소비자에게는 더욱 '좀 더 싸게 명품을 내 것으로 만들 수 있는 방법'이 무척이나 반가울 수밖에 없다.

요즘은 온라인몰을 중심으로 중고품 매장이나 대여점이 인기를 끌고 있지만 확실한 진품을 오랜 동반자로 맞고 싶은 소비자라면 병행수입업체를 눈여겨볼 필요가 있다. 병행수입이란 해외상품의 국내 독점판매권을 가진 업체가 아니라, 다른 수입업자가 현지 아울렛이나 별도 유통채널로 제품을 직접 구매해 국내에서 판매하는 것을 말한다.

이랜드가 운영하는 NC백화점이 병행수입의 대표 백화점이다. NC백화점은 업체 입점보다는 직매입 방식에 방점을 찍었다. 글로벌 직소싱을 통해 고객이 원하는 명품과 상품을 갖춘다는 전략이다. NC백화점에서 운영하고 있는 병행수입 매장으로는 루이비통, 코치, 마이클 코어스, 프라다, 구찌 등 해외유명 잡화 브랜드 70여 개를 취급하는 '럭셔리 갤러리', 나인웨스트, 앤 클라인, 콜 한, BCBG 걸스 등 해외 유명 30여 개의 슈즈를 모아놓은

'슈즈 러리', 트루릴리젼, Seven 7, 에드 하디, 디젤 등 10여 개의 해외 유명청바지를 모아놓은 '블루스테이션', 랑콤, 샤넬, 디오르, 시슬리, 에스티로더 등의 화장품을 취급하는 '뷰티갤러리' 등이 있다.

기존 백화점에서 51만 8,000원인 토리버치 슈즈는 42만 9,000원으로, 45만 원인 나인웨스트의 슈즈는 29만 9,000원으로, 15만 5,000원인 일명 '갈색병'으로 불리는 에스티로더 화장품은 13만 2,000원으로, 288만 원인 펜디 가방은 215만 8,000원으로, 그리고 29만 8,000원인 디젤 자티니 청바지는 9만 9,000원에 팔리고 있다. 이랜드 특유의 바잉파워(Buying Power)를 활용한 직매입으로 기존 백화점 명품보다 20~40퍼센트 저렴한 가격을 강점으로 내세우고 있는 것이다. 백화점 업계 최초로 명품 브랜드를 한 자리에서 비교할 수 있게 해준 '멀티편집숍' 개념을 도입한 것도 새로운 트렌드로 눈길을 끈다.

럭셔리 갤러리는 최근 남성 명품도 보강했다. 최근 남성과 관련된 명품의 매출 신장률이 여성 명품을 웃도는 트렌드가 점차로 보여지고 있다. 그래서 이를 반영해 남성 잡화와 명품시계 편집숍을 신규로 추가하고 있다. 선글라스(돌체앤가바나, 디오르 등)와 프리미엄 제화(페라가모, 토리버치), 명품시계(티소, 태그호이어 등)를 포함해 최대 직매입 명품 편집매장으로서의 풀라인을 갖추는 등 명품고객의 타깃을 점점 늘려가고 있는 것이다.

NC백화점 강서점은 1~3호점과 마찬가지로 여느 백화점보다

완벽한 쇼핑

20~30퍼센트 싼 '대중 백화점'이란 점을 내세우고 있다. 가격을 낮춘 첫째 비결은 직매입이다. 판매 공간을 빌려주고 임대료(판매수수료)를 받는 일반 백화점과 달리, NC백화점은 직접 물건을 사들여와 팔고 있다. 높은 판매수수료 부담이 없어 값이 싼 셈이다. 재고 부담 역시 백화점이 직접 떠안는 방식이다. 이랜드그룹 측은 설명하기를 "뉴코아와 '2001아울렛' 등 계열 아울렛을 통해 재고를 처리할 수 있어 직매입 방식의 사업이 가능하다"며 당사 방식의 장점을 강조하였다. 일반의류나 잡화, 스포츠웨어뿐아니라 루이비통, 구찌 같은 명품 브랜드도 자체수입하여 판매한다.

물론 이 같은 직매입 방식이 전부는 아니다. 점포 임대도 동시에 운영한다. 이 경우도 판매수수료를 매출의 10~20퍼센트로 책정해 입점업체가 다른 백화점에서보다 더 싸게 팔 수 있도록 했다. 현재 롯데, 신세계, 현대백화점은 판매수수료가 매출의 30퍼센트 안팎이다. 1~3호점과 구별되는 강서점만의 특징은 엘리자베스 아덴, 디오르, 랑콤 같은 고급 화장품을 판다는 것인데, 이역시 NC백화점이 직접 수입해 가격을 국내 공항면세점 판매가 정도로 낮추었기 때문이다.

명품 구매를 위한 일급비밀

A씨는 최근 장롱에 모아놓은 명품 명함집과 볼펜 10여 종을 들고 서울 압구정동의 한 중고 명품점을 찾았다. 올초에 지인들로부터 받은 선물이었지만 이 명품 소품을 현금화하고 싶다는 생각이 들어서이다.

A씨처럼 명품지갑이나 벨트, 명함집, 볼펜 등 소품류를 선물로 받은 사람들 중 중고 명품점을 통해 현금화하는 사람들이 늘고 있다. 이들이 현금으로 바꿀 수 있는 수준은 실제 물건 가격의 50~55퍼센트 정도이다. 중고 명품점에서는 물건 상태를 꼼꼼히 확인한 뒤 품질 보관 상태에 따라 20~30퍼센트 마진을 붙여서 소비자들에게 되판다. 따라서 명품 소품들을 일반매장가보다 싸게 사고 싶다면 중고 명품점을 이용하는 것이 훨씬 경제적이다.

이곳에서는 루이비통, 페라가모, 몽블랑, 구찌 등 명품 소품들을 정상가의 70퍼센트 선에서 살 수 있다. 대부분 상표가 그대로 붙어 있는 정품이다. 어느 중고 명품점 관계자는 이렇게 귀띔했다. "중고 명품점이라고 중고만 파는 게 아니에요. 포장도 뜯지 않은 정품들이 생각보다 많이 있습니다. 대부분 선물로 받은 제품들로 정상가의 70~80퍼센트 선에서 구입할 수 있어요."

명품 소품들이 서울 시내 중고 명품점으로 몰리는 이유는 뭘까. 이는 누군가에게 '깔끔하게' 인사치레를 해야 하는 사람들에게 40~50만 원대 선물로는 명품 소품만 한 게 없기 때문이다. 본인

완벽한 쇼핑

이 사용하지 않을 경우 주위 사람들에게 선물해도 되고, A씨처럼 현금화할 수도 있어서다. 실제로 건설회사의 한 관계자는 "매년 거래처 사람 50여 명에게 명품지갑과 벨트, 볼펜 등을 번갈아가며 돌립니다. 그때마다 받는 사람 대부분이 만족해하지요"라며 고품격 선물임을 인정했다. 명품 하나쯤 갖고 싶어 하는 새내기 대학생과 직장인들은 중고 명품점을 한번 들러보는 것도 좋을 듯싶다.

대형마트의 명품매장, 믿을 만한가

2010년 8월 잠실점에 명품매장을 연 홈플러스는 개장 후 월평균 매출액이 최고 1억 원에 달한다. 후발 주자로 합류한 롯데마트 역시 비슷하다. 대형마트와 명품이라는 어색한 조합에도 불구하고 의외의 성과를 이끌어내고 있다.

프라다, 구찌, 에트로, 미우미우 등 20여 개 브랜드 제품을 판매하는 홈플러스 매장에서는 백화점에서 160만 원에 판매하는 프라다 가방을 135만 원에 판매하고 있다. 이곳에서 5퍼센트의 할인을 더 받을 수 있다는 건 여간 매력이 아니다. 다른 제품도 적게는 10퍼센트에서 많게는 40~50퍼센트까지 할인을 받을 수 있다. 그렇다면 프라다 가방을 백화점보다 무려 35만 원이나 저렴하게 구매할 수 있는 이유는 뭘까?

홈플러스 측은 자체 마진을 줄여 소비자들이 합리적인 가격에 명품을 구매할 수 있게 했다고 말한다. 그렇다면 자체 마진은 어디에서 줄일 수 있을까? 해당 점포 관계자에게 물어보니 이 역시

TIP 김기자에게 물어봐!

병행수입이란?

국내 독점판매권을 가지고 있는 업체 이외에 다른 유통경로로 같은 상표의 정품이 수입될 경우 통관과 판매를 전면 허용하는 제도. 1995년 11월부터 허용되었으며, 의류, 잡화, 화장품 등을 중심으로 1조 원 정도의 규모를 형성하고 있다. 국내에 약 1,000여 개의 병행수입업체가 있으며, 최근 대형유통사(이랜드 NC백화점, 이마트 등)들이 병행수입에 뛰어들고 있다. 정부의 활성화 정책에 인터넷 쇼핑몰도 병행수입에 나서고 있다.

NC백화점

럭셔리 갤러리(명품 잡화), 슈즈갤러리(구두 등), 블루스테이션(청바지), 뷰티갤러리(화장품)로 나누어 운영됨.

이마트

리바이스 청바지를 수입하여 60퍼센트 할인된 가격에 판매.

인터파크

'베이비프리미엄'을 통해 스토케, 퀴니버즈, 잉글레시나 트립 등 유명 유모차 판매. 휘슬러, WMF 테팔, 교세라, 로얄 알버트, 헨켈, 조셉조셉 등 주방 전문몰 구성.

G마켓 및 옥션

노스페이스, 폴로, 나이키, 리바이스 등의 의류 수입.

토리노몰

2012년 3월 오픈한 온라인 명품쇼핑몰. 유럽 현지에서 직수입하여 최대 50퍼센트 할인 받을 수 있으며, 한눈에 비교 구매할 수 있는 원스톱 쇼핑이 가능.

앞에서 밝혔듯이 병행수입으로 물건을 들여온 데에 해답이 있었다. 병행수입에 의해 해당 국가에서 직접 주문해 들여오기 때문에 유통 마진이 줄어들어 그만큼 고객에게 싸게 판매할 수 있었다.

롯데마트에 입점해 있는 또 다른 명품 점포의 사정도 비슷하다. 1층에 있는 이 명품관은 끌로에, 구찌, 프라다, 멀버리, 미우미우, 펜디 등 20여 개에 달하는 브랜드를 취급하고 있다. 가격은 시중 판매가보다 많게는 30~40퍼센트 저렴하다. 인기제품인 멀버리 가방의 경우 230만 원이 넘는 백화점 가격보다 30여만 원 저렴한 199만 원에 판매되고 있다. 역시 병행수입을 거친 제품이다. 업체 측은 자체 개런티 카드를 발급해 백화점에서 산 것과 똑같이 1년간 보증 서비스를 제공하고 있다. 아무래도 병행수입에 대한 오해가 있어 처음에는 꺼리는 고객도 적지 않았지만, 같은 제품을 더 저렴하게 살 수 있다는 이점 앞에선 누구나 마음을 줄 수밖에 없을 것이다.

병행수입을 통해 유통 마진을 줄이는 것과 함께 판매수수료가 백화점보다 낮은 것도 명품에 낀 거품을 덜어내는 데 한몫하고 있다. 한 브랜드가 백화점에 입점할 때 대개 매출의 일정 비율을 백화점에서 수수료 명목으로 떼어간다. 일종의 월세 개념이라고 보면 되는데, 입점을 원하는 업체는 초기 인테리어 비용을 부담한 후 정해진 판매수수료만 백화점에 내면 된다.

롯데백화점에 입점해 있는 한 브랜드 매니저의 설명이다.

"신상품의 경우 보통 정상가의 16퍼센트를 백화점 측에서 가

저갑니다. 1만 원짜리 상품을 팔면 1,600원은 백화점에 내는 식이지요. 백화점에 따라, 혹은 브랜드에 따라 수수료는 다를 수 있지만, 높은 수수료는 최대 30퍼센트까지 올라가기도 합니다. 이 역시 관리비나 유지비에 포함되기 때문에 수수료가 높으면 높은 대로, 낮으면 낮은 대로 원가를 책정할 때 고스란히 반영될 수밖에 없지요. 그래서 같은 제품이라도 인터넷을 통해 판매되는 것이 쌀 수밖에 없는 이유가 바로 이 때문입니다.”

홈플러스 역시 명품관 개장을 발표했다. 직수입을 통한 유통마진 축소는 물론이고, 특히 판매수수료를 시중 백화점보다 20~30퍼센트 가까이 저렴한 8퍼센트 정도로 대폭 낮추었다.

네이버, 다음 등 포털사이트 검색창에 ‘명품 싸게 파는 곳’ ‘명품 싸게 사는 방법’ 등의 키워드를 치면 블로그와 카페 등에 많은 글이 꼬리를 물고 올라온다. 브랜드별 가격을 보면 백화점에서 판매하는 상품보다 최대 40퍼센트가량 저렴하니 소비자 입장에서는 당장 구입하고 싶은 충동을 느낄 만하다.

문제는 정품인지 아닌지를 어떻게 확인하느냐 여부이다. 인터넷 카페에서 명품을 파는 사업자들에 따르면 백화점보다 싼 첫 번째 이유는 현지에서 제품을 직접 사와 재판매하기 때문이라고 한다. 두 번째는 현지 멀티숍 등을 통해 제품을 받아오는 이유도 들 수 있다. 그리고 세 번째는 대형마트 등과 유사한 병행수입이다.

한 사업자는 귀띔하기를, 현지에서 명품을 사면 국내 백화점보다 최대 40퍼센트가량 싸게 살 수 있으며, 특히나 한 번에 많이

완벽한 쇼핑

사온다면 비행기로 운송하는 비용도 줄일 수 있고 수익도 올릴 수 있다고 했다.

현지 사업자를 통해 제품을 들여온다는 또 다른 사업자는 이러한 경우에 국내 백화점 상품보다 20~40퍼센트 저렴하다고 밝히고 있다. 온라인 카페 등에서 명품을 싸게 팔 수 있는 것은 백화점에서 부과하는 임대료와 수수료, 인건비 등이 없기 때문이다. 현지와 직거래를 통해 제품을 들여오고, 임대료와 인건비 등이 들지 않으니 백화점보다 가격을 크게 낮출 수 있다는 건 당연한 이야기로 들린다. 하지만 백화점과 마찬가지로 이들이 제품의 품질을 보증할 수 있는지, 애프터서비스는 가능한지 궁금하지 않을 수 없다. 이에 대해 사업자들은, 해외에서 들여온 제품들은 모두 세관에 신고를 하기 때문에 정품이라고 누차 강조하고 있다.

정품을 확인할 수 있는 방법도 소개했다. '세관 필증'과 '개런티 카드'를 반드시 확인해야 하며, 그 안의 제품 모델명과 고유넘버 등을 유념해서 봐야 한다. 특히 두 가지 중 하나라도 없으면 가짜일 가능성이 크다. 그래도 미심쩍으면 진품을 확인해주는 사설업체에 의뢰하면 된다. 이들이 온라인을 통해 명품을 사려는 소비자에게 당부하는 바가 또 하나 있는데, 물건을 받기 전까지는 절대로 사업자에게 입금을 하지 말라는 것이다.

샤넬과 프라다, 구찌, 루이비통과 같은 유명 명품 브랜드가 온라인상에서 쉽게 판매가 안 되는 이유 또한 관계자들이 털어놓았는데, 바로 이들 브랜드는 할인을 안 하기로 유명하여 해외현지에서 사든 국내에서 사든 가격 차이가 거의 없다고 한다.

그럼 온라인상에서 판매하는 샤넬과 프라다, 구찌, 루이비통은 모두 가짜일까? 이에 대해 사업자들은 수입경로가 모두 다르기 때문에 모두 가짜라고 단정할 수는 없지만, 앞서 강조했듯이 필수적으로 세관필증과 개런티 카드 등을 확인해야 한다고 거듭 이야기했다.

온라인에서 구입한 명품에 대해 소비자들이 마지막으로 꼭 알아둬야 할 것이 있다. 애프터서비스는 안 된다는 점이다.

금강제화? 아니면 페라가모?

멋쟁이 직장인이라면 '득템 리스트'에 명품구두 하나쯤은 올려놓는다. 이탈리아 명품인 살바토레 페라가모는 어떨까. 로고 디자인이 농협중앙회와 비슷해 우스갯소리로 '농협구두'로 불리기도 하지만, 수수하면서도 깔끔한 디자인이 직장인들 사이에서 인기가 높다. 이 구두 한 켤레의 가격은 40~80만 원대. 선뜻 지갑을 열기에는 부담스런 가격대다. 그렇다면 좀 싼 가격에 페라가모를 살 수 있는 방법은 없을까.

답은 금강제화 상품권에 있다. 금강제화 상품권은 서울 명동 일대 상품권 판매소에서 10만 원짜리 상품권을 7만 2,000원에 구입할 수 있다. 28만 8,000원이면 금강제화 상품권 40만 원어치 구입이 가능하다. 이 상품권으로 금강제화 매장에서 40만 원대 페라가모 구두를 살 경우 11만 2,000원을 절약할 수 있다. 금강제화는 페라가모를 수입하여 주요 매장에서 자사 브랜드 제품과 병행 판매를 하고 있다.

해외 명품구두뿐 아니라 '국민구두'인 금강제화도 마찬가지다. 제값 주고 사는 소비자가 많지 않다는 얘기다. 알뜰녀 씨는 얼마 전 가을에 신을 만한 구두를 금강제화 매장에서 10만 원대에 장만했다. 원래 가격은 23만 원. 10만 원짜리 상품권을 28퍼센트 싼 7만 2,000원에 구입했고 게다가 세일기간(20퍼센트)을 이용한 덕분이다. 알뜰녀 씨는 '누가 요즘 구두를 제값 주고 사느냐'고 되물었다. 그녀는 조금만 발품을 팔면 구두를 반값에 살 수 있다면서 위에 밝힌 자신의 노하우를 일러주었다.

하지만 뛰는 자 위에는 나는 자가 있는 법. 알뜰녀 씨보다 더 알뜰한 한 네티즌이 있으니, 그는 금강제화 구두를 아주 싸게 산 경험담을 어느 날 인터넷에 올렸다. 구두를 60~80퍼센트 할인판매하는 금강제화 상설할인매장에서 상품권으로 구두를 산 것이다. 17만 8,000원짜리가 8만 원에 판매되는데, 8만 원 상품권(7만 원권+1만 원권)을 5만 5,000원에 샀으니, 결국 17만 8,000원짜리를 5만 5,000원에 산 셈이다. 이쯤 되면 정말 백화점이나 직영매장에서 제값 주고 구두를 산 소비자들은 억울할 법도 하다. '거품 소비자 가격'에 속은 것이나 마찬가지니까.

실제로 상품권 판매소, 혹은 인터넷에서 쉽게 구할 수 있는 구두 상품권을 둘러싼 다툼도 적지 않다. 많은 소비자들이 상품권으로 구두를 구입하는데도 정작 제화업체들이 상품권 잔액을 현금으로 환불해주지 않고 구두상품권 등으로 대신하는 사례를 보이기 때문이다. 한국소비자보호원에 따르면 지난해 조사 결과, 상품권 사용 후 잔액을 현금으로 돌려주지 않고 상품권이나 현금 보관증으로 지급해 말썽을 빚은 사례가 많았다. 특히 금강제화 상품권 관련 건수가 전체 63건 중 절반가량(34건)을 차지해 여기저기서 비난을 들어야 했다. 소비자보호원에서는 다음과 같은 조언을 들려준다.

"1만 원이 넘는 상품권은 액면금액의 60퍼센트 이상을 쓰면 잔액을 현금으로 돌려주도록 소비자피해보상 규정에 명시돼 있습니다. 혹시 제화업체에서 거절하더라도 강력히 현금 환불을 요구해야 합니다."

프리미엄아울렛 미리 맛보기

내수경기 침체가 계속되면서 백화점 대신 아울렛을 선택하는 사람들이 늘고 있다. 국내 아울렛 시장은 '유통공룡'이라 불리는 신세계와 롯데가 양분하고 있다. 대형 유통업체들이 아울렛 사업을 구체화하기 시작한 것은 2000년대 중반부터였다. '신세계첼시'가 여주와 파주에 이어 부산에 세 번째 아울렛을 준비하고 있

완벽한 쇼핑

고, 롯데도 김해점, 광주점, 대구점 등의 아울렛을 열었다. 현대백화점도 수도권에 프리미엄아울렛을 세우겠다고 나섰다.

거대 유통업체 처지에서 아울렛 사업은 매력적인 신종업태이다. 왜냐하면 백화점이나 할인점 시장은 이미 포화 상태에 이르렀다는 게 업계의 분석이고, 무엇보다 도심에 쇼핑 공간이 들어설 부지를 찾기가 쉽지 않다. 해외 고가 브랜드(명품) 수요가 늘고 있는 추세도 확연하다. 게다가 아울렛은 개점할 때 드는 비용이 백화점을 새로 개점할 때보다 3분의 1 수준으로 적다고 하며, 실제로 앞서 개점한 아울렛의 매출 신장률 등 성적표도 괜찮은 편이다. 그러니 성장 잠재력이 크다는 판단에 롯데와 신세계가 앞서거니 뒤서거니 하면서 아울렛 시장에 진출하는 것도 당연히 이해가 된다.

쇼핑과 문화를 즐기다
_ 롯데 프리미엄아울렛 파주점

2011년 12월 2일 개장한 롯데 프리미엄아울렛 파주점(이하 롯데 프리미엄아울렛)은 국내 프리미엄아울렛 중 약 3만 5,428평방미터의 최대 규모와 최다 브랜드를 자랑한다. 여기에 영화관과 갤러리, 문화홀을 마련해 쇼핑뿐만 아니라 나들이 장소로도 좋다. 롯데 프리미엄아울렛은 A · B · C · D 총 4개관으로 구성되어 있으며 A · C관, B · D관 사이로 폭 60미터의 유수지가 있다.

각 관은 1~3층으로 나뉘어 있으며 매장들은 로드숍처럼 골목을 따라 일렬로 이어져 있다. 국내외 브랜드 총 213개가 입점해 있는데, 이 중 멀버리, 폴스미스, 발리, 태그호이어, 케이트스페이드, 포트메리온 등 32개 브랜드는 이곳에서 첫선을 보였다. 할인율은 브랜드와 품목별로 다소 차이가 있지만 주요 아이템인 1년차 재고품의 할인율은 20~50퍼센트 정도다.

롯데 프리미엄아울렛의 A관은 명품 브랜드 위주다. 일반적으로 아울렛에서는 다양한 사이즈의 의류가 부족하다는 데에서 착안해, 옷 대신 가방과 신발과 같은 잡화상품 비중이 높은 브랜드로 70퍼센트 이상을 구성했다. A관에 입점한 멀버리 매장은 20대 중반부터 40대 중반의 여성들로 늘 붐빈다. 멀버리의 시그니처 백인 '베이스워터백'이 다양하게 구비되어 있는데, 여기서는 시즌 아이템만 판매한다. 할인율은 30퍼센트 정도로 타매장에서 198만 원~219만 8,000원 하는 가방이 110만~130만 원대다.

가방, 구두로 유명한 토즈 매장에는 다양한 디자인의 신발이 눈길을 끈다. 평균 35퍼센트 할인하여 판매하는데, 일반적으로 남성 구두가 40만 2,000원, 여성 플랫슈즈가 35만 4,000원이다. 그리고 조금 지난 2009년도 구두는 60퍼센트가량 할인해 8만~16만 원이면 살 수 있다.

패션에 생활·주방용품까지 총망라하다

_ 신세계첼시 프리미엄아울렛

신세계첼시 파주 프리미엄아울렛은 약 3만 1,113평방미터의 규모로 국내외 165개의 브랜드가 입점해 있다. 눈여겨볼 브랜드는 아이그너, 휴고보스, 질 샌더, 란스미어, 마크 제이콥스, 소니아 리키엘, 토리버치, 비비안 웨스트우드 등으로 이곳에서만 단독 판매 중이다.

생활·주방용품 브랜드가 11개로 롯데 프리미엄아울렛보다 많다. 평균 할인율은 25~55퍼센트로 브랜드와 품목에 따라 각기 다른 할인율을 적용하고 있다.

신세계첼시 여주 프리미엄아울렛은 총 140개 브랜드가 입점해 있다. 그중 버버리, 아르마니, 보테가 베네타, 브룩스브라더스, 끌로에, 돌체앤가바나, 펜디, 구찌, 디오르 등 국내 소비자의 선호도가 높은 명품 브랜드가 단독으로 입점해 있다. 버버리 매장은 아시아에서 처음으로 선보인 것으로 인기가 특히 높은데, 이곳에서 남녀 피케 티셔츠를 8만 원선에 구입할 수 있다. 나인웨스트 매장은 클래식한 디자인은 많지 않지만 독특한 디자인의 펌프스를 7만 9,000~8만 9,000원에 판매한다.

여주에 이어 2011년 파주에 프리미엄아울렛을 오픈한 신세계첼시는 신세계와 미국의 사이먼프로퍼티 그룹(Simon Property Group)이 각각 50퍼센트의 지분을 출자해 설립한 합작법인이다. 서울 수도권 중심부에 인접해 있고 관광지가 많은 파주의 지역적인 특성을 고려해 명품뿐만 아니라 남성, 스포츠, 아동 등 가족단위 나들이객을 위한 브랜드를 대폭 보강한 것이 특징이다. 카테고리별로 매장을 모아놓지 않고 브랜드별로 분리한 것도 색다르다. 예를 들어 폴로와 빈폴을 나란히 붙여두지 않고, 폴로와 나이키를 한쪽 끝에, 빈폴과 아디다스를 묶어 그 반대편 끝에 두는 식이다. 가장 넓은 매장은 나이키와 폴로 매장으로 990평방미터(약 300평)나 된다.

프리미엄아울렛 쇼핑 공략법

알뜰녀 씨는 주말을 맞아 가족들과 여주 프리미엄아울렛을 찾았다. 평소 명품을 자주 구입하지는 않지만 아울렛에 가면 '착한' 가격의 명품을 운 좋게 건질 수 있는데다 가족들과 모처럼 야외 나들이 기분을 낼 수도 있기 때문이다. 알뜰녀 씨는 이날 버버리 매장을 방문했다. 물건을 둘러보던 중 2년 전 백화점에서 신상품으로 봤던 재킷이 정상가의 60퍼센트 할인된 가격에 팔리는 것을 보고 고민 끝에 지갑을 열기로 했다. 대부분의 소비자들은 아울렛 상품이 이월상품이기는 하지만, 한 번 구입하면 오랜 기간 사용할 수 있기 때문에 크게 문제될 게 없다는 입장이다.

외국에서나 한국에서나 각종 아울렛은 불황 속에 조금이라도 좋은 물건을 싸게 사려는 알뜰 소비자들의 천국이다. 보통 이월된 유명 브랜드의 옷을 30~80퍼센트까지 싸게 팔기 때문에, 품질을 꼼꼼히 살피고 유행을 타지 않는 스타일을 고른다면 보다 저렴한 가격에 오래 입을 수 있는 쏠쏠한 제품을 고를 수 있다.

아울렛에 가는 목적이 알뜰 쇼핑인 만큼, 소비자들은 쇼핑에 앞서 방문하려는 아울렛 홈페이지에 들어가 특별할인 이벤트가 있는지 점검하는 등 만반의 준비를 하는 게 현명하다. 가장 기본적인 준비는 '동선 구성'이다. 보통 아울렛들은 2만 평이 넘는 대규모 부지에 각 브랜드숍이 배치되어 있는 형태다. 아무 생각 없이 이 매장 저 매장 떠돌아다니다 보면 몇 시간은 훌쩍 넘어버리고, 정작 꼭 가봐야 할 매장은 지쳐서 들를 수 없게 된다. 때문에 꼭 가봐야 할 매장들은 안내지도 등을 참조해 미리 체크하고, 방문 전 홈페이지를 통해 미리 동선을 짜본다. 요즘엔 아울렛별로 홈페이지에 상세한 매장과 동선 정보들을 올려놓고 있어 한결 편리한 쇼핑이 가능해졌다.

본인이 선호하는 매장이 있을 경우 점원과 수시로 '접촉'하여 정보를 얻을 수 있다면 내가 원하는 물건을 살 수 있는 가능성이 더 커진다. 신상품을 꾸준히 판매하는 백화점과 달리 아울렛은 상품이 집중적으로 입고되는 시기가 있기 때문에 자신이 선호하는 브랜드 물량이 집중적으로 들어오는 시기에 맞춰 쇼핑하면 좋다.

교환이나 환불 규정과 기간은 꼭 확인하도록 한다. 백화점의 교환 및 환불은 일반적으로 소비자보호 법률규정 이상으로 관대하다. 하지만 아울렛은 한정된 사이즈의 이월상품을 빠르게 유통시켜야 하는 특성이 있기 때문에 정해진 기간을 넘긴 상품은 교환이나 환불이 불가능할 수 있다. 제품을 교환하려 해도 집에서 거리가 멀어 하루를 소비해야 한다.

자, 그럼 쇼핑에 대한 만반의 준비를 갖추었다면 본격적으로 쇼핑을 시작해보자. 롯데 프리미엄 김해 아울렛, 신세계첼시 여주 프리미엄아울렛 등 매장별로 알뜰하게 쇼핑할 수 있는 방법을 알아보려 한다.

롯데의 프리미엄 김해 아울렛은 오전 11시에 문을 열어 오후 9시까지 영업하기 때문에 저녁시간에 보다 여유로운 쇼핑을 즐길 수 있다. 버버리, 아이그너, 듀퐁 등 명품 23개 브랜드를 포함한 국내외 대표 140여 개 브랜드들의 이월상품을 20~60퍼센트 할인된 가격으로 판매한다. 특히 버버리 매장은 국내 최대 규모와 물량을 자랑하는 곳이니 체크해볼 만하다. 나이키는 매장 크기로 국내 세 번째 규모를 자랑하고, 인테리어나 익스테리어 투자비 최대, 그리고 신발이라는 단일품목에서는 국내 최다 아이템 수를 보유하고 있다.

신세계 여주 프리미엄아울렛에는 총 126개의 다양한 패션, 액세서리, 리빙 브랜드들이 입점해 있다. 특히나 이곳 아울렛에 입점하지 않은 타 브랜드들의 이벤트 공간을 매달 마련하여 소비자들이 다양한 브랜드를 접할 수 있도록 배려한 점도 눈에 띈다.

기왕 큰맘 먹고 아울렛에 가는 거라면 목요일과 금요일을 추천해주고 싶다. 아울렛 특성상 재고물량이 확보돼야 판매가 가능하기 때문에 재고가 들어오는 시점에 맞춰 재빨리 구매해야 자신이 원하는 상품을 손에 넣을 수 있다. 물량이 들어오는 요일이 보통 목요일과 금요일이라는 점을 알고 있는가?

시즌오프 시점을 활용하는 것도 좋다. 시즌이 끝나가는 시점에서는 70~90퍼센트까지 파격적으로 할인되는 경우도 있기 때문에 타이밍을 잘 맞추면 '돈 버는 명품 쇼핑'이 가능하다. 특히 여주의 프리미엄아울렛 브랜드들은 가을 상품의 경우 10월 말께가 시즌오프이므로 그 무렵에 홈페이지 등을 통해 정보를 얻으면 된다.

VIP용 추가할인쿠폰도 다양한 혜택을 준다. 당일 100만 원 이상 구입할 경우(브랜드별 합산 가능) 영수증을 모아 안내센터로 가면 VIP용 할인쿠폰북을 받을 수 있다. 쿠폰북에는 브랜드별로 추가할인을 해주는 쿠폰이 있기 때문에 아울렛 가격에서 더 할인받을 수 있는 절호의 기회이다.

잠깐! 해외에서 명품을 구입했다면

알뜰녀 씨는 최근 홍콩 출장을 다녀오면서 마음에 쏙 드는 선글라스를 구입해 한껏 마음이 들떴다. 요즘에는 여름뿐 아니라 봄이나 가을에도 햇볕이 따가운 날이면 길거리에 선글라스를 끼고 다니는 여성들이 자주 눈에 띈다. 선글라스가 자가용 운전이나 여름 휴가철에 반짝 애용되는 물건이 아니라 일상생활의 필수 아이템이 된 것이다. 알뜰녀 씨가 출장 쇼핑리스트 첫 번째로 선글라스를 올려놓은 것도 '거리의 멋쟁이'가 되려는 소망에서다. 그녀가 홍콩 쇼핑몰에서 고른 선글라스는 불가리 제품이었다. 연한 갈색 무늬의 테두리가 카키색조의 렌즈와 근사하게 어울리는 스타일이었다. 같이 동행한 회사동료들도 알뜰녀 씨가 불가리 선글라스를 쓰자 "정말 잘 어울린다"며 구매를 부추겼다. 쇼핑 명소답게 세일이 잦은 홍콩에서 30여만 원에 불가리 선글라스를 챙겼다. 디자인이 마음에 쏙 들기도 했지만 웬만한 브랜드의 선글라스가 국내에서 40만 원대 이상인 점을 생각하니 알뜰녀 씨는 오히려 스스로 돈을 번 느낌마저 들었다.

이제 새로 산 선글라스를 쓰고 거리를 활보하는 일만 남았다. 그런데 그녀에게는 거리에 나서기 전 먼저 들러야 할 곳이 있었다. 안경점이다. 평소 안경을 쓰는 알뜰녀 씨는 선글라스의 렌즈를 본인의 도수에 맞는 걸로 바꿔야 한다. 햇볕이 따사로운 날, 가벼운 흥분을 안고 안경점을 찾은 그녀는 뜻밖의 이야기를 들었다. 큰맘 먹고 구매한 그 선글라스를 사용할 수 없다는 것이다. 정확하게 표현하면, 쓸 수는 있지만 구매한 디자인 그대로의 근사한 스타일이 아니라, 조금 과장된 표현으로 '잠수경' 같은 스타일로 변할 것이라는 얘기였다. 문제는 알뜰녀 씨의 두 눈이 마이너스 도수일 정도로 나쁘다는 점이다. 눈이 나쁘니 렌즈가 두꺼워질 수밖에 없고, 압축을 하더라도 날렵한 라운드의 선글라스 스타일이 살아나지 않는다는 것이다.

특히 해외명품 선글라스는 얼굴이 작고 윤곽이 뚜렷한 서양인을 대상으로 제작되었기 때문에 얼굴이 넓적한 동양인에게는 잘 어울리지 않을 수 있다. 이 때문에 국내에서 판매되는 명품 선글

완벽한 쇼핑

적합한 선글라스를 고르는 방법

선글라스는 자외선으로부터 눈을 보호해줄 뿐만 아니라 자신을 드러내주는 좋은 패션 아이템으로 여겨져 젊은층뿐만 아니라 중장년층에도 필수품으로 자리 잡은 지 오래다. 하지만 유행을 좇기 위해 디자인만 보고 선글라스를 골랐다가는 눈 건강을 해칠 수 있다는 점을 유의해야 한다. 특히 선글라스를 많이 쓰게 되는 장소에 따라 렌즈 색상도 달라져야 한다. 패션안경숍 룩옵티컬의 도움을 받아 다양한 스타일의 선글라스에 대해 알아봤다.

해변가에서라면 갈색 선글라스

젊은층이 피서지로 가장 많이 가는 해수욕장의 모래사장은 자외선 반사율(높을수록 자외선도 강함)이 20~30퍼센트로, 도심의 콘크리트 자외선 반사율 10~15퍼센트에 비해 2배에 이른다. 따라서 자외선이 많은 해변에서는 갈색 선글라스를 착용하면 좋다. 갈색렌즈는 빛이 잘 흩어지는 청색빛을 여과시키는 기능이 우수해 시야를 선명하게 해주며 눈을 보호하기에 가장 좋은 색상이다.

등산할 때는 회색

등산을 주로 하는 사람에게는 모든 색상을 자연 그대로 볼 수 있는 회색 렌즈가 좋다. 산행을 한다면 안전을 위해서 렌즈 아래 부분으로 갈수록 농도가 옅어지는 그라데이션 컬러 렌즈가 더욱 좋다. 또한 회색 선글라스는 햇빛이 강한 날 운전할 때 좋다.
녹색 렌즈는 망막에 상을 정확히 맺게 하고 눈이 쉬 피로하지 않게 해주는 기능을 한다. 또 색상 식별이 빠르며 눈이 시원하고 피로감이 적어 도심이나 강가에서 적당하다. 특히 낚시를 하는 사람들의 경우 한 곳을 오랫동안 주시해야 하므로 녹색 렌즈가 좋다.

야간에는 노란색 렌즈

노란색 렌즈는 황반변성의 원인이 되는 태양의 청색광을 차단하는 기능이 있다. 자외선은 흡수되지만 적외선은 흡수가 잘 안 돼 흐린 날 운전할 때나 야간에 착용하기 좋은 색상이다. 주의해야 할 점은 빨강, 파랑, 분홍, 보라 등 화려한 원색 렌즈는 패션소품으로는 적당할지 모르지만 시력 보호에는 그리 좋지 않다. 색상 자체가 사물의 색을 있는 그대로 비춰주지 않아 눈에 피로를 주며, 특히 운전시에는 신호등이나 안전표지판의 색상을 볼 때 혼돈이 와서 사고의 위험도 높아진다.

라스는 오리지널과 비슷한 디자인이긴 하나 동양인에게 어울리는 스타일로 다소 변경한 것들이다. '룩옵티컬' 임경록 홍보팀장의 말을 들어보자. "같은 명품 브랜드라도 국내에서 유통되는 것은 안경다리에 새겨져 있는 넘버링이 k로 시작합니다. 이를 유념한다면, 서양인의 얼굴형과 다른 한국사람들은 국내 유통되는 선글라스 중에서 자신에게 어울리는 스타일을 찾을 확률이 높습니다."

알뜰녀 씨처럼 눈이 나쁜 경우에는 전문가와 상의해 선글라스를 골라야 한다. 렌즈의 두께가 제법 나가는 경우 알이 크지 않고 선글라스의 윗부분 라운드가 심하지 않은 것으로 선택해야 무난하다. 무턱대고 디자인만 보고 골랐다간 알뜰녀 씨의 경우처럼 낭패를 겪게 된다. 큰맘 먹고 해외에서 산 명품 선글라스가 애물단지로 전락하기 십상인 것이다.

세관 무사히 통과하셨나요?

직장동료들과 중국 여행을 다녀온 알뜰녀 씨는 수하물을 찾는 곳에서 여행가방이 나오길 기다리다가 깜짝 놀랐다. 가방 손잡이에 노란색의 큰 자물쇠가 걸려 있는 것이 아닌가. 알뜰녀 씨뿐만 아니라 다른 동료들의 짐 가방에도 하나씩 노란 자물쇠가 걸려 있었다. 세관 직원이 오더니 자물쇠가 걸린 가방에 대해서는 별도의 검사를 받아야 한다고 했다. 가슴이 철렁 내려앉았다. 고가의 제품을 사온 것도 아닌데 혹시 중국 짝퉁시장에서 산 루이비통 손가방이 적발된 건 아닐까? 그런 것도 엑스레이에 걸리는 걸까? 갖가지 의문이 꼬리를 물었다. 동료들과 줄줄이 서서 눈에 확 띄는 노란 자물쇠가 달린 가방을 끌고 세관 쪽으로 가려니 누가 볼까 창피하기도 했다.

'범인'은 중국산 깨였다. 현지 지점장이 선물로 참깨를 한 봉지씩 넣어주었는데 반입 용량(1인당 5킬로그램)을 초과한 것이다. 그나마 초과 용량이 얼마 되지 않는데다, 현지에서 선물 받은 것이라는 설명에 벌금을 물지 않고 무사히 세관을 통과할 수 있었다. 알뜰녀 씨는 벌금을 안 내긴 했지만 다시는 그런 경험을 하고 싶지 않다면서, 그 이후론 해외여행을 갈 일이 있을 때는 면세대상이나 기준을 꼼꼼히 따져보는 습관이 생겼다고 한다.

모처럼 해외출장 일정이 잡힌 '나명품 씨'도 출국 전 면세점에서 명품 핸드백을 쇼핑하다가 낭패를 겪었다. 출장 기간 동안에는 쇼핑할 시간이 여의치 않을 것 같아 미리 와이프의 생일선물을 사기로 했다. 그러고는 큰맘 먹고 249만 7,000원짜리 명품가방을 사게 된 것이다. 언젠가 백화점에 쇼핑을 갔다가 와이프가 한참이나 쳐다보며 가격표를 만지작거리던 브랜드를 눈여겨봐뒀던 것이다. 면세점 가격이 그때 보았던 백화점 가격보다 훨씬 더 저렴할 것이라는 기대감에 콧노래가 절로 나왔다. 그런데 이게 어찌 된 일인가. 18.8퍼센트라는 뜻밖의 관세가 붙어 38만 606원의 세금을 물게 된 것이다. 세금을 물고 나니 백화점의 동일 모델과 비교해 약 9만 원가량 더 비싸게 산 셈이 되었다.

400달러까지만 면세가 된다는 것은 대부분의 사람들이 아는 상식이지만 이를 넘을 경우 몇 퍼센트의 관세가 붙는지 아는 사

'듀티프리'와 '택스프리'의 차이

듀티프리(Duty Free) : 관세 면세. 외국에서 우리나라로 수입된 상품에 대한 세금으로, 우리가 면세점에서 상품을 구매하는 경우에 해당된다. 미군부대 PX는 관세 면세를 적용한 것이다.

택스프리(Tax Free) : 부가가치세 면세. 외국인에게 세금을 물리지 않는 것으로, 해외여행 시 현지에서 가방이나 전자제품을 살 경우 세금 환급을 위한 서류를 받는데, 이것이 바로 부가세 면세를 위한 서류이다. 가령 우리나라를 여행하는 외국인이 기내에서 국산품을 살 경우 10퍼센트의 부가세를 면세 받을 수 있다. 군부대 PX나 공무원 연금매장은 부가세 면세가 적용된 것이다.

면세점에서 구매한 물품, 세금으로 얼마를 납부해야 하나?

내국인의 경우 미화 3,000달러까지 면세점에서 물품구매를 할 수 있다. 단, 입국시 400달러까지만 면세가 적용되며, 나머지 초과분은 세금을 납부해야 한다.

사례〉 여름휴가를 태국으로 다녀오면서 2,000달러짜리 명품가방을 구매한 직장인 A 씨. 면세범위인 400달러를 뺀 1,600달러에 대한 세금을 부담해야 한다. 다시 말해, 과세 가격인 1,600달러에 가방의 관세율인 8퍼센트를 곱한 금액인 '관세'와, 1,600달러와 관세의 합계에 10퍼센트를 곱한 '부가세'를 합한 금액. 관세(1,600×1,030(원달러 환율)×0.08)+부가세(1,600×1,030×0.1)=30만 9,820원

단, 술과 담배의 경우 추가면세를 받을 수 있다. 술의 경우 1리터 이하, 400달러 이내의 1병은 기본면세 범위인 400달러 외에 별도로 면세통관이 가능하다. 담배 1보루(200개비)와 향수 60밀리미터도 별도면세가 가능하다. 또 3,000달러까지 가득 채워서 구매하고도 술 1병과 담배 1보루, 향수 1병은 추가로 더 구매할 수 있다. 그러나 기본면세 범위를 초과한 2,600달러에 대한 세금은 부담해야 한다.

람은 드물 것이다. 그런 가운데 계산을 해보면 면세점이 훨씬 비싼데도 막상 판매직원으로부터는 충분한 설명을 듣지 못한다. 이에 대해 면세점 관계자는 다음과 같이 조언해준다.

"면세점에서 물건을 구입하실 때에 세관신고 후 지불하는 세금까지 꼼꼼히 짚어보셔야 합니다. 그렇지 않으면 백화점 가격보다 오히려 비싸질 수 있거든요. 면세점이 백화점보다 막연히 쌀 것이라는 기대감은 금물입니다."

면세점에서 '스마트 쇼퍼' 되기

쇼핑의 기본은 구매할 제품의 가격이나 정보 등을 꼼꼼하게 따질 수 있는 쇼핑 리스트 작성이다. 출국 전 시간이 넉넉한 여행자라면 시내 면세점에서 필요한 물건을 직접 확인하고 구매하는 것이 좋고, 여유가 없다면 출국 3시간 전까지 쇼핑이 가능한 인터넷 면세점을 이용하는 것도 좋은 방법이다.

롯데면세점은 본점, 로비점(롯데호텔), 월드점(잠실점), 코엑스점, 인천공항점, 김포공항점, 부산점, 김해공항점, 제주점, 제주공항점 등 10개 지점과 인터넷 면세점을 운영하고 있다. 소공동 본점은 600여 개 국내 최다 브랜드의 상품을 보유하고 있다. 잠실점은 최근 리뉴얼을 통해 매장을 확장하고 화장품 전문매장을 신설했다. 강남 지역에 거주하고 있다면 잠실점과 코엑스점에서

보다 편리한 면세 쇼핑을 즐길 수 있다.

롯데 인터넷면세점(www.lottedfs.com)은 화장품, 향수, 패션잡화 등 다양한 품목의 제품을 구매할 수 있으며, 쿠폰, 포인트, 카드, 적립금 등을 통해 갖가지 혜택을 제공 받을 수 있다. 또 출국 3시간 전까지 쇼핑이 가능한 '3시간 전 샵'을 운영하고 있다.

모바일로도 면세점을 만나볼 수 있다. 국내 면세점 업계 최초로 롯데면세점이 선보인 모바일 앱은 입점 브랜드, 제품 및 지점 정보, 이벤트, 쇼핑 가이드 등을 한눈에 볼 수 있도록 구성했다. 화장품, 향수, 패션잡화, 시계·기프트, 액세서리, 전자제품, 식품, 국내 브랜드 등 총 8개 카테고리로 구성되어 있다. 주간, 상품평, 연령별 등에 따른 인기품목을 소개하는 '베스트셀러', 특가상품을 소개하는 '초특가샵', 부모와 연인 등을 위한 선물을 추천하는 '선물매장' 등을 주요 콘텐츠로 제공하고 있다.

야간과 새벽에 인터넷면세점을 이용하는 쇼핑객의 편의를 위해 국내 최초로 24시간 콜센터도 운영하고 있다.

면세점 전용 상품구매

면세점에서만 만나볼 수 있는 대용량 제품, 실속 기획상품 등은 용량 대비 가격이 저렴하거나 단품으로 구매할 때보다 할인이 많이 된다. 롯데면세점에서는 SK-II 페이셜 트리트먼트 에센스(250ml), 에스터로더 나이트 리페어(100ml), 랑콤 제니피끄(100ml) 등 시중 백화점에서 만나볼 수 없는 대용량 제품을 구매

완벽한 쇼핑

할 수 있다. 용량 대비 가격이 저렴해 인기제품의 경우에는 잘 눈여겨봤다가 구매하는 것이 좋다. 베네피트의 단델리온, 키엘의 립밤, 록시땅의 핸드크림 등 단품 구매시보다 할인된 묶음상품도 관심을 가져볼 만하다.

세일, 이벤트 등 다양한 혜택을 꼼꼼히 체크하기

여름시즌은 면세점의 연중 최대 성수기로 여름맞이 세일, 시즌 오프 세일, 경품 이벤트 등 다양한 행사를 실시한다. 알뜰한 면세 쇼핑을 하기 위해서는 인터넷 홈페이지 등을 통해 면세점 세일과 이벤트 정보를 미리 챙기는 것이 필수다.

롯데면세점은 연중 다양한 세일을 진행하고 있다. 특히 80일가량 진행되는 여름 정기세일은 할인되는 브랜드와 할인율이 크고, 시즌오프 세일(최대 80퍼센트까지 할인)도 함께 진행해 반드시 체크해봐야 한다. 품목별로 패션(의류, 타이, 스카프 등)은 20~50퍼센트, 잡화(가방, 신발, 벨트 등)는 10~50퍼센트, 향수·화장품 15퍼센트, 시계·보석 10~40퍼센트, 액세서리·선물용품·선글라스는 10~40퍼센트 정도로 할인판매하고 있다.

한 곳을 집중 이용해 VIP회원 되기

해외여행을 할 때마다 여러 면세점을 이용하는 것보다 한 면세점을 택해 실적을 쌓으면 VIP회원이 되어 세일기간이 아니라도 다양한 혜택을 받을 수 있다.

해외명품 들여올 때 세관 통관 Q&A

해외여행에서 돌아와 세관을 통과할 때면 특별한 물건이 없어도 왠지 긴장되곤 한다. 하지만 정확한 통관 규정과 절차를 알고 지키면 염려할 필요가 없다. 인천공항 세관의 도움을 받아 세관 통관과 관련한 몇 가지 궁금증을 Q&A로 정리했다.

Q — 가방을 열어 조사하는 '개장검사' 대상은 어떻게 골라내나?

A — 국내 면세점에서 고가의 물건을 샀거나 과거 밀반입 전력이 있는 여행객은 사전에 조사대상으로 분류해놓는다. 또 현장 감시요원들이 짐을 찾는 과정에서 수상한 행동을 보이는 여행객이 있는지 확인한다. 세관구역 내에 설치된 200여 대가 넘는 CCTV 역시 의심스러운 여행객을 찾아내는 역할을 한다.

Q — 조사대상으로 분류되면 어떻게 해야 하나?

A — 면세 범위를 넘는 물품을 사왔다면 솔직하게 털어놓는 게 좋다. 통계상 세관에서 조사대상으로 선별하면 30~40퍼센트는 문제점이 발견될 정도로 확률이 높다. 허위 신고하는 경우 납부할 세액의 30퍼센트에 상당하는 가산세도 부과된다. 또 끝까지 부인하다가 호화물품 소지가 확인되면 검찰에 고발될 수도 있다. 이 경우 전과 기록이 남는다.

Q — 대부분 세관신고서를 적당히 작성하는 경향이 있는데, 만일의 경우 불이익을 받을 수 있나?

A — 면세 범위 초과 물품이나 반입 금지·제한 물품을 갖고 있는 경우는 반드시 세관신고서에 그 내역을 기록해야 한다. 그러면 과세와 유치 등의 절차를 거친 뒤 통관할 수 있다. 하지만 신고물품이 없다고 적었다가 소지하고 있는 게 확인되면 관세법과 관련법에 의해 처벌 받게 된다. 이때 세관신고서는 증거물로 활용될 수 있다.

Q — 적발되면 세금은 얼마나 내나?

A — 입국 시에는 술(1병, 400달러 이하)과 담배(200개비), 향수(60밀리리터 1병)를 뺀 나머지 기타 물품의 구입가가 400달러를 넘으면 안 된다. 이를 초과한 금액에 대해 관세 등 각종 세금을 내야 한다. 예를 들어 2,000달러짜리 명품가방을 사서 갖고 오면 면세 범위 400달러를 제외한 1,600달러에 대해 세금을 내야 한다. 관세율 20퍼센트를 적용하면 약 38만 원이다. 술·시계 등 품목에 따라 세율과 세목이 다르다.

롯데면세점은 연간 구매실적에 따라 VIP회원으로 등록이 가능한데, 상품구입시 할인혜택, 환전우대, 호텔 특별서비스 등을 이용할 수 있다. 회원등급은 SILVER(최근 2년간 400달러 이상 구매고객), GOLD(최근 2년간 4,000달러 이상 구매고객), LVIP(최근 4년간

1만 달러 이상 구매고객), LVVIP(최근 4년간 2만 달러 이상 구매고객) 등 4등급으로 나뉜다. SILVER와 GOLD 등급의 경우 상품구매시 각각 5~10퍼센트, 5~15퍼센트 할인이 가능하며, LVIP나 LVVIP는 5~20퍼센트를 할인해주고 있다. 여기에 일부 브랜드는 제외되기는 하나, 세일 기간에 30퍼센트 미만 할인상품에 대해서는 추가 5퍼센트 할인도 된다. VIP회원을 신청하려면 오프라인 지점에서 신청서 작성 후 여권 및 구매실적이 확인되면 즉시 발급 가능하다. 신혼부부가 청첩장을 소지하고 영업점에 가서 VIP회원을 신청하면 바로 골드카드를 발급해준다. 인터넷 회원가입 후 오프라인 면세점을 방문하면 한시적으로 VIP카드를 만들어주기도 한다.

수입업자들도 헷갈린다는 짝퉁 구별법

진짜도 가짜도 3초마다 본다는 '루이비통'

대한민국 패션리더들이 가장 선호하는 브랜드는 단연 '루이비통'일 것이다. 이 브랜드의 진품과 가짜상품은 가죽 이음새의 박음질을 살펴보면 구분할 수 있다. 루이비통 정품은 왁스를 먹인 특수 실로 정확하게 손으로 박음질했기 때문에 완벽하고 깔끔하게 마무리되어 있다. 반면 가짜제품은 루이비통의 전문가만큼 정확하게 손으로 바느질을 할 수 없기 때문에 마무리가 조잡하고 바느질이 중간에 끊어지는 경우도 있으므로 이음새 부분을 잘 살펴보면 가짜제품을 골라낼 수 있다.

색상에서도 확연히 차이가 난다. 진품의 경우, 핸들이나 바닥을 포함해 전체적인 가죽 색깔이 일정하며 우아하고 깊이가 느껴지지만, 가짜는 가죽의 색상이 탁하고 일정하지가 않다. 루이비통의 액세서리는 보통 도금을 하는데, 특수한 공정을 거쳐 이뤄지기 때문에 아무리 오랫동안 사용해도 쉽게 벗겨지지 않는다. 만져봤을 때 도금이 벗겨지거나 지나치게 두껍고 번쩍거리는 느낌이 들면 100퍼센트 가짜 제품이다.

중국산 짝퉁에 고전을 면치 못하는 '버버리'

진품은 'BURBERRY' 'BURBERRYS' 'BURBERRYS OF LONDON' 'THOMAS BURBERRY' 등 버버리만의 상표가 부착되어 있다. 또 버버리 제품에는 은색으로 'BURBERRY LONDON'이란 상표가 인쇄되어 있는 검정색 상품인식 태그가 달려 있다. 하지만 가짜상품은 버버리 체크무늬와 색상을 그대로 도용하고 브랜드만 바꾸어 부착하거나 원산지가 표시되지 않은 제품이다. 또 상품인식 태그가 진품과 같은 모양이거나 유사한 모양이라 하더라도 제작주문번호나 제품번호 등의 기재사항이 빠져 있거나 훼손 또는 지워져 있는 제품도 가짜로 보면 된다. 디자인이나 색상 등이 우아하지 않은 제품들도 가짜상품인 경우가 더 많다.

여성 선호 1순위 '구찌' 가방

'구찌'는 연령과 상관없이 여성들이 가장 선호하는 제품 중 하나다. 우선 가방 좌우, 앞뒤 이음 부분의 문양이 잘 연결되었는지 확인해야 한다. 사용된 장식의 마무리가 깔끔하고, 상품에 고유코드가 있는 태그가 제대로 붙어 있는지도 살펴봐야 한다. 진품은 소재와 부자재가 고급스럽고, 가죽이 눈으로 확연히 구분이 갈 정도로 고급스럽다. 여기까지가 진품을 가리는 가장 기본적인 정보이다. 하지만 일단 장식부터가 조잡하다면 의심을 해야 한다. 고유코드가 없거나, 설령 있다 하더라도 어딘가 다르게 보여 금세 판별할 수 있을 것이다. 소재나 부자재, 가죽의 질이 현저히 떨어지는 점은 당연한 바다.

'발리' 로고의 'B'를 꼭 확인하라

편안하면서도 고급스러운 디자인의 '발리'는 로고를 살짝 변형한 짝퉁이 많다. 발리의 대표적인 로고인 'B'자를 다른 글씨체로 쓰거나, 글자 모서리의 각진 부분을 둥글게 표현하는 방식을 사용한다. 또한 진품의 발리 로고는 천 소재나 각인된 로고를 사용하지만, 가짜는 프린트된 로고를 사용한다. 상품의 치수를 적을 때 유럽사이즈나 미국사이즈로 표기되어 있으면 진품, 다른 사이즈를 쓰거나 표기가 없는 경우는 가짜상품으로 보면 된다. 진품은 제품 위에 제품명과 함께 원산지도 표시되어 있지만, 가짜는 제품명이 없거나 별도의 태그에 표기되어 있고, 원산지 표

완벽한 쇼핑

기도 분명하지 않다.

페이즐리 문양이 생명인 '에트로'

'에트로'는 페이즐리 패턴을 직조한 후 코팅처리를 하기 때문에 프린트와 색감이 선명하다. 반면 짝퉁은 진품과 같은 패턴을 프린트하기 때문에 페이즐리 문양이 선명하지 않고, 연하거나 혹은 너무 진하게 보인다. 만일 겉면 디자인만으로 구분하기 어렵다면 내피를 확인해보자. 정품은 핸드백의 라인과 시즌에 따라 내피 색깔이 다양하다. 따라서 해당 제품이 출시되었을 때 정품의 내피 색깔을 확인하면 가짜를 구분할 수 있다. 가짜 제품은 노란색을 많이 쓴다. 진품은 액세서리 등 부자재와 금속 장식에 'ETRO'가 새겨져 있거나 일부 제품에는 ykk가 새겨져 있기도 하다. 가짜 제품은 원산지가 분명하게 나타나 있지 않으며, ETRO나 ykk 대신 'Italy'라는 로고가 새겨져 있다. 라벨에 표기된 글씨체가 크고 광택이 있어 진품과 확연히 구분된다.

'페라가모', 상품 번호를 찾아라

'페라가모'는 상품번호가 안에 찍혀 있기 때문에 가짜를 구분하기 쉽다. 제품 안쪽에 상품번호가 찍힌 태그가 없으면 가짜상품이다. 진품은 의류의 안감에도 로고가 있는 천을 사용하며 태그에는 반드시 고유번호가 적혀 있다. 또한 가죽의 질이 현저히 떨어지거나 로고가 없는 점, 혹은 로고가 있어도 조잡한 경우, 소재나 부자재의 질이 떨어지는 경우 역시 가짜제품이다.

'프라다', 원단부터 달라요

커리어우먼들의 대표 브랜드인 '프라다'는 원단으로 진짜와 가짜를 구분하는 것이 다소 어렵다. 대신 프라다 진품은 로고가 정교하고 고품질 가죽소재로 만들어져 있으며, 가죽 부분의 마무리가 깔끔하고 세련된 느낌을 준다. 가짜 프라다는 진품 제품라인에 있을 법한 디자인으로 전혀 새로운 제품을 만들어내는 경우가 종종 있으므로 평소 프라다 홈페이지나 매장에서 진품 디자인을 확인해보는 것이 좋다.

진품의 원단은 일반 나일론보다 견고하고 내구성 있는 고급 패브릭 소재를 사용하고 있으며, 상품설명서가 고급스런 종이에 인쇄되어 있다. 반면 가짜는 로고가 조잡하고, 가죽의 품질이 낮으며, 마무리가 거칠고 조잡하다. 상품설명서는 싸구려 포장박스나 포장지에 적혀 있는 경우가 많다.

'SPORTS COACH'도 코치인가?

간혹 인터넷 쇼핑몰 등에서 'SPORTS COACH'라는 상품을 판매하는데, 이 '스포츠 코치'는 '코치(COACH)' 브랜드가 아니라 코치로 오해하도록 만든 가짜 브랜드이다. 코치의 정식 상표는 'COACH'뿐이며 대부분의 가짜 명품은 로고만으로도 구분할 수 있다. 가짜 제품은 로고가 조잡하고, 마무리가 깔끔하지 않기

완벽한 쇼핑

큰맘 먹고 산 명품가방, 오래오래 들고 싶다면!

가방 관리의 시작은 태닝

루이비통의 예를 들어보자. 루이비통의 카우하이드 부분은 사람 피부와 같이 빛에 노출됨에 따라 서서히 태닝이 진행된다. 일단 태닝이 진행되면 원상복구가 불가능하고, 태닝이 되지 않은 상태에서는 물기나 손때에 쉽게 오염되어 얼룩이 생기므로 구입 후 태닝해주는 것이 무엇보다 중요하다. 햇빛이 간접적으로 비추는 그늘진 곳에 장시간 노출시킴으로서 보다 자연스러운 태닝이 가능하지만, 시간이 오래 걸리며 자칫하다가는 얼룩이 생길 수 있다는 단점이 있다. 좀 더 빠르고 고급스러운 태닝을 원한다면 전용 태닝로션을 이용해보자. 명품전문 케어 브랜드 플뤼에(PLUIE)에서 출시한 전용 태닝로션 '로티옹 드 브롱자그'는 가죽 표면을 윤기 있게 보호해주는 동시에 빠르고 고급스러운 태닝을 가능케 해준다.

보관은 더스트백에 넣어서 통풍이 잘 되는 곳에

가방 보관의 가장 중요한 포인트는 '통풍'. 보관 시에는 더스트백 등 통풍이 잘 되는 소재에 넣어서 보관하는 것이 제일 좋다. 습기를 제거하겠다고 방습제를 넣어두거나 바람이 통하지 않는 비닐봉투에 넣어두는 것은 금물이다. 가죽가방의 표면에 있는 수분이 모두 빠져나가 쭈글쭈글해지거나 곰팡이가 피고, 모양이 변형될 수 있다.

물에 젖었을 땐 바로 닦되, 드라이기는 금물

비나 물에 가죽이 닿았을 땐 최대한 빨리 닦아내야 한다. 그렇지 않으면 얼룩이 지거나 색이 바랠 수 있다. 드라이기의 뜨거운 바람은 가죽을 굳게 만드니, 마른수건 등으로 꼼꼼히 물기를 제거한 후에 가죽전용 클리너를 발라주면 좋다.

가방 안에는 신문지, 방 안에는 제습제

습기를 막기 위해 습기제거제를 가방 안에 넣었다간 가방의 모양이 변형될 수 있다. 가죽은 사람의 피부처럼 숨을 쉬기 때문에 모든 수분을 제거할 경우 가죽이 쭈글쭈글해지거나 굳게 된다. 가방 안에는 습기를 적당히 제거해주는 신문지 등을 넣어주면 가방의 모양도 유지할 수 있기 때문에 일석이조다. 하지만 방 전체의 습도는 줄여주는 것이 좋기 때문에 방구석이나 옷장에 제습제를 두는 것도 좋겠다.

때문이다. 또한 진품과 다른 모양의 로고를 사용하거나 지나치게 번쩍거리는 도금을 하는 경우도 종종 볼 수 있다. 또 가죽의 소재를 자세히 살펴봐야 하는데, 비교적 정교한 짝퉁은 가죽도 고급 소재로 만들지만 진품과는 가죽의 품질 자체에서 확연한 차이가 난다. 구입 후 며칠이 지나면 가죽이 일어나거나 트는 등 여러 가지 문제가 생길 수 있다. 진품과 같은 가죽을 사용하는 가짜도 있는데, 이는 가죽의 짜투리 등을 사용하기 때문이다. 물론 이 또한 재단이나 무늬가 정교하지 않은 흠이 있다.

완벽한 쇼핑

'덤' 마케팅의 정체

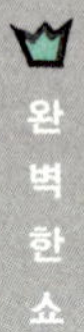

완
벽
한
쇼
핑

'덤'이라고 덥석 집지 말자

알뜰녀 씨는 집 근처 대형마트 우유매장 앞에서 고민에 빠졌다. 평소 같으면 1리터짜리 A브랜드의 우유 한 병을 덥석 집어 들었을 텐데, 그 옆에 B브랜드 1리터짜리 우유에 180밀리리터짜리 두 개가 덤으로 끼워져 있었던 것이다. 마트에서 집으로 보내주는 쿠폰은 물론 적립식 카드, 매장에 별도로 비치해놓는 쿠폰까지 꼼꼼히 챙기는 알뜰녀 씨는 자연스럽게 B브랜드 우유를 집어 들었다. 과연 알뜰녀 씨는 알뜰한 선택을 한 것일까?

며칠 지나지 않아 알뜰녀 씨는 '하나만 알고 둘은 몰랐던' 자신의 선택을 후회했다. 남편과 단둘이 사는 그녀는 아침에 빵과 콘프레이크 등과 함께 우유를 주로 먹는다. 그런데 유통기한이 지나도록 절반도 못 먹고 나머지는 버려야 했다. 우유를 덤으로 얻

'덤' 마케팅의 정체

었으니 싸게 구매한 것 같지만 실제 마신 용량을 따지면 결코 싸게 산 게 아닌 셈이다.

세상에 공짜는 없는 법. 식품회사들이 제품을 끼워 팔 때는 그만한 이유가 있다. 우유처럼 신선식품의 경우에는 유효기한에 한 가지 비밀이 숨어 있다. 보통 시중에서 판매하는 우유의 유효기한은 7~8일 정도. 180밀리리터짜리를 하나 끼워주면 유효기한은 5일 정도로 줄어든다. 만약 180밀리리터짜리를 두 개 준다면 유효기한이 4일 정도만 남는다. 신선식품은 유효기한이 짧을수록 구매기피 대상이 되기 때문에 하나를 사면 하나를 더 주는 '덤 마케팅'을 벌이는 것이다.

대형마트에서는 하나를 사면 하나를 더 주는 "1＋1 행사" "50퍼센트 이상 파격할인!" "사은품 증정" 등 소비자의 눈길을 잡기 위한 온갖 마케팅이 춤을 춘다. 여기서 잠깐! 기획상품 대부분은 소비자의 충동구매를 유도하려는 꼼수가 숨어 있다. 요리조리 따져보지 않으면 알뜰녀 씨처럼 후회하는 선택을 할 수도 있다.

지난해 주요 대형마트 세 곳에서 판매 중인 어느 세탁세제 가격을 비교한 결과 '1＋1 행사' 제품이, 알고 보면 두 개 가격을 그대로 받는 것으로 확인됐다. 대형마트에서 4킬로그램짜리 또 다른 세제는 '1＋1 행사'로 1만 1,200원에 판매됐다. 이는 개당 가격이 1만 1,200원(100그램당 280원)이지만 한 개는 덤으로 준다는 의미다. 하지만 경쟁업체에서는 같은 제품 7.5킬로그램짜리를 9,800원(100그램당 130원)에 판매하고 있었다. '1＋1 행사'

완벽한 쇼핑

제품의 단위가격 자체를 처음부터 비싸게 책정한 것이다.

기업들의 '덤 마케팅'은 주로 비인기 상품의 재고떨이 형식이 짙다. 진정한 알뜰 소비자라면 '공짜 마케팅'에 현혹되지 말고 '기업들이 왜 더 줄까?' '진짜 우리 집에 필요한 걸까?' 등의 의문을 가지고 한 번 더 생각해보는 습관이 필요하다.

대형마트 PB제품의 이면

대형마트에서 장을 보고 온 알뜰녀 씨는 장바구니에서 물건을 꺼내다가 깜짝 놀랐다. 당연히 서울우유 제품인 줄 알고 샀던 커피우유가, 다시 보니 오늘 들렀던 그 마트의 자사브랜드(PB, Private Brand) 상품이었던 것이다. 포장된 외관으로는 구별하기 어려워 평소에 익숙해보였던 제품인지라 무심코 집어 들었던 기억이 났다. 문제는 평소 가족들이 즐겨 마시는 서울우유의 커피우유와 맛이 다르다는 점이다. 알뜰녀 씨는 한껏 흥분하여 말했다.

"오랫동안 구매해왔던 제품이라 디자인만 보고 물건을 샀는데, 맛이 달라 마치 '짝퉁'을 산 것 같은 불쾌한 기분마저 들더군요. 아마 저처럼 혼동을 해서 물건을 산 소비자들이 많을 것 같아요."

대형마트의 과도한 PB상품은 소비자를 현혹할 뿐 아니라 업체에도 '울며 겨자 먹기'식 고통을 안겨준다.

서울우유의 히트 상품인 삼각 커피우유는 비닐 팩에 담긴 가공우유로는 원조이자 유일한 제품이다. 어른들에게는 한 번쯤 친구들 앞에서 마시고 싶었던 과거 어린 시절의 향수를 불러일으키고, 아이들은 대부분의 사각형 우유팩과는 다른 디자인에 흥미를 느낀다. 이 제품은 해마다 200억 원 이상의 매출을 올리며, 하루 평균 20만 개씩 팔리는 효자상품으로 알려져 있다. 그런데 모 대형마트 우유 판매대에는 서울우유의 이 삼각 커피우유와 자사 마트의 PB제품이 나란히 진열돼 있다. 세 개씩 묶어놓은 것도 똑같고, 바로 옆에 나란히 진열해놓아 얼핏 보기에는 같은 제품으로 보인다. 가격은 물론 마트의 PB제품이 더 저렴하다. 서울우유는 세 개들이 제품이 1,950원이지만, PB상품의 커피우유는 1,650원으로 300원이나 더 싸다.

올해 초에는 하얀 국물로 된 라면 시장이 히트를 치기도 했는데, 이에 모 대형마트가 후발 주자로 직접 뛰어들어 각축전을 벌이기도 했다. 지난 2월 하얀 국물 라면인 '라면이라면'을 내놓으며 라면 가판대 전면에 배치한 것이다. 소비자들 사이에서는 '라면이라면'을 함께 만든 오뚜기의 '기스면'과 맛에서 큰 차이가 없다는 품평이 돌아 상대적으로 가격이 싼 '라면이라면'이 한때 잘 팔려 나갔다. 라면업계에서는 대형마트가 '갑'이라는 위치를 이용해, 힘들게 키워놓은 시장에 뒤늦게 편승해 '과실'만 따먹고 있다는 원성이 쏟아졌다.

서울우유도 속앓이를 하고 있다. 알뜰녀 씨처럼 자사 제품의 단골고객이 순간적인 착각으로 대형마트 PB제품을 선택하거나,

완벽한 쇼핑

단순히 가격만 따져보고 저렴한 마트의 PB제품을 찾는 경우가 적잖기 때문이다. 그렇다고 '을'의 입장인 서울우유가 '갑'인 마트에 항변할 수도 없는 노릇이다. 서울우유 삼각커피 매출의 상당부분을 대형마트에서 올리는 실정인 탓이다.

대형마트는 '같은 질의 제품을 보다 싼 가격에 공급한다'는 취지를 내세워 미투 PB상품을 홍보하지만, 수년에서 수십 년까지 소비자들로부터 호된 검증을 거쳐 살아남은 타사 업체의 제품 이미지에 무임승차하는 얄팍한 상술은 아닌지 자문자답해 봐야 한다. 게다가 소비자들은 아직 대형마트 PB상품을 선뜻 신뢰하지 않는다는 점도 새겨야 할 대목이다.

'같은 품질, 싼 가격' 믿어도 될까?

서울 용산구 한강로3가 A마트 용산점 가공육 판매매장. A마트의 자사브랜드 제품인 '세이브스모크햄'과 동원F&B의 '와인갈릭햄'이 나란히 진열돼 있었다. 가격은 A마트 PB제품이 6,150원으로, 동원의 제품(6,980원)보다 830원이 쌌다. 그러나 성분을 확인해보니 세이브스모크햄은 햄의 주된 성분인 돼지고기가 53.59퍼센트인 반면 동원의 제품은 83.77퍼센트로 30퍼센트 이상 많았다. 대신 세이브스모크햄은 닭고기를 25.82퍼센트 넣었지만 그래도 제조업체 브랜드(NB, National Brand)보다 고기 함량이 적었다.

서울 중구 봉래동의 B마트 서울역점 차(茶) 판매매장. 커피와 녹차 등을 제외한 기타 차를 판매하는 매장에선 B마트의 PB제품과 한 NB제품만 진열대를 가득 채우고 있었다. 이 NB제품은 B마트에 PB제품을 공급하는 업체다. 결국 한 업체의 제품이 서로 다른 포장을 하고 전체 진열대를 채우고 있는 셈이다.

'같은 품질, 싼 가격'을 표방한 대형마트 PB상품들의 매출 비중이 꾸준히 늘고 있다. 대형마트 3사의 매출에서 PB제품이 차지하는 비중은 모두 20퍼센트를 넘는다. 그러나 일각에선 PB상품의 확산이 장기적으로 유통생태계에 혼란을 가져올 것이란 지적이 나온다.

PB제품의 가장 큰 장점은 무엇보다 가격이 저렴하다는 것이다. NB제품보다 평균 20퍼센트에서 최대 50퍼센트까지 저렴하다. 한 대형마트 관계자는 "유통과정의 마진을 대폭 줄여 저가에 내놓을 수 있는 것"이라고 설명했다. 그렇다면 품질은 어떨까. A마트 용산점, B마트 서울역점, C마트 동대문점을 확인한 결과 물, 우유, 치즈 등 원재료의 질 자체가 품질의 큰 비중을 차지하는 상품의 경우 PB상품이나 NB제품이나 품질에 별 차이가 없었다.

"물 같은 경우는 수원지가 같은데 어떻게 다른 품질의 물이 나오겠습니까. 다만 NB제품은 대형마트 외에 다른 유통경로로도 들어가야 하는 터라 비용이 더 들 수밖에 없습니다. 그러니 더 가격이 비싸지지요." 한 대형마트 관계자의 설명이다.

완벽한 쇼핑

불과 2~3년 전만 해도 용량을 다르게 하여 '가격 눈속임'을 한다거나, 현저히 떨어지는 품질의 제품을 내놓거나, 성분을 감추는 경우 또한 있었다. 그러나 지금은 거의 찾아볼 수 없다. '비슷한 품질의 제품을 싸게 팔아 소비자의 선택권을 넓힌다'는 PB 본래의 취지에 충실해지고 있으니 말이다. A마트의 한 관계자는 소비자의 선택권을 넓히는 측면에서 PB상품에는 긍정적인 부분이 많다고 이야기한다. 제조업체도 대부분 업계에서 2, 3위 정도 하는 곳이나, 중소업체로 선정하기 때문에 마케팅 비용을 줄이고 서로의 매출을 늘리는 윈-윈 시스템을 이룬다고도 했다.

하지만 몇몇 제품군의 경우 진열대 대부분을 PB상품이 차지하기도 한다. 소비자 선택권을 넓힌다는 취지가 무색할 정도다. A마트 용산점 계란 판매대에는 전체 14줄의 판매 공간 중 무려 12줄이나 A마트 PB계란이 차지하고 있다. 나머지 2줄에 풀무원, CJ, 오뚜기 계란이 움츠린 채 자리하고 있다. 생수 판매대도 상황은 비슷했다. A마트 PB상품인 '봉평샘물'과 '이렇게 좋을水가'를 제외하고는 농심 '삼다수', 롯데 'DMZ', LG생활건강의 '휘오제주V워터'만 살아남을 수 있었다. 인근 슈퍼마켓과 편의점에서 5~8종의 NB생수를 파는 것과 대조적인 모습이다.

품질에 대한 논란도 끊이지 않는다. 익명을 요구한 한 제조업체 관계자는 "상식적으로 제조업체에서 제품을 생산해 대형마트에 공급하는 경우가 많은데, 똑같은 품질의 제품을 다른 가격대로 공급한다는 건 말이 안 되지 않나요?"라고 되물었다. 이에 한 대형마트 관계자는 "솔직히 이젠 판매장에서도 같은 품질의 제품이라고 하지 않고 '비슷한 품질'의 제품을 싸게 공급한다고 설명하고 있습니다"라고 해명했다.

전문가들은 이제 국내 PB가 어느 정도 자리 잡은 만큼 유통 생태계를 건강하게 하는 방향으로 발전시켜야 한다고 조언한다. 한국유통학회장인 한상린 한양대 경영학과 교수는 다음과 같이 조언했다.

"PB상품은 가격을 낮추고 소비자 선택의 다양성을 높이는 효과가 있기 때문에 그 자체를 부정적으로 볼 필요는 없습니다. 하지만 국내 PB는 많은 경우 기존 제조업체 상품과 거의 차이가 없는 제품을 포장만 바꿔 출시하거나, 제조업체에 대한 힘을 행사하는 수단으로 이용되는 경우가 많은 것 같아요. 유통업체는 PB의 본래 취지를 살려서 제조업체와 협력해 차별화된 상품기획력을 높이려는 노력이 필요합니다."

기저귀 옆에 맥주가 있다?

알뜰남 씨는 주말에 아기 기저귀를 사러 마트에 들렀다가 얼떨결에 맥주까지 사들고 집으로 왔다. 기저귀를 고르다가 바로 옆에 진열된 캔맥주에 마음이 동해 한 박스 집어 든 것이다. '유아용' 기저귀 매장 옆에 '성인용' 맥주가 나란히 진열된 이유는 뭘까.

부피가 큰 기저귀는 남편이 주로 구입을 한다는 사실에 착안해 바로 옆에 남성 구매율이 높은 맥주를 갖다놓은 것이다. 실제로 이러한 방식의 진열 이후 맥주 판매량은 기존보다 10~30퍼센트가량 증가했다고 이마트는 귀띔했다.

이와 같이 기저귀와 맥주처럼 전혀 어울리지 않을 것 같은 상품을 나란히 배치하는 마케팅을 '연관진열법'이라고 부른다. 사실 이런 마케팅의 원조는 미국 최대 유통업체 월마트다. 월마트에는 기저귀 매장 옆에 맥주 코너를 배치한 경우가 많다. 아기용 기저귀를 사러 나온 아기 아빠들이 쇼핑하는 김에 시원한 맥주까지 덤으로 사가는 경우가 많아서다. 월마트는 이 같은 진열 방식에 힘입어 경쟁사에 비해 맥주의 매출이 월등히 좋다.

국내 대형마트 1위인 이마트가 월마트의 전매특허나 다름없는 연관진열법을 활용한 사례는 적잖다. 이마트 성수점 정육 코너에는 레드와인이 나란히 진열돼 있다. 회 코너에 가면 항상 화이트 와인을 만날 수 있다. 라면 매장 옆에 두던 양은냄비는 한 단계 더 진화해 계란 매장 옆에도 등장하기 시작했다.

이마트 여의도점의 시리얼 매장은 우유 매장 한가운데 있다. 우유와 시리얼을 함께 구입하는 고객이 많은 덕분에 이 매장의 시리얼 매출은 다른 곳에 비해 두 배 정도 높다. 특히 파티용품과 함께 진열된 케이크 매장은 매출 증가율이 월등해 다른 점포도 벤치마킹하고 있다.

이마트는 현재 식품류, 도서류 등 총 50여 개 품목에 연관진열법을 적용하고 있다. 연관진열법을 도입한 후 이들 상품의 매출 상승폭은 놀라울 정도다. 샐러드 옆 드레싱의 경우 매출이 30퍼센트가량 증가했고, 정육 매장 옆 쌈장 코너 매출도 증가폭이 세 배에 달했다. 특히 미니 요리책은 도서 코너에 전시 판매할 때보다 야채, 축·수산물 코너 옆에 진열한 뒤 판매 실적이 최고 15배나 껑충 뛰었다.

소비자 입장에서는 편리하게 원스톱 쇼핑을 할 수 있고, 유통업체 입장에선 소비욕구를 자극해 고매출 효과를 얻을 수 있다는 점에서 윈-윈 마케팅 전략인 셈이다. 이마트 관계자는 과거에는 연관진열 방식이 특정상품과 관련된 몇 개 상품에 국한됐다면, 최근엔 연관진열을 위해 별도의 집기가 설치되거나 매장 구성 때부터 짝짓기식 연관상품 진열을 염두에 둔 채 매장을 배치하는 경향이 뚜렷하다고 설명했다.

TIP 김기자에게 물어봐!

연관진열

'크로스 카테고리 머천다이징(cross category merchandising)'이라 불리기도 한다. 크로스 카테고리란 말에서 연상할 수 있듯, 서로 다른 카테고리를 하나의 테마, 용도, 상황, 고객층 등에 맞게 함께 판매하는 것을 의미한다.

완벽한 쇼핑

소비자 눈길 잡는 진열의 법칙

백화점이나 대형마트에서 쇼핑을 하다보면 에스컬레이터 방향이 갑자기 달라질 때가 있다. 상행 에스컬레이터가 계속 이어지지 않고 중간에 끊겨 반 바퀴 정도 매장을 돌아야 연결되는 식이다. 소비자들은 에스컬레이터를 타기 위해 매장을 돌면서 주변에 진열된 상품들을 둘러보게 된다. 이는 조금이라도 소비자의 눈길을 잡기 위한 업체의 상술이다.

매장 내 상품들도 매출을 높이기 위한 나름의 '진열의 법칙'에 따라 배치된다. 각 유통업체는 고객의 동선이나 구매 집중도, 구매 선택 기준 등을 면밀하게 감안해 상품을 진열하고 있다.

가장 기본적인 진열 법칙은 고객이 매장에 들어서서 진열대 사이를 이동하는 주동선의 가까운 곳에 저렴한 상품을 배치하는 것이다. 저렴한 상품을 보면 고객의 구매 저항감이 낮아지기 때문이다. 점포 내에서 고객의 접근이 용이해 매출실적이 가장 좋은 '프리미엄존'이나 한국 성인의 표준 눈높이인 바닥에서부터 90~140센티미터 정도 높이의 '골든존'에는 주력 상품과 마진이 높은 상품이 진열된다. 일반적으로 고객의 동선이 좌측에서 우측으로 이어지는 것을 고려해 좌측은 밝은색, 우측은 어두운 색으로 장식하는 '컬러 머천다이징' 기법도 적용되고 있다.

이 같은 기본원칙 외에 각 업체는 수시로 매출 실적이나 시장 상황, 계절 등에 맞춰 각 상품군에 할당된 진열 공간을 재배치한

'덤' 마케팅의 정체

다. 햇반이나 즉석국과 같은 즉석식품 매출이 한계에 달했다고 판단되는 경우라면 해당 상품의 진열 공간을 줄이고, 새롭게 뜨는 제품의 진열 공간을 대폭 늘리는 방식이다. 여름에는 음료류의 진열 공간을 넓히고, 겨울에는 커피나 차류의 비중을 늘린다.

여기에다 기존 법칙을 탈피한 새로운 시각의 진열방식도 유행하고 있다. 예를 들어 아동복은 의류코너, 분유와 기저귀는 일용코너라는 고정관념을 깨고 아동복과 기저귀를 한 곳에 모아 진열하는 것이다.

최근에는 업체마다 '궁합'이 잘 맞는 상품을 한데 묶어 진열하는 방식을 시도하고 있다. 식품매장에 놓인 요리책이 대표적인 경우다. 신세계 이마트는 신세대 주부들을 겨냥해 여러 가지 요리법을 설명하는 핸디북을 식품매장 앞에 진열했다. 공간도 거의 차지하지 않는다. 처음엔 조미료 코너 제품 사이 10센티미터의 공간에 책을 주렁주렁 달아놓기만 했다. 이 요리책은 한 달 만에 1만 5,000권이 팔렸다. 처음엔 15개 점포에서 시범 판매되다 호응이 좋아 이마트의 모든 점포로 확대했다. 젊은 주부나 독신자들은 요리를 하고 싶어도 요리법을 몰라 시도조차 못하는 경우가 많은데, 식재료를 사면서 자연스럽게 눈길이 가도록 요리책을 일부러 매장에 진열했더니 이러한 결과가 나온 것이다. 그중에서도 《2000원으로 도시락 싸기》 등 맞벌이 부부나 1~2인 가족에 맞춤형인 간편한 방식의 요리책들이 잘 팔려나간다.

이마트가 PB로 출시한 '이마트 졸음 깨는 껌'도 비슷한 경우다. 이 껌은 바캉스 시즌을 맞아 일부 점포에서 껌 진열대가 아닌 자동차용품 코너에 진열됐다. 껌 진열대보다 오히려 자동차코너에 배치되고 나서 고객 호응도가 올라가자 이마트는 초콜릿과 캔디 종류까지 자동차 코너에 진열하는 것을 검토하고 있다.

990원의 경제학

'990원 vs 1,000원.'

990원, 1,900원, 2,900원, 9,900원…… 우리 주변에서 흔히 볼 수 있는 가격표들이다. 소비자들은 대개 990원을 1,000원보다 훨씬 싼 가격으로 인식한다. 실질적인 차이는 10원에 불과하지만 말이다. 기껏해야 10원이나 100원, 200원을 깎아주고 있지만 누구나 한 번쯤은 이 가격에 흔들려 충동구매를 한 경험이 있을 것이다. 사실 이렇게 깎아준 100원이나 200원의 가치는 작다. 하지만 판매현장에서 이렇게 매긴 가격들이 이끌어내는 판매 상승효과는 생각보다 매우 크다.

한 예를 들어보자. 이마트는 '990원 코너'를 운영하고 있다. 주로 무, 호박, 깻잎, 고추 등 신선식품을 판매한다. '990원 코너'는 아침에 물건을 가득 채워놓으면 저녁 무렵 제품이 동이 날 정도로 인기다. 최근엔 수산물 매장에서 오징어를 마리당 990원에 내놔 화제가 됐다. 이마트 관계자는 "1,000원과 990원의 차이는 별거

'덤' 마케팅의 정체

아닌 것 같지만 엄청나다. 없어서 못 파는 990원짜리를 1,000원에 판다고 하면 매출이 절반으로 뚝 떨어질 것"이라고 말했다. 실제 소비자가 느끼기에 1,000원과 990원의 차이는 상당하다. 앞자리가 9가 되면서 900원대로 느껴지기 때문이다.

우리는 왜 이렇게 10원 할인에 유혹되어 흔들리는 걸까? 미국 콜로라도주립대학의 매닝 박사와 워싱턴주립대학의 스프로트 박사가 소비자들의 이런 심리를 연구한 결과를 〈소비자연구저널〉이란 잡지에 발표했다. 내용 속에는 소비자들이 가격표의 첫째 자릿수 변화에 민감하게 반응한다는 '왼쪽자리효과' 이론이 나온다. 2달러짜리 A볼펜과 4달러짜리 B볼펜을 학생들에게 우선 제시한다. 그런 후 4달러짜리 B를 3달러 99센트에 팔겠다고 한다. 이때 44퍼센트의 학생들이 B를 선택한다. 그러나 뒤이어 2달러짜리를 1달러 99센트에 팔겠다고 하자 B를 선택하겠다는 사람은 18퍼센트로 뚝 떨어졌다.

저자는 '왼쪽자리효과'와 관련된 또 다른 실험을 소개한다. A그룹에는 '$1 \times 2 \times 3 \cdots \times 8 = ?$'을, B그룹에는 '$8 \times 7 \times 6 \cdots \times 1 = ?$'의 문제를 제시했다. 놀랍게도 A그룹이 내놓은 평균값은 512, B그룹의 평균값은 2,250이었다. 곱셈의 시작이 1이냐 8이냐에 따라 예상 답이 4배 가까운 차이를 보인 것이다. 가장 앞에 놓인 숫자가 무엇이냐가 결과에 얼마나 큰 영향력을 보여주는지 실감할 수 있는 예다.

"사람들이 대개 글을 왼쪽에서 오른쪽으로 읽기 때문에 자연스

완벽한 쇼핑

럽게 숫자를 접할 때에도 맨 왼쪽 자리에 집중한다. 즉 4달러짜리 펜이 3달러 99센트로 바뀌면 1센트 차이가 아니라, 첫째 자리인 1달러의 변화로 인식해 마치 가격이 크게 떨어졌다고 느끼는 것이다."

소비심리학자들은 이를 응용해 미국의 할인점에서는 1.99달러, 10.99달러와 같이 상품에 9자로 끝나는 가격들을 많이 붙인다고 한다. 1.99달러는 실은 2달러다. 그러나 앞의 숫자 1에 주목해 1달러에 가까운 가격으로 받아들인 채, 실상은 예상보다 많은 돈을 내고 구매한다는 점은 변함이 없다.

같은 대형마트라도 왜 가격이 제각각일까

아버지 생신을 맞아 오랜만에 친정집을 찾은 알뜰녀 씨. 아버지가 좋아하는 닭백숙을 해드리기 위해 A대형마트를 찾았다가 깜짝 놀랐다. 알뜰녀 씨가 평소 이용하는 똑같은 대형마트의 같은 제품인데도 가격이 비쌌기 때문이다. 같은 대형마트에 동일 상품인데 왜 가격에 차이가 나는 걸까.

이는 지역 간 대형마트의 경쟁 수준이 다르기 때문이다. 알뜰녀 씨 집은 서울이고 친정집은 충청도. 서울처럼 대형마트 간 경쟁이 심한 지역에서는 최저가 경쟁을 벌이기 때문에 가격변동이 심하다. 반면 알뜰녀 씨 부모님이 사는 충청도 지역은 단독 점포이기 때문에 제값을 모두 받는 것이다. 이는 아이러니하게도, 비교적 생활에 여유가 있는 서울 등 대도시 소비자들은 대형마트 제품을 저렴하게 구입하고, 시골 사람들은 오히려 제값을 다 주어야만 하는 식이 되어버렸다. 알뜰녀 씨의 하소연처럼 이러한 유통구조는 개선되어야 마땅하다.

한 예를 들어보자. 한-유럽 FTA(자유무역협정) 이후 소비자들이 가장 기대를 걸었던 품목이 와인이다. 하지만 대형마트마다 가격대가 달라 소비자들의 불만을 사고 있다. 유명 와인 가격이 최대 2만 원가량 차이가 날 정도로 마트들이 '엿장수 맘대로식' 가격표를 붙여놓는 것 아닌가. 세계 최고의 자동차 경주대회 F1의 공식주(酒)로 세계 3대 샴페인으로 꼽히는 '멈 꼬르동 루즈(Mumm Cordon Rouge, 750밀리리터)'의 경우를 보자. A마트 김포공항점에서는 5만 7,000원, B마트 가양점에서는 1,500원이 비싼 5만 8,500원에 판매된다. 한술 더 떠 천안에 있는 C마트에서는 무려 2만 원이나 비싼 7만 7,000원에 판매되고 있다. 이에 대해 C마트 관계자는 다음과 같이 해명했다.

"경쟁사는 할인행사에 들어간 반면, 우리 마트에선 할인이 적용되지 않아 가격 차이가 이렇게 크게 나고 있지요. 특히 수입형태에 따라 가격에 차이가 날 수 있어요. 수입업체가 아닌 병행수입 형태로 샴페인을 들여올 경우엔 가격이 다소 올라갈 수 있거든요."

대형마트 사이의 가격 차이는 비단 와인뿐만이 아니다. 수도권

완벽한 쇼핑

대형마트 9곳(A마트 3곳, B마트 3곳, C마트 3곳)에서 주요 생활용품의 가격을 비교한 결과, 미쟝센 펄샤이닝 모이스처 샴푸 및 린스는 A마트 문정점에서는 780밀리리터에 1만 1,500원에 판매하고 있었다. 하지만 A마트 호평점에서는 같은 용량에 가격은 절반인 5,750원에 불과했다. 다른 B마트 수지점, 가락점, C마트 분당 오리점 모두 1만 1,500원이었지만 A마트 호평점만 절반 가격인 것이다. 관계자에게 이 점에 대해 물어보았으나, '일반적으로 가공식품이나 생활용품의 경우 전 점포가 동일한 가격으로 구성되지만 특정 점포에서는 특별한 가격을 적용하기도 한다'라는 간단한 대답만 돌아왔다.

대형마트 간 가격 차이가 나는 가장 큰 요인은 '특별세일'이다. 보통은 특별세일도 전 점포가 함께 진행하는 경우가 많지만 신규 점포 개점 때나 개점 1주년 등 특정 점포에 의미가 있는 시기, 혹은 경쟁점포의 입점으로 한 점포의 매출 부진이 이어질 경우 해당 점포에서 가격 할인행사를 진행하기도 한다. 이렇게 대형마트의 특별세일을 파악하는 것도 알뜰쇼핑의 노하우다.

대형마트의 신선식품 전쟁

국내에 할인점이 등장한 지 내년이면 30년이 된다. 신세계가 1993년 11월 이마트 1호점인 창동점을 오픈하면서 국내 할인점

'덤' 마케팅의 정체

의 역사는 시작됐다. 이후 홈플러스는 1997년 9월 대구점을 시작으로, 롯데마트는 1998년 4월 강변점을 열고 할인점 사업에 첫발을 내딛었다.

'할인점 3총사'는 IMF 외환위기를 거치면서 대한민국 대표 쇼핑공간으로 자리를 굳혔다. 다른 유통 채널과 비교할 수 없는 쇼핑의 편리함과 가격경쟁력을 무기로 재래시장과 백화점이 주도해온 유통시장을 평정했다.

2003년 상반기에는 할인점들이 9조 760억 원의 매출을 올려 백화점(8조 6,065억 원)을 따돌렸다. 할인점이 국내에 선보인 지 꼭 10년 만이다. 전통과 역사를 자랑하는 백화점이 '신인'이나 다름없는 할인점에 지존 자리를 내준 것이다. 전국 할인점 숫자도 폭발적으로 증가해 1993년 1개를 시작으로 1997년 44개, 2001년 193개에 이어 현재(2012년 4월 기준)는 360여 개에 이른다.

할인점의 최대 강점은 신선식품이다. 가공식품은 동일 브랜드가 할인점 3사에 똑같이 진열되고 판매된다. 하지만 신선식품은 할인점마다 농가와 계약재배 등을 통해 들여오기 때문에 차별화되는 품목이다. 할인점 식품매장에 가면 전국 방방곡곡의 지명을 쉽게 접할 수 있는데, 할인점들이 청과물, 곡류, 정육, 어류 등 신선식품을 직접 납품 받는 산지직거래 유통방식을 갈수록 확대하고 있기 때문이다.

할인점 업계 1위인 이마트는 수산물 산지직거래를 통해 신선한 횟감을 제공하고 있다. 계절 수산물을 산지직거래를 통해 물

완벽한 쇼핑

랑을 대거 확보하여 가격경쟁력을 일으키려는 계획이다. 홈플러스는 신선식품 부분에서 두각을 나타내고 있다. 홈플러스는 '산지에서 경매시장을 거쳐 도매업자와 소매업자로 이어지던' 유통단계를 2단계(산지→홈플러스)로 간소화해 유통마진을 줄이고 사전에 계약 및 구매해 가격을 크게 낮추고 있다. 롯데마트는 무엇보다 과일류를 특화하고 있다. 산지 농가가 위치한 지역의 단위농협과 직거래를 통해 과일 전품목을 수급하고 있다. 국내에서 부족한 과일에 대해서는 해외 소싱을 통해 공급하고 있다.

대표 마트들의 신선식품 전략

홈플러스의 가격경쟁력

홈플러스가 가격경쟁력을 자부하는 부문은 신선식품이다. 2012년 4월 홈플러스는 채소 등 신선식품 가격을 1년 동안 전국 최저 수준으로 내리기로 결정했다. 청양고추, 오이, 애호박, 감자, 배추, 깐 마늘, 고등어 등 고객들이 밑반찬 재료로 많이 찾는 20여 종의 신선식품을 연중 상시 할인판매한다.

할인대상 품목은 평년보다 가격이 최대 40퍼센트 이상 오르면서 밥상물가에 부담을 준 품목들이다. 홈플러스는 앞서 말했듯이 유통단계를 2단계로 간소화해 유통마진을 줄이고 사전에 계약·구매해 가격을 낮추었다. 지속적인 가격인하를 위해 연간 100억 원을 자체 투자해 전국의 소매가격 평균보다 최대 30퍼센트 이상 저렴하게 판매할 계획이라고 하는데, 관계자의 말에 의하면 '일주일 단위로 한국농수산식품유통공사(aT) 소매가격보다 낮아지도록 가격을 조정할 것'이라 한다.

이 같은 최저가 판매가 가능한 것은 산지와 사전 계약구매를 통해 안정적으로 물량을 확보했기 때문이다. 그러면서 농가의 수익도 보장해주는 일석이조 효과도 노리는데, 자사에서는 최저가를 지향하기 위해 때로는 노마진도 감수해야 한다는 입장이다.

홈플러스의 신선식품 전략은 다음과 같다.

첫째, 한 번 내린 가격은 지속적으로 유지한다. 2003년부터 실시하고 있는 가격투자정책(Price Investment)은 일반 할인판매나 일시적 가격할인과는 다른 새로운 개념의 가격인하 정책이다. 현재 연간 4,000여 종의 상품을 대상으로 가격투자정책을 실시하고 있는 홈플러스는 과일이나 채소, 수산, 축산 등 신선식품을 비롯한 100여 개의 품목에 대해 가격조사를 실시하여 저렴한 가격으로 제공하는 데 주력하고 있다.

둘째, 고객들의 장바구니에 많이 담기는 '바스켓 프라이스 아이템(Basket Price Item)' 상품을 선정하여 경쟁사보다 저렴한 가격으로 공급한다. 구매 빈도가 낮은 상품보다는 빈도가 높은 상품의 가격을 집중적으로 낮춤으로써 고객들에게 심리적 최저가가 아닌 실질적 최저가를 구현하는 데 목적이 있다. 전체 매출의 70퍼센트에 해당하는 7,000개 품목을 주요 바스켓 프라이스 아이템으로 선정하고 경쟁사 대비 가격경쟁력을 확보하고 있다. 현재 식품에서 의류로, 또 가전제품으로 그 범위를 확대하고 있다.

셋째, 높아지는 소비자들의 눈높이에 맞게 모든 상품의 품질을 끝까지 책임지는 품질만족제를 실시하고 있다. 품질에 만족하지 못하는 고객이 상품과 영수증을 함께 제시하면 언제든지 교환 또는 환불해준다.

이마트의 수산물 경쟁력

이마트를 자주 찾는 고객 중에는 수산물 코너 단골이 유난히 많다. 이마트가 산지직거래를 통해 계절 수산물 물량을 대거 확보해 신선도뿐 아니라 가격도 저렴한 상품을 내놓기 때문이다. 올해 이마트가 선보인 수산물을 살펴보면 그 진실을 알 수 있다. 이마트는 최근 산지직거래를 통해 가격을 30퍼센트 낮춘 자연산 숭어회 50톤을 판매했다. 이는 이마트가 그간 노량진수산물시장 등 수산시장에서 경매를 통해 낙찰 받던 유통구조를 산지직거래 방식으로 바꿨기에 가능한 가격이다. 이 숭어회는 3~4인분에 정가로 1만 5,900원이다.

그동안 자연산 횟감은 날씨에 따라 출어 일정이 변경돼 대형마트 공급이 일정치 않았다. 그간 이마트도 자연산 도다리, 전어 등을 판매했지만 지속적으로 물량 수급이 어려워 판매를 제때 하지 못했다. 특히 지난해 가을에는 이상기온과 출어일정 변동이 심해 가을 대표 횟감인 전어 가격이 20퍼센트 이상 폭등하기도 했다.

이 같은 현상이 반복되자 이마트는 6개월 전부터 제철횟감을 적정한 가격에 제공하기 위해 산지직거래를 준비했다. 먼저 매일 변동되는 수급량을 일정하게 조절해줄 수 있는 보관장소가 필요했다. 그곳이 바로 충남 보령에 위치한 국내 최대 규모의 계류장(40톤가량 보관)이다. 이마트는 이곳에 날씨와 물량수급 불균형 우려에 관계없이 신선한 숭어를 공급하는 시스템을 구축했다. 이마트 측은 앞으로 횟감은 물론 수산물 전반으로 유통과정 혁신을 꾸준하게 이어가겠다며 포부를 밝혔다.

풍어시즌에 대거 사들였다 가격이 오를 때 저렴하게 내놓는 정

TIP 김기자에게 물어봐!

이마트몰 5분 장보기

주부 알뜰녀 씨는 요즘 요리하는 데 한결 자신감이 생겼다. 요리할 때마다 늘 요리책을 펼쳐놓고 분주하게 움직이느라 시간도 많이 걸리고 음식 맛도 들쭉날쭉했던 그녀에게 무슨 비법이 생긴 걸까? 그 비결은 바로 인터넷 쇼핑몰인 이마트몰(www.emart.com)의 '5분 장보기' 덕분이다. 여기엔 장을 봐야 하는 품목에 따라 상품이 정렬돼 있고 식단에 따른 레시피도 준비돼 있다.

5분 장보기 코너는, 고객들이 이마트가 추천하는 1,400여 가지 식사 혹은 술안주 메뉴를 선택하면 그에 맞는 식재료들을 추천해 고객들이 쉽게 장을 볼 수 있도록 하는 서비스다. 이마트몰을 이용하는 고객들의 평균 쇼핑시간이 20여 분인 것을 감안하면 시간을 최대 4분의 1로 단축할 수 있다. 특히 주부의 고민거리인 저녁 메뉴를 소개하는 다양한 레시피가 인기다. 케이블 채널 '올리브 TV'에서 진행하는 전 국민 요리 서바이벌대회인 〈마스터셰프 코리아〉와 연계해 우승자를 비롯한 참여자들의 레시피를 제공하고, 캠핑요리 모음전 등 계절과 트렌드를 고려해 레시피를 지속적으로 다양화할 예정이다.

책도 눈여겨볼 만하다. 이마트는 올해 초 대표 수산물인 갈치, 고등어, 오징어를 최대 40퍼센트 저렴하게 선보였다. 갈치, 고등어, 오징어는 전체 수산물 판매에서 차지하는 비중이 20퍼센트를 넘지만, 최근 이상기후로 가격이 지난해 대비 최고 2.5배 급등하면서 서민 물가에 부담을 줬다. 해당 제품은 냉동갈치(330그램 내외, 대/미)를 4,980원에, 캐나다 북극해 냉동자반고등어(650그램 내외, 1손)를 4,700원에, 동해안 선동오징어(250그램 내외, 미)를 1,280원에 각각 판매했다. 게다가 이마트는 노르웨이산 고등어 등 해외 소싱을 통해 국내 수산물 가격을 안정시키는 데 큰 기여를 했다는 평가를 받았다.

롯데마트의 과일 특화전략

롯데마트는 2008년 농협과 MOU(양해각서)를 체결해 체계적으로 산지직거래를 확대했다. 산지 농가가 위치한 지역의 단위농협과 직거래를 활성화해 산지에서 큰 피해가 발생하지 않는 한 국산과일 전품목을 대상으로 하는 산지직거래를 기본원칙으로 하고 있다. 보통 시장에서 과일을 구매하는 경우 '농가→산지수집상→도매업자→소매업자→소비자' 등 최대 5단계의 유통단계를 거친다.

그러나 대형마트와 같이 산지직거래를 통해 상품을 판매하는 경우에는 '농가·산지 생산자단체·영농조합→롯데마트→소비자' 등 3단계로 유통단계가 축소돼 비슷한 품질의 상품과 비교해

가격이 평균 10퍼센트가량 낮아진다. 신선도도 높아 상품 경쟁력 또한 우수하다.

특히 롯데마트는 과일의 품질을 좌우하는 당도 확보에 총력을 다하고 있다. 대형마트 과일 판매대에는 각각 과일의 당도를 기록한 쪽지가 붙어 있다. 이는 소비자들이 과일의 가격뿐 아니라 당도도 비교해 구매하기 때문이다. 아무리 가격이 싼 과일이라도 맛이 없다면 소비자가 다시 찾을 리 없다. 롯데마트는 업계 최초로 2009년부터 사과와 배를 대상으로 100퍼센트 당도 선별과정을 거친 상품만 공급 받아 판매하고 있다. 현재는 수박, 감귤, 메론 등으로 확대했다. 수입과일에 대한 당도 선별도 확대할 방침이며, 산지에서만이 아니라 오산 물류센터에서 당도 선별이 필요한 과일은 추가로 당도 체크를 진행하는 등 2중, 3중으로 당도를 선별하고 있다.

근래에는 상품 가치를 중시하여 '10대 건강식품'으로 분류되는 블루베리의 수입에 집중투자하고 있다. 2010년 5월에는 무려 62년 전통을 자랑하는 미국 오리건 지역의 블루베리 전문업체와 거래 계약을 맺었다. 냉동 블루베리와 건 블루베리를 대량 매입하여 원가를 30퍼센트가량 낮춰 선보였다. 잠재되어 있던 수요가 폭발하면서 매년 성장 추세에 놓여 있으며, 2009년 4억 원에 대비하여 2012년에는 20배가량 성장한 80억 원의 매출을 기대하고 있다.

롯데마트는 여기에 차별화된 판매 방식까지 갖추고 있는데, 소비자가 구매할 때 같은 상품이라도 자신이 원하는 종류로 다시금 선별할 수 있도록 하는 방식이다. 대표적으로 참외를 사이즈별로 자동분류하는 선별기가 그것인데, 이를 매장에 설치해 고객들이 자신이 좋아하는 사이즈의 상품을 편하게 선택해 구매할 수 있도록 했다. 소비자에게는 구매 시 편리함을 제공하며, 마트 입장에서는 상품이 사람들의 손을 되도록 타지 않아 상품성 유지에 큰 도움이 되고 있다.

창고형 할인점 경쟁시대

코스트코가 독주해온 창고형 회원제 할인점 시장 또한 언급하지 않을 수 없다. 특히 올해에 토종업체 빅마켓이 뛰어들면서 창고형 할인점 경쟁시대가 열리고 있다. 빅마켓은 롯데가 운영하는 회원제 창고형 할인점으로 2012년 6월에 서울 금천구 독산동에 정식 오픈했다.

빅마켓과 코스트코는 같은 회원제 창고형 할인점이라는 점에서 경쟁이 불가피한 상황이다. 특히 빅마켓 금천점과 코스트코 양평점이 5.5킬로미터를 사이에 두고 있어 직접적인 경쟁을 피할 수 없는 상황이다. 둘은 상대방보다 가격이 싸다는 인식을 심어주기 위해 인기상품 위주로 엎치락뒤치락 가격을 내리며 치열한 경쟁을 펼치고 있다. 실제로 눈치작전을 방불케 하는 가격경쟁을 벌이기도 했다.

코스트코는 그동안 '육개장 사발면(86그램짜리 24입)'을 1만 4,590원에 판매해왔다. 그런데 오픈을 앞두고 시범운영한 빅마켓이 1만 4,160원에 내놓자, 코스트코는 다시 1만 2,990원으로 가격을 내렸고, 이에 빅마켓은 또다시 1만 2,720원으로 가격을 낮췄다.

코카콜라(600밀리리터짜리 24개)의 경우에도 빅마켓 금천점에서는 2만 8,680원, 코스트코 양평점은 2만 8,690원에 판매, 10원 차이로 엎치락뒤치락 가격경쟁을 벌이고 있다. 하지만 두 회원제 창고형 할인점의 가격할인으로 소비자들은 저렴한 가격에 생필품을 구입할 수 있어 좋다며 반기는 분위기다.

매장 분위기는 코스트코와 빅마켓이 대체로 비슷하다는 평가다. 빅마켓은 각종 편의시설을 경쟁력으로 내세우고 있다. 아이를 동반한 부부들의 쾌적한 쇼핑을 위해 키즈카페와 키즈스튜디오, 어린이 소극장을 갖추고 있으며, 동물병원, 치과 등의 임대시설도 갖추고 있다. 특히 코스트코 양평점은 주차공간이 부족하여(400대 규모) 소비자들의 지적을 많이 받았다. 길 건너편에 추가 주차장을 확보했지만 카트를 가지고 이동하기에는 꽤나 불편할 수밖에 없다. 이에 반해 빅마켓은 600대 규모의 주자창을 확보해 경쟁력을 갖추었다.

상품 구성의 경우 코스트코는 미국산을 비롯해 외국산제품 구성비율이 높고, 빅마켓은 코스트코에 비해 국산제품 비중이 높은

완벽한 쇼핑

편이다. 매장면적은 빅마켓이 7,590평방미터(1, 2층)로 코스트코 양평점과 비슷한 규모다. 연간회원비도 일반고객 3만 5,000원, 자영업자 3만 원으로 동일하다. 카드결제의 경우 코스트코는 삼성카드로, 빅마켓은 롯데카드로 가능하다.

창고형 할인점은 상품을 박스 단위로 진열하고, 대신 대형마트에 비해 가격이 싼 것이 장점이다. 상품에 따라 차이가 있지만, 대체로 대형마트에 비해 적게는 10퍼센트, 많게는 30퍼센트가량 저렴하다고 관계자들은 설명한다. 최근 불황의 영향으로 소비자들은 가격에 민감한 소비 패턴으로 변하고 있다. 업계에서는 가격에 강점을 가진 창고형 할인점 시장이 빠른 성장세를 나타낼 것으로 기대하고 있다.

'떴다방 아울렛' 폭탄세일의 함정

"초특가 세일! 한정판매! 폭탄세일!"

소비자들의 눈길을 확 잡아 끄는 할인광고들이다. 하지만 기분 좋게 구입한 이들 제품에 함정이 있었다면?

남편과 시댁에 다녀오다 국도변에 자리 잡은 A아울렛매장을 들른 알뜰녀 씨. 그녀는 아동의류매장에서 지난해 구입한 13만 원짜리 아이 옷이 절반 가격에 팔리고 있는 것을 발견했다. 재질과 신축성이 좋고 아이가 편하게 입어 한 벌 더 구입한 알뜰녀 씨

'덤' 마케팅의 정체

는 '돈 벌었다'는 생각에 콧노래가 절로 나왔다.

하지만 집에서 두 옷을 비교해본 알뜰녀 씨는 곧 눈을 의심했다. 똑같은 디자인과 브랜드에도 불구하고 두 제품은 품질이 완전히 달랐던 것이다. 면 혼방이라던 블라우스는 다시 살펴보니 나일론-폴리에스테르 혼방이었다. 각종 액세서리도 값싼 소재를 쓴 티가 역력했다. 결국 알뜰녀 씨가 할인 받은 줄 알았던 가격은 정상가였던 셈이다.

정상가를 높인 뒤 할인판매하는 척하는 변칙수법은 엄연한 위법행위다. 옷을 반품하기 위해서는 자동차로 2시간은 족히 걸리는 '길거리 아울렛' 매장으로 다시 가야 하는 알뜰녀 씨. 결국 소비자센터에 고발하기로 마음을 먹고 전화기를 돌렸다. 그런데 어찌 된 일인지 예상 밖의 대답만 돌아왔다. "그러한 길거리 아울렛들은 수시로 장소를 변경하기 때문에 환불을 받을 수 없습니다. 다음부터는 주의하십시오."

길거리에서 유명 브랜드를 78~81퍼센트 할인한다는 의류들은 대부분 '짝퉁'일 가능성이 높다. 상당수가 중국 등지에서 만들어진 불량의류들로, 세탁을 하면 쪼그라들거나 쉽게 탈색이 된다. 함께 세탁기에 돌렸다가는 다른 옷까지 망칠 수 있다. 유명 브랜드가 70~80퍼센트씩이나 할인판매할 때는 다 이유가 있는 법이다.

정상품의 경우에는 원가라도 건지겠다는 계산이 있지만, 상당수는 불량의류일 가능성이 높다. 가짜 의류와 신발에서는 휘발성

냄새가 유난히 코를 찌른다. 특히 브랜드 로고가 선명하게 박혀 있지 않고, 바랜 듯한 색감을 띠고 있는 경우도 많으니 이러한 점을 유념해서 살펴볼 일이다.

의류업체 관계자의 짧은 조언이다. "일부 브랜드에서는 아울렛용으로 의류를 별도 제작하는 경우가 있긴 합니다. 하지만 이들 제품은 정상제품과 품질 등에서 차이가 날 수밖에 없습니다."

생애 최초의 명품,
유모차

완벽한 쇼핑

"분유, 기저귀 값 걱정 덜어드려요"

고공물가 행진에 장바구니를 든 주부들의 마음은 무겁기만 하다. 특히 아기를 키우는 주부는 만만치 않은 분유, 기저귀 값으로 인해 고민이 크다. 3만 원 정도 되는 분유를 5일에 한 통씩 사야 하고, 일회용 기저귀는 하루에 10개 이상 쓴다. 그렇다고 아기가 먹고 쓰는 것인데 가격대가 떨어지는 제품으로 '갈아타기도' 쉽지 않다.

많은 엄마들이 '아기는 잘 먹고 잘 싸야 건강하다'는 말이 있어, 오히려 순식간에 줄어드는 분유와 기저귀를 보며 기분이 나쁘지는 않을 것이다. 하지만 생활비를 팍팍 늘게 하는 분유나 기저귀 값은 부담이 아닐 수 없다. 치솟는 '아기 물가'를 걱정하는 초보 주부들에게 도움이 될 만한 인터넷 쇼핑몰을 알아보았다.

옥션(www.auction.co.kr)에서는 기저귀, 분유를 알뜰하게 구매할 수 있는 유료회원제 서비스 '옥션맘'을 운영하고 있다. 초기 가입비 3,000원으로 6개월 동안 기저귀, 분유를 일반판매가보다 할인된 가격에 구매할 수 있는 특별쿠폰을 제공하는데, 매월 기저귀 할인쿠폰 1장(3,000원 할인), 분유 할인쿠폰 1장(5,000원 할인)을 가입 후 6개월간 총 12장 받을 수 있다. 이는 기저귀, 분유 구매 시 6개월간 총 4만 8,000원이나 할인혜택을 받는 것으로, '옥션맘' 내에서 판매 중인 기저귀, 분유 브랜드에 한해 조건 없이 할인이 가능하다. 옥션 코너 '마미클럽'에서는 매일매일 출석 체크를 하거나 제품 사용후기, 또는 게시판에 글을 올리는 회원에게 마일리지를 증정한다. 이를 할인쿠폰과 교환하면 보다 저렴하게 상품을 구매할 수 있다.

G마켓(www.gmarket.co.kr)은 '기저귀, 분유 상설할인관'을 운영하고 있다. 일 년 내내 기저귀, 물티슈, 분유 등 육아용품을 할인된 가격에 선보인다. 국내 제품뿐 아니라 해외 인기제품도 만날 수 있고, 믿을 만한 품질의 추천 상품을 저렴한 가격에 선보여 주부들 사이에 꽤 인기를 얻고 있다. 상설 할인관에서 제공하는 각종 할인쿠폰을 이용하면 더욱 알뜰한 쇼핑이 가능하다.

인터파크(www.interpark.com)는 프리미엄 브랜드 상품을 중심으로 구성한 유아동 전문몰 '베이비프리미엄'을 통해 분유, 기저귀 등의 상품을 저렴하게 구입할 수 있다. 하기스, 메리즈, GOON, 팸퍼스 등의 기저귀 상품과 베스트셀러 분유 상품 등을

완벽한 쇼핑

다양하게 갖추어 합리적인 가격에 선보이고 있다. 기저귀와 분유의 경우, 가격변동이 잦은 제품이기에 상시할인이나 프로모션보다는 특정상품에 쿠폰을 지급하는 방식으로 판매한다. 인터파크에 바로 접속할 경우에는 중복할인이 가능한 알파쿠폰을 받을 수 있어 추가할인이 가능하다.

기저귀, 분유는 가격경쟁력을 갖추기 위해 각 쇼핑몰들이 앞다투어 할인해주는 대표적인 카테고리이다. 사이트 내에서 카테고리에 적용되는 할인쿠폰을 한시적으로 발급하기도 하고, 어바웃 등 가격비교 사이트를 통해 들어오면 할인을 적용하기도 한다. 따라서 가격비교 사이트를 활용해 수시로 가격을 점검한 뒤 구입하는 것도 좋은 방법이다. 가격비교 방식도 잘 알아둬야 한다. 분유의 경우 단적으로 비교하기 어렵지 않지만 기저귀는 패키지마다 개수가 다르기 때문에 패키지당 가격이 아닌 개수당 가격을 산정해 비교해봐야 한다. 옥션의 경우, 가격비교 사이트에서 사용하는 '카탈로그 방식'을 채용하고 있어 상품가격을 좀 더 쉽게 비교할 수 있다.

인터넷 쇼핑몰이 가장 싼 젖병

똑같은 아기 젖병이라도 백화점이나 대형마트보다 인터넷 쇼핑몰 가격이 10~50퍼센트 저렴한 것으로 나타났다.

가격대가 적당하고 안전한 제품으로는 닥터브라운 PES젖병(1만 5,200원), 아벤트 BPA프리 PES젖병(1만 7,300원), 유피스 쇼콜라 PPSU젖병(1만 9,110원) 등 3개 제품이 선정됐다. 녹색소비자연대는 공정거래위원회의 지원을 받아 시중에서 판매되는 젖병 23종의 안전성을 시험·평가하고 그립감이나 세척용이성 등을 비교 발표하였다.

판매처별 가격은 백화점, 대형마트, 유아용품 전문점, 인터넷 쇼핑몰 중에서 인터넷 쇼핑몰이 가장 쌌다. 유피스 쇼콜라 PPSU젖병의 경우 백화점 가격은 2만 7,920원, 인터넷 쇼핑몰 가격은 1만 9,110원으로 1.5배나 차이가 났다. 디프락스 젖병과 닥터브라운 PES젖병은 가격차가 30퍼센트였다.

녹소연이 한국건설생활환경시험연구원에 의뢰해 이들 젖병의 몸통, 뚜껑, 젖꼭지를 대상으로 한 유해물질 검출시험을 해보았다. 그 결과 전 제품에서 중금속이나 암을 유발하는 니트로사민류, 내분비 교란물질인 비스페놀A 등이 검출되지 않았다. 영유아 자녀를 둔 부모 132명이 직접 제품을 사용하고 평가한 결과로는 닥터브라운 PES 등 3개 제품이 상위 25퍼센트에 포함됐다. 치코 제로 BPA PES젖병(2만 3,051원)과 피죤의 모유실감 PPSU젖병(2만 2,905원)은 우수한 품질이긴 했지만 가격이 비싸서 추천대상에서 제외됐다.

재질에서는 폴리에테르설폰(PES) 제품이 열과 충격에 강하면서도 가격이 저렴해 소비자의 좋은 평가를 받았다. 폴리페닐설폰

완벽한 쇼핑

(PPSU) 재질은 가볍고 내열성, 내구성, 내화학성 등이 우수했으며, 실리콘 소재의 바비실 실보틀 실리콘젖병(3만 7,063원)은 배앓이·중이염 방지 기능, 디자인, 그립감 측면에서 우수제품으로 분류됐다. 그러나 폴리프로필렌(PP) 재질은 흠집이 나기 쉽고 사용기한이 짧아 낮은 평가를 받았다. 특히 메델라 PP젖병(7,283원)과 코들라이프 안티콜릭 PP젖병(1만 5,750원)은 하위 25퍼센트의 범주에 들었다. 같은 재질의 젖병이라도 가격은 추천제품 최대 1.3배, PPSU 재질 젖병은 최대 2.6배, PC 재질 젖병은 최대 5.5배까지 차이가 났다.

녹소연은 권고하기를, PC 재질 젖병은 흠집이 생겼을 때 비스페놀A의 용출 또는 세균 번식의 우려가 있는 만큼 새 제품으로 꼭 교체할 것, 그리고 절대로 끓는 물에 넣어 사용하지 말라고 했다.

일부 수입제품은 한국어 설명서를 제공하지 않고 부속품 추가 구매가 어렵다면서 수입·판매업자들에게 개선을 권고했다. 이들 정보는 스마트컨슈머에 실릴 예정이다.

수입유모차, 현지보다 두 배 이상 비싸다

곧 태어날 조카 선물로 유모차를 고민 중이던 알뜰남 씨. 지인들의 추천과 인터넷 후기를 꼼꼼히 살핀 뒤 백화점 유아용품 매장을 찾았다. 각 브랜드의 유모차를 둘러본 알뜰남 씨는 깜짝 놀랐다. 유모차 가격이 소형 중고차 가격과 맞먹었기 때문이다.

알뜰남 씨는 며칠간 온오프라인 판매처의 가격비교를 통해 마침내 프리미엄 유아용 브랜드를 직접 병행수입하는 인터파크 '베이비프리미엄몰'을 접했다. 이곳에서는 백화점에서 100만 원 내외였던 퀴니버즈를 50만 원대에 구입할 수 있다는 정보를 얻은 것이다.

유모차는 언젠가부터 육아 필수품이 되었다. 게다가 우리나라에서만 유독 비싸다는 수입 브랜드이기에 이것저것 꼼꼼하게 따져보고 현명한 소비를 계획해보자.

수입유모차는 동일제품의 판매가격이 유통채널에 따라 차이가 크다. 백화점 제품은 다양한 액세서리 구매와 애프터서비스, 신뢰도를 장점으로 꼽을 수 있다. 반면 브랜드마다 독점적인 수입업체와 공급업체가 정해져 있어 유통채널에서 부풀려지는 가격을 단점으로 지적한다. 미국이나 유럽 현지에서 직접구매를 대행하는 판매 시스템을 이용할 경우 많은 비용을 절감할 수 있긴 하다. 하지만 15일 이상 걸리는 배송 소요시간, 영세업체의 불친절한 소비자 대응, 애프터서비스에 대한 불안감, 제품의 진품여부 등에 대한 불만을 감수해야 한다.

이런 단점과 불편을 보완하기 위해 인터파크는 지난 3월 9일 유아동 프리미엄 브랜드를 대거 포함한 '베이비프리미엄(Baby Primium)몰'을 오픈했다. 인터파크의 유통망으로 구매대행을 진행하고, 덧붙여 오늘배송 서비스, 해외특급배송 서비스, 18개월 무상A/S 등 차별화된 서비스를 제공한다. 그리고 스토케, 퀴니 버즈 유모차를 포함한 100여 종의 인터파크 직영상품을 비롯해 총 45개 브랜드 600여 종의 프리미엄 유아동 상품을 선보였다. 100여 종의 직영상품 중 가장 주목받는 상품은 단연 병행수입 유모차다.

유모차계의 벤츠로 불리는 스토케 XPLORY V3는 119만 5,000원, 엄마들의 로망 퀴니버즈는 55만 8,000원에 구입할 수 있다. 이밖에 퀴니 제프엑스트라(31만 9,000원)를 비롯해 정식 수입품인 2012년형 잉글레시나 트립과 스위프트 등도 20~30만 원대 국내 최저가로 구입할 수 있다. 병행수입유모차는 미국 현지 내수용 제품을 인터파크에서 직접 수입해 국내 KC인증을 받아 안정성을 확보했으며, 자사 물류센터에서 제품 상태를 확인하고 발송한다.

유통단계를 줄여 온라인 최저가로 선보일 뿐 아니라 배송, 고객상담, A/S까지 인터파크에서 책임진다. 업계 최장 18개월 무상 A/S를 제공(이후 유상)하며 A/S 요청 시 고객의 집으로 방문해 수령하는 것도 특징이다. 모든 직영 상품은 서울·경기 지역에서 평일 오전 11시(토요일 오전 10시)까지 주문하면 당일배송 서비스를 제공한다.

한편, 국내에서 판매되는 외국 브랜드 유모차의 가격이 현지보다 최대 두 배 이상 비싼 것으로 나타나 충격을 주고 있다. 소비자시민모임(이하 소시모)이 2012년 2월 외국 브랜드 유모차 16개

생애 최초의 명품, 유모차

제품과 국내 브랜드 9개 제품의 국내외 판매가격을 비교한 결과 이같이 나타났다.

외국 브랜드 유모차 가운데 국내외 가격차가 가장 큰 제품은 이탈리아 유모차 브랜드 캄(Cam)이다. 캄의 '풀사르'는 한국에서 198만 원에 팔리고 있지만 이탈리아 현지 가격은 약 97만 9,000원이다. 무려 100만 1,000원이나 차이가 나는 것이다. 이탈리아 잉글레시나의 트립(Trip)도 마찬가지다. 보령메디앙스가 독점판매하는 이 제품은 현지 가격이 17만 6,504원이지만, 국내에서는 42만 5,000원에 팔리고 있었다. 미국, 스페인(24만 5,000원), 네덜란드(19만 3,000원)에서 거래되는 가격보다 훨씬 높다.

이외에도 보령메디앙스가 수입하는 부가부(Bugaboo)의 비플러스(Bee+), 퀴니의 버즈(Buzz), 맥시코시(Maxi-Cosi)의 엘레아(Elea) 등도 현지가격은 51만 8,000원~82만 9,000원이지만 국내에서는 모두 105만 원에 판매되고 있다. 판매점별 가격차도 컸다. 외국 브랜드 제품의 경우 백화점이 인터넷 쇼핑몰에 비해 1.5~1.8배 비쌌고 국내 브랜드도 높게는 1.4배 비쌌다. 인터넷 쇼핑몰의 최저가가 55만 8,000원인 데 반해 백화점에서는 같은 제품이 105만 원으로 판매되는 등 큰 차이를 보였다.

이처럼 외제 유모차가 비싸게 팔리는 것은 업체들이 유통단계별로 지나치게 높은 마진율을 가져가기 때문이다. 수입업체의 유통마진은 30퍼센트, 공급업체의 마진 15~20퍼센트, 유통업체(백화점) 마진 30~35퍼센트이다. 여기에 물류 비용(5~7퍼센트),

완벽한 쇼핑

'고소영, 심은하, 김희선의 유모차가 뭐길래'

'한국의 브란젤리나' 커플로 통하는 고소영과 장동건이 첫 아들 출산 이후 구입해 화제가 된 '고소영 유모차'는 수백만 원에 달함에도 불구하고 없어서 못 팔 정도다. 덩달아 '김희선 유모차', '심은하 유모차' 등 다른 스타들의 유아용품도 다시금 화제가 되고 있다. 터무니없이 비싼 가격에도 불구하고 명품 유모차를 향한 골드맘들의 사랑은 식을 줄 모르고 있다. 그러나 아이의 안전성과 편안함을 위해 만들어진 유모차인 만큼 무조건 가격이나 외관에 따라 유모차를 선택하는 것은 좋지 않다. 똑똑한 골드맘이라면 무엇보다 아이의 안전성이나 편안함, 휴대성, A/S 여부 등을 세세하게 따져본 후 구입을 결정해야할 것이다.

오르빗

고소영이 구입한 유모차 '오르빗'은 시가 220만 원을 호가한다. 제시카 알바 등 할리우드 스타들이 사용한 것으로 알려지면서 명품 유모차로 입소문을 타왔다. 2012년 6월에 국내 론칭한 오르빗의 'G2'는 세계 최초 360도 회전 유모차로 오르빗 특허기술인 '스마트 허브'를 이용해 아이가 원하는 모든 방향으로 회전이 가능하다. 좌석분리 없이 원터치로 조작이 가능해 편리함을 더했다. 또한 아이의 성장 발달에 따라 카시트, 유모차의 형태로 변형이 가능한 것이 특징이다. 간단한 조작과 편리한 휴대성도 큰 장점이다. 1초 만에 간단히 유모차를 접을 수 있고, 소형차 트렁크에도 들어갈 정도로 콤팩트하다.

맥클라렌

'돈만 많으면 뭘들 못할까' 싶은 알뜰 골드맘들에겐 고급스러우면서도 수입유모차 중에서 비교적 저렴한 '맥클라렌'을 추천한다. 수입유모차 판매 1위를 기록하고 있는 맥클라렌은 배우 심은하가 사용하고 있는 유모차로도 유명하다. 맥클라렌의 대표 기종인 '테크노XT'는 디럭스와 휴대용 유모차의 장점을 모두 갖춘 것으로, 가벼우면서도 핸들링이 쉽다. 큰 바퀴 덕에 충격이 완화되며 3단 캐노피가 햇볕과 바람 차단에 도움을 준다. 과학적인 핸들 구조가 손목의 꺾임 현상을 방지해 장시간 사용으로 인한 손목의 피로감을 덜어준다.

버즈 레인보우

'김희선 유모차'로 화제를 모은 퀴니의 '버즈 레인보우'는 아이의 척추 보호를 위한 인체 공학적 유선형 시트와 효과적인 충격 분산을 위한 3단계 충격흡수 시스템이 적용됐다.

애프터서비스 비용(10퍼센트), 판촉지원 비용(10퍼센트) 등이 붙어 판매가격이 수입원가보다 세 배 이상 높아졌다.

이에 대해 소시모는 공정거래위원회가 불공정 행위를 철저하게 점검해주기를 바라고 있다. 유모차 유통과정에서의 재판매가격 유지행위 등 불공정 행위가 다반사로 일어나므로 이를 철저히 조사하여 시장의 독점 유통구조를 개선하기 위해 노력해야 한다고 강조했다.

수입아동복 대 국산아동복

국내외 경기 불황에도 불구하고 엔젤산업으로 불리는 유아동복 시장은 꾸준히 성장하고 있다. 최근 자녀를 한 명만 낳는 외둥이 가정, 경제적 여유가 생긴 뒤 늦은 나이에 아이를 갖는 늦둥이 가정이 늘면서 아이를 위해 아낌없이 지갑을 여는 부모가 늘고 있기 때문이다. 한국섬유산업협회에 따르면 올해 국내 유아동복 시장 규모는 약 8,013억 원으로 작년 7,113억 원에 비해 12.7퍼센트나 성장했다는 보고가 있다.

이에 따라 수입 명품 유아동복 시장도 커지고 있다. 신세계백화점 등 백화점 내 입점한 해외 유명 유아동복 브랜드의 지난 1분기 매출신장률은 15~20퍼센트에 달하는 것으로 알려졌다. 버버리 칠드런, 아르마니 주니어, 랄프로렌 칠드런, 구찌 칠드런 등 성인 브랜드가 키즈라인으로 확대한 것이 눈에 띈다. 명품 브랜드를 선호하는 부모들이 아이에게도 자신과 같은 브랜드의 명품 옷을 입히려는 경향에서 비롯된 현상이다.

이런 탓에 아동복이 성인 옷 못지않은 높은 가격대를 형성하고 있다. 최근 이혼한 톰 크루즈와 케이티 홈즈의 딸 수리가 즐겨 입는다는 '버버리 칠드런'의 경우 아동용 정장이 100만 원대이고, 원피스와 점퍼도 30~50만 원대에 달한다.

그렇다면 과연 가격 차이만큼이나 국내의류 브랜드와 수입의류 브랜드 간의 품질 차가 클까?

과거 국내 유아의류 시장이 제대로 형성되지 않았던 시기에는 다양한 디자인의 유아동복을 찾아보기 힘들었지만, 최근 몇 년 새 유아동복 시장 규모가 커지면서 브랜드 수뿐 아니라 디자인이나 품질도 매우 높아졌다는 게 업계 관계자의 설명이다. 몇몇 브

생애 최초의 명품, 유모차

랜드는 패션 디자이너를 영입해 브랜드를 론칭하는 등 브랜드 경쟁력을 높여가고 있다.

소재에 있어서도 수입 브랜드는 면 혼방 비율이 높은 반면에, 국내 브랜드는 아이 피부에 거부감이 없는 면 소재 비율이 높은 것으로 나타났다. 수입 브랜드와 국내 브랜드가 사용하는 원사(면사)의 품질도 거의 차이가 없다. 오히려 인도네시아, 중국 등 주로 아시아에서 생산하고 있는 수입 브랜드보다 국내생산 비중을 높이고 있는 국내 브랜드의 품질관리가 더 신뢰할 만하다는 평가도 있다.

의류업계 관계자들은 특히나 아이 옷의 경우에는 브랜드의 후광 효과에 기대어 옷을 구매하는 것을 경계해야 한다고 말한다. 브랜드보다는 오히려 품질에 우선해야 하며, 제품을 어떻게 세탁하고, 유지하고, 보관하느냐가 더 중요할 것이다.

아이에게 폴로나 갭을 입히고 싶다면

요즘 웬만한 가정의 아이는 하나 아니면 둘이다. 맞벌이 가정이 늘고 자식보다 자신의 삶에서 의미를 찾으려는 젊은 부부들이 늘면서 생긴 현상이다. 아이 키우는 데 드는 비용이 만만치 않은 경제적 이유도 한몫한다. 키우는 아이가 많지 않다보니 아이에게 쏟는 물질적, 정신적 정성이 클 수밖에 없다. 이토록 아이가 입는

완벽한 쇼핑

옷, 먹는 음식에 돈을 아끼지 않는 부모가 많다보니 유아복 시장에 '명품키즈' 바람이 부는 것도 뜻밖의 일은 아니다. '귀한 자녀'에 걸맞은 고가 브랜드에 대한 수요가 그만큼 커졌기 때문이다.

성인 옷 뺨치는 고가의 아동복이 부모들 간의 위화감을 조성하고 아이들 교육에도 좋지 않다는 지적도 나온다. 하지만 '명품키즈'라고 모두 비싼 것만은 아니다. 아이에게 모처럼 명품 브랜드의 옷을 사주고 싶지만 너무 비싼 가격이라 망설이는 부모라면, 현지 브랜드 총판과 정식계약을 맺고 직수입하는 유통업체를 눈여겨보자. 현지에서 판매하는 가격과 비슷하거나 특가 세일품목 같은 경우 더 싸게 구입이 가능하기 때문이다.

온라인쇼핑몰 AK몰(www.akmall.com)은 명품 브랜드 키즈라인 전문관을 오픈했다. AK몰에서는 기존 인터넷 쇼핑몰에서 찾기 어려운 빠뜨리샤페페, 일루디아 등 이탈리아 명품 브랜드를 포함해 끌로에, 에스까다, 미쏘니, 엘르, DKNY 등 명품 브랜드의 키즈라인 제품을 구입할 수 있다. 이 밖에도 폴로키즈, 빈폴키즈, 갭키즈, 폴프랭크까지 익숙한 브랜드도 만나볼 수 있다.

명품키즈 전문관에서는 티셔츠와 스커트, 원피스 등 기본적인 아이템 외에도 카디건, 탑, 레깅스, 플라워프린트 티셔츠, 썬캡, 언더웨어 등 다양한 종류의 키즈라인 제품들을 최대 60퍼센트 할인된 가격에 구매할 수 있다.

AK몰에 근무하는 한 머천다이저는 "소득 수준이 높은 워킹맘들은 자녀에게 좋은 제품을 입히고 먹이고 싶어 하는 것 외에도,

생애 최초의 명품, 유모차

그 정보를 다른 워킹맘들과 공유하려는 특징이 있어요. 이곳은 주위 엄마들 사이에서 인기가 높은 키즈라인을 집중적으로 모아 놨기 때문에 시간을 아껴 쇼핑할 수 있지요”라고 말했다.

홈플러스는 키즈명품 전문 병행수입업체와 손잡고 국내 대형 마트 최초로 서울 잠실점에 ‘키즈명품관’을 운영 중이다.

30여 평(109평방미터) 규모의 ‘키즈명품관’에서는 버버리 키즈, 아르마니 키즈, 끌로에 키즈, D&G 키즈, 몽끌레어 키즈, 블루마린 키즈, 리우조 키즈, 폴로 키즈 등 8개 명품브랜드의 키즈라인과 토즈, 호간 등 2개의 신발 브랜드를 선보이고 있다. 의류는 총 800~1,000가지, 신발은 총 10여 가지를 갖추고 있으며, 신상품과 이월상품의 비율은 6대4 수준으로 맞춰 1~2주마다 새 상품으로 대체하고 있다.

이들 브랜드는 현지 브랜드 총판과 정식계약을 맺고 직수입한 정품이다. 현지에서 판매되는 가격과 비슷하거나 오히려 더 싼 품목도 적지 않다. 현지에서 62~72유로에서 판매되는 버버리 숄더패치 티셔츠는 9만 7,000원, 180~200유로 수준인 아르마니 모직재킷은 28만 원, 280~300유로에 판매 중인 몽끌레어 패딩점퍼는 43만 원 등으로 대부분 현지 가격과 비슷한 수준이다. 국내백화점이나 온라인 쇼핑몰에서 취급하는 버버리 키즈와 아르마니 키즈 등과 가격을 비교해보면 평균 20~30퍼센트가량 저렴하고, 일부 품목은 최고 50퍼센트까지 저렴하다.

유아용품 싸게 파는 곳 어디 없나요?

예쁜 아기에게 좋은 옷을 입히고 싶은 건 모든 부모의 마음이다. 가격이 저렴하고 품질이 좋은 키즈 브랜드를 찾는다면 이곳을 주목해보자. 경기도 파주시 문발동(259번지)에 위치한 '파주키즈타운'. 유명 키즈 브랜드부터 장난감까지 연중 할인판매가 이루어지고 있다.

어떤 아동복이 있나?

국내최대 아동복 브랜드 '트윈키즈(Twinkids)'는 본사직영 할인매장으로 30~80퍼센트 할인판매한다. 돌복부터 주니어 사이즈까지 다양하다. 이랜드의 초저가 토들러 브랜드 '오후(Ohoo)'는 전국 최대규모다. 2~10세까지의 의류가 전국최대 물량을 확보하고 있다. 국내최초의 아동전문 SPA 브랜드 '에스핏(SFIT)'에서는 시즌 최고의 아이템을 저렴한 가격에 제공한다.

20년 전통의 아동복 전문기업 (주)작은신부의 '아이앤스테이지(I&Stage)'도 최저가로 선보인다. 이랜드그룹의 14개 아동브랜드 중 7개가 입점한 '코인키즈아울렛(KOIN Kids Outlet)'에서는 이랜드주니어, 더데이걸, 유솔, 트리시, 토인포, 코코리타, 헌트키즈를 만날 수 있고, 프리미엄아울렛이 직영하는 '프리미엄키즈프라자'에서는 페리비츠, 꼬망스, 비아니키즈, 토마스와친구들 등 4개 브랜드를 최저가로 만날 수 있다.

장난감 전문점 '토이누리(Toynuri)'를 놓치지 말자

엄마들이 자녀를 데리고 '파주키즈타운'을 찾았다면 반드시 들러야 하는 곳이다. 입구에 들어서면 감탄사가 절로 나올 정도로 국내 최대규모를 자랑하는 할인매장이다. 국내외 유명 완구브랜드 5,500여 아이템을 한눈에 볼 수 있다. 승용완구, 교육완구, 유아용품(유모차, 카시트 등), 유아완구, 조립완구를 포함한 다양한 완구들을 팔고 있다.

아기 옷이라고 무조건 삶아야 하나?

삶는 세탁은 옛날 우리 조상님들이 물도 귀하고 세제도 없던 시절, 그리고 옷 만드는 소재라고는 겨우 무명이나 소창이 전부였던 그 시절에 열악한 환경 속에서도 아기를 건강하고 위생적으로 잘 키우기 위해 개발한 현명한 세탁법이다. 냇가에서 빨래하던 옛날과는 달리, 요즘은 집집마다 뜨거운 물이 콸콸 나오고 세탁력이 우수한 세제가 넘쳐난다. 이런데도 굳이 삶는 세탁을 하게 된다면 후회할 수도 있다. 아기 옷이 고급화되면서 가장 많이 사용되는 극세사나 기능성 소재를 삶을 경우 오히려 섬유를 손상시킬 수 있다.

그렇다면 아기 옷은 왜 삶으면 안 되는 걸까? 가장 큰 이유는 옷 모양의 변형 때문이다. 최근 판매되는 아기 옷들은 부드러움을 유지하기 위해 고급 면수나 특수소재를 많이 사용하고 있다. 이런 소재들은 삶으면 원단이 늘어나거나 줄어들어 옷의 수명을 단축시킨다. 실제로 정사각형의 속싸개를 삶으면 직사각형으로 변형된다. 또 아기 옷을 삶으면 염색물이 빠지기도 하는데, 보통 아기 옷은 파스텔 색상의 무늬가 많은데다 60~80도에서 염색을 하기 때문에 섭씨 100도가 되는 끓는 물로 삶게 되면 염색이 빠지고 이염 현상이 발생할 수 있다.

특히 삶는 세탁을 하면 섬유가 약해져 옷감의 손상을 야기한다. 여름철 단면으로 된 원단 같은 경우, 삶는 세탁을 하면 좀벌

레가 먹은 것처럼 군데군데 구멍이 나는 경우가 있다. 이는 면사의 꼬임이 풀어지면서 섬유가 약해지기 때문이다. 기저귀나 가제 손수건을 지속적으로 삶으면 점점 얇아져서 찢어지게 된다. 이 외에도 목이나 소매의 시보리, 허리 고무줄 등의 부자재를 삶게 되면 늘어나거나 망가져 입지 못하게 된다.

하루에도 몇 번씩 토하고 우유를 올리기 때문에 아이 옷은 얼룩이 생기지 않을 수 없다. 그러면 삶지 않고 얼룩을 제거할 수가 있을까? 모유나 분유의 주성분인 단백질은 그 특성상 열을 가하면 응고한다. 삶았을 경우 처음에는 얼룩이 지워진 듯 깨끗해 보일 수 있지만, 시간이 지나면 섬유 깊숙이 숨어 있던 얼룩이 다시 올라올 수 있다. 토한 자국이나 이유식의 얼룩을 제거하기 위한 가장 최선의 방법은 빠른 시간 내에 세탁을 하는 것이다. 만약 바로 세탁이 불가능하다면 일단 얼룩 부분만 세탁하거나, 세제를 조금 묻혀두는 것도 도움이 된다. 아기가 장염에 걸렸다거나 집에 환자가 있는 경우라면 전염의 위험 때문에 옷을 삶아야 할 경우도 있겠지만, 그때도 가능한 한 3분을 넘기지 않는 게 좋다.

아기 옷은 손빨래가 가장 좋다. 부득이 세탁기를 이용해야 한다면 옷감의 손상을 방지하기 위해 꼭 세탁망에 넣어 세탁하는 게 좋다. 가급적 어른 빨래와 같이 빨지 않도록 하며, 아기 의류와 기저귀는 철저히 구분하는 게 좋다. 그리고 반드시 아기 전용 세제나 천연세제를 사용해야 한다. 일반세제를 사용할 경우 세제가 섬유에 남아 아기에게 피부병과 염증을 일으키게 할 우려가

생애 최초의 명품, 유모차

있다. 신생아에게는 습진이 발생할 수도 있고, 심각하게는 세제
가 간이나 신장에 축적돼 간기능 저하를 가져올 수 있다.

옷은 삶지 않더라도 피부에 직접 닿는 기저귀나 가제손수건은
꼭 삶는 것을 원칙으로 해야 한다. 병균을 멸균시키는 가장 안전
한 방법이다. 세탁물에 오염이 남아 있는 채로 삶으면 오히려 오
염이 섬유 속으로 침투된다. 세탁물을 삶기 전에는 먼저 세제로
오염을 완전히 제거해내고 맑은 물로 세 번 이상 잘 헹군 후 깨끗
한 상태에서 삶아야 한다.

기저귀는 세제 물에, 가제손수건은 맹물에 삶는 것이 좋다는
점도 알아두면 유용하다. 먼저 세제 물을 만든 후에 깨끗이 빨아
낸 세탁물을 자작자작하게 담그고 가운데는 조금 비워둔다. 그런
후 세탁물 중에 하나를 펼쳐서 덮어주면 세탁물이 넘치는 것을
방지해준다. 가제손수건은 초벌 세탁 후에 소독하듯 그냥 맹물
에 삶아도 된다. 기저귀 삶는 시간은 15분 전후가 좋고, 삶기가
끝나면 맑은 물로 세 번 이상 헹구어 세제를 완전히 제거시킨 후
햇볕에 말리면 된다. 가제손수건은 맹물에 3~5분 정도만 삶으
면 된다.

기저귀의 경우 돌이 지나면 일주일에 두세 번만 삶아줘도 된다.
아기가 어릴 때는 기저귀를 매일 삶아서 사용해야 하지만 10개월
이 지나 면역력이 강해지면 소변 기저귀의 경우는 이틀에 한 번
정도 삶아줘도 된다. 날씨가 흐려서 일광 소독이나 완전 건조가
어려울 경우는 다림질을 해주면 건조는 물론 소독까지 하게 되는

셈이다. 다림질 후에는 바로 접지 말고 10~20분 정도 널어서 남은 습기를 완전히 제거한 후 접으면 된다.

옷의 얼룩제거 요령

과일즙

과일 얼룩은 묻은 즉시 세탁하지 않으면 얼룩이 잘 지워지지 않는다. 과일즙이 옷에 떨어지면 물이나 물티슈로 우선 가볍게 닦아내고 주방용 세제에 식초 몇 방울을 똑 떨어뜨려 문지른 후 물로 헹궈주면 된다.

땀

오래되지 않은 땀 얼룩은 그냥 온수에 푹 담궈 놨다가 쓱쓱싹싹 빨면 끝이다.

콜라나 주스

아기 손수건을 소금물에 담갔다가 건져서 그걸로 톡톡 두드려 빼면 좋다.

볼펜이나 사인펜

물파스로 얼룩 부위를 톡톡 두드리면 얼룩이 날아간다. 단, 옷과 옷 사이에 수건을 대어 뒤쪽까지 얼룩이 번지지 않게 주의해야 한다.

찌든 때

샴푸로 싹싹 빨면 지워진다.

아토피 아기를 위한 분유

직접 겪어보지 않고는 그 고통을 알 수 없는 아토피. 더욱이 말로 표현할 수도 없고, 긁지도 못하는 신생아들에겐 고통이 더할 수밖에 없다. 2010년 대한소아알레르기호흡기학회의 학술지 〈소아알레르기호흡기〉에 발표된 논문에 따르면, 12개월 이하 신생아의 약 20퍼센트가 아토피 피부염을 앓고 있는 것으로 나타났다. 그러나 신생아를 위한 약물치료법은 극히 제한적이기 때문에 대신 식이요법이 권장된다. 가장 좋은 방법은 모유수유라는 데 이견이 없지만, 분유를 먹일 수밖에 없는 상황이라면 꼼꼼하게 살펴보고 따져서 최대한 유기농이며 첨가물이 없는 것으로 골라야 한다. 이유식을 시작했다면 알레르기를 일으키기 쉬운 밀가루나 땅콩, 달걀, 생선 등은 소량씩 조심스럽게 시도하는 게 좋다.

업체마다 아토피 아이를 위한 분유를 내놓고 있는데, 몇몇 기능성 분유 제품들을 중심으로 알아보자.

아토피를 앓는 아기의 약 30퍼센트는 우유 속 단백질에 의해서 알레르기 반응을 일으키는 것으로 알려졌다. 이 때문에 미국, 유럽 등 선진국에서는 우유단백질 알레르기를 막는 '센서티브 분유(Hypoallergenic Formula)'를 이용하는 엄마들이 많다. '센서티브 분유'는 우유단백질을 부분가수분해 즉, 소화효소로 단백질을 미리 분해하여 아기가 단백질을 쉽게 소화, 흡수할 수 있도록 만든 것이다. 그래서 우유단백질에 민감한 아이들의 알레르기 반응을 줄여준다. 국내에서는 매일유업이 처음으로 '센서티브 분유'를 개발했다. 항원성 및 면역원성 등 유럽의 알레르기 예방분유 기준에 맞춰 설계한 '앱솔루트 센서티브'가 바로 그것이다.

이유식 분야에서는 콩에 함유된 식물성 단백질이 동물성 단백질에 비해 영양은 비슷하면서도 알레르기를 일으키는 확률이 낮아 콩이 대안으로 떠오르고 있다. 전문가들은 콩 유아식의 경우 우유 유아식과 동등한 영양가를 갖추고 있으면서도 유전적으로 락타아제 결핍증을 갖고 있거나 유당불내증, 갈락토오스 대사이상을 보이는 아동 및 채식주의자들에게 좋은 영양섭취 급원이 될 수 있다고 말한다. 또한 생후 6개월 이후 식품 알레르기로 인해 유발되는 두드러기, 아토피성 피부염, 식품단백질 유발성 장염증후군과 직장결막염, 영아산통 및 위식도 역류질환 개선에도 도움이 된다고 말한다.

콩 유아식의 아토피 개선 효과는 1967년부터 콩으로 만든 유아식을 생산해온 '정·식품'의 공동임상연구를 통해서도 입증된 바 있다. 경희의료원, 충북대병원, 한양대 의대 등과 함께 여러 차례의 임상연구를 진행해온 '정·식품'은 콩 유아식이 아기의 성장발육에 모유나 일반분유와 동등한 영양가를 지니고 있음을 증명했다. 그리고 콩 유아식을 모유와 함께 먹은 아기들의 신경발달 정도가 평균 이상으로 현저히 우위를 보인다는 결과를 내놓았다.

분유에 대한 오해와 진실 Q&A

Q ─ 분유에도 유통기한이 있나요?

A ─ 분유도 식품이니만큼 당연히 유통기한이 있다. 분유의 유통기한은 통상 24~36개월이며 분유캔 속의 남는 공간은 질소 충전으로 공기와의 접촉을 막아 분유의 변질을 방지한다. 유통기한이 지난 분유를 먹일 경우, 만일의 경우이지만 세균이나 대장균 등의 오염 가능성과 신선하지 않을 수도 있으므로 반드시 유통기한을 확인하는 습관이 필요하다. 특히 개봉한 분유는 공기와의 접촉이 이루어져 세균이 번식할 수 있으므로 3주 이내에 먹이는 것이 좋다.

Q ─ 분유에서 가끔 검출된다는 검은 이물의 정체는 무엇인가요?

A ─ 엄마들이 분유를 먹일 때 가끔 분유통에서 검은 가루가 발견되어 분유 생산업체 고객센터로 문의하는 경우가 있다. 이는 탄화물로 조제분유의 일반적인 가열, 건조 등 제조과정에서 생성되며 탄소와 산소로 이뤄진 암갈색 미세입자이다. 조제분유를 만들 때 영양소 손실을 최소화하기 위해 살균 및 농축된 우유를 부드럽게 말리면서 수분을 증발시키고 냉각하게 되는데, 이 건조 과정에서 간혹 우유가 타면서 갈색 또는 검정색으로 보이는 가루로 남게 되는 것이다. 국립수의과학검역원은 '축산물의 가공기준 및 성분 규격 개정안'에서 조제분유의 성분 규격 항목으로 '탄화물 100그램당 7.5밀리그램 이하'라는 기준을 두고 있다. 하지만 매우 적은 극소량에 대해서 아기에게 위해하다는 보고는 아직 없다.

Q ─ 분유는 아기들만을 위한 식품인가요?

A ─ 분유는 아기용으로 여겨져 왔으나 최근 가족 영양보충식으로도 각광받고 있다. 다수의 한국인들이 우유 속에 있는 유당을 소화시키지 못하는 유당불내증을 가지고 있어 칼슘의 보유고인 우유를 섭취하지 못하는 경우가 많다. 그러나 분유는 소화가 잘 되는 단백질 구조를 가지고 있어 유단백 알레르기나 소화장애가 있는 사람들도 비교적 소화에 어려움을 겪지 않고 먹을 수 있다. 성인에게 분유가 우유 대용식이면서 면역력 강화에도 도움이 된다는 입소문이 퍼지면서 분유업체들도 성인용 제품개발에 착수하고 있다.

Q — 분유의 1, 2단계와 3, 4단계는 같은 회사 제품이라도 브랜드명이 다른데 그 이유는?

A — 분유를 일반적으로 4단계로 나눌 때 1, 2단계는 조제분유로, 3, 4단계는 성장기용 조제식으로 분류된다. 1, 2단계의 경우 식품의약품안정청에서, 3, 4단계의 경우는 농림수산식품부에서 관리한다. 단 1, 2단계의 경우는 규제에 의해 광고가 진행될 수 없기 때문에 분유의 1, 2단계와 3, 4단계의 브랜드명이 다른 것이다.

참고로 1, 2단계는 단백질 함량을 모유 수준으로 하여 영유아의 우유단백질에 의한 알레르기 가능성을 낮추고 신장 부담을 줄였다. 또한 갓난아기들은 에너지의 45~50퍼센트를 지방으로부터 공급 받는 시기이기 때문에 분유 속에 지방 함량이 높다. 3, 4단계는 아기들의 성장에 필요한 단백질이 추가로 요구되어 지방 함량은 낮아지는 대신 단백질 함량이 전반적으로 높다.

생애 최초의 명품, 유모차

유통기한 지나면
버려야 하나

완벽한 쇼핑

우유의 제조일자에 대한 입장

　'유통기한이 3일 남은 우유와 4일 남은 우유 중 어떤 것이 신선할까?'라는 물음에 탤런트 송중기가 "제조일자가 없으니 몰라"라고 외친다. 우유의 신선함은 유통일자가 아니라 제조일자가 좌우한다는 의미를 담은 서울우유 광고의 한 장면이다. 우유의 생명은 '신선함'. 그렇다면 과연 제조일자 표기가 신선함의 확실한 잣대 역할을 하는 걸까?

　신선식품의 경우 제조일로부터 시간이 지날수록 신선도가 떨어질 수밖에 없다. 소비자들이 제품을 선택할 때 유통기한이 가장 많이 남은 제품을 고르는 것도 이런 이유에서다. 하지만 대부분의 제품처럼 유통기한만 표기할 경우 각 제조사별로 제시하고 있는 음용 기간이 달라 가장 최근에 나온 제품이 어떤 것인지 가늠할 수 없게 된다. 제조일자를 유통기한과 함께 병행 표기할 경우 소비자들은 보다 객관적인 잣대로 우유의 신선도를 판별할 수 있다.

서울우유는 제조일자 한 줄을 표기하기 위해 전 유통과정의 수많은 혁신 과정을 거쳤다. 제조 즉시 제품을 배송해야 하는 제조일자 중심의 시스템으로 전면 개편했으며, 재고를 최소화하기 위해 필요한 물량만큼만 주문 받아 생산 후 바로 배송할 수 있도록 했다.

그렇다면 소비자들은 우유를 살 때 제조일자를 따져볼까, 아니면 유효기한을 더 중시할까?

서울우유가 2010년 9월 4일부터 8일까지 주부 400명을 대상으로 설문조사를 실시한 결과, 전체 응답자의 64퍼센트가 우유 구매 때 제조일자를 확인한다고 답했다. 이 중 98퍼센트는 제조일자 표기가 구매결정에 영향을 미쳤다고 응답했다. 서울우유 관계자는 '우유 선택의 새로운 기준에 대해 고객들 역시 높은 만족도를 보여준 것'이라고 전했다.

하지만 서울우유와 국내 우유시장을 이끌고 있는 남양유업과 매일유업은 제조일자를 표기하지 않는다. 왜 그럴까? 매일유업 관계자의 말을 직접 들어보았다.

"제조일자는 마케팅의 수단으로 이용될 뿐 큰 의미가 없습니다. 우유의 유통기한은 마실 수 있는 기간에 비해 매우 짧게 정해지기 때문에 냉장보관 상태에서는 기한이 지난 후 마셔도 문제가

완벽한 쇼핑

발생하지 않습니다."

유통일자를 제대로 챙기고 보관만 제대로 한다면 신선한 우유를 마시는 데 아무런 문제가 없다는 얘기다. 매일유업은 2003년부터 살균설비인 ESL을 도입해 유통기한 및 음용 기간이 타 우유 업체보다 더 길다고 자사의 제품을 홍보했다.

남양유업에서는 오히려 제조일자로 인해 우유가 낭비될 수 있다고 지적한다. 회사 측에서는, 제조일자가 소비자에게 정보를 제공한다는 점에서는 긍정적이지만 유통기한은 가장 안전한 최단 기간으로 설정된다고 말했다. 때문에 자사에서는 별도로 제조일자를 표기할 계획이 없다면서, 우유의 유통기한은 통상 12일이지만 냉장보관을 전제로 30일까지는 대부분 안전하다는 말도 덧붙였다.

유기농우유의 폭리

매일 아침식단에 우유가 빠지지 않는 알뜰녀 씨는 종종 유기농 유제품을 산다. 친환경 사료를 섭취한 소에서 짜는 우유가 일반 우유에 비해 나을 것이라는 막연한 기대에서다. 스트레스가 큰 사육시설에서 키워지는 젖소에 비해 초지에서 맘껏 뛰어 놀며 컸던 '해피 카우(happy cow)'에서 나오는 우유의 품질이 더 좋지 않겠느냐는 것이다. 과연 그럴까? 한 소비자단체의 발표는 알뜰

유통기한 지나면 버려야 하나

녀 씨 같은 소비자에게는 적잖이 실망스러운 결과를 보여주었다.

조사 결과, 시중에서 유기농우유로 판매되는 일부 제품들이 일반우유에 비해 품질의 차이는 거의 없으면서, 대신 가격은 일반우유의 최대 2.7배에 달한 것으로 드러났다. 사단법인 소비자시민모임이 최근 시중에서 판매되는 유기농우유, 그리고 칼슘 등을 보강한 강화우유, '이마트우유'처럼 판매사업자의 이름을 붙인 우유 등을 일반우유의 가격 및 품질과 비교한 결과다.

소시모는 남양유업, 매일유업, 파스퇴르유업의 유기농우유를 각 사의 일반우유와 비교한 결과, 유기농우유와 일반우유 모두 세균, 대장균군, 항생제, 잔류농약이 검출되지 않았고, 산도도 동일하거나 비슷했으며, 칼슘과 유지방 함유량 면에서도 사실상 차이가 없었다고 밝혔다. 하지만 판매가격은 유기농우유가 일반우유의 1.8(남양유업, 매일유업)~2.6배(파스퇴르유업)에 달했다. 더욱이 유기농우유 제품이 일반우유보다 용량이 적다는 점에서 일반우유와 같은 용량으로 환산하면 실제 가격차는 남양유업 2.0배(4,330원 : 2,140원), 매일유업 2.4배(3,900원 : 2,180원), 파스퇴르유업 2.7배(7,650원 : 2,800원)로 벌어지게 된다.

참고로,. 이번에 비교대상이 된 유기농우유와 일반우유는 '남양 맛있는 우유 GT 유기농(900밀리리터)'과 '남양 맛있는 우유 GT(1000밀리리터)'(이상 남양유업), '매일 상하목장 유기농우유(750밀리리터)'와 '매일우유 오리지널(1000밀리리터)'(이상 매일유업), '내곁에 목장 유기농우유(900밀리리터)'와 '파스퇴르 후레쉬

완벽한 쇼핑

우유(930밀리리터)’(이상 파스퇴르유업) 등이다.

우유업체들은 이 같은 가격차에 대해, 유기농사료 가격이 일반사료에 비해 높아 유기농우유 원유 가격이 일반우유의 원유에 비해 비싸기 때문이라고 주장했다. 유기농우유 인증을 받으려면 200여 개의 테스트 항목을 거쳐야 하고, 친환경낙농법 적용 과정으로 인해 생산원가가 올라갈 수밖에 없다는 것이다. 이에 대해 소시모는 다음과 같이 주장하면서 유기농우유의 가격인하를 요구하였다. “유기농사료 가격이 일반사료에 비해 50~60퍼센트 비싸 우유업체들은 유기농우유 농가에 리터당 540원을 더 지불합니다. 그런데 농가에게 540원을 더 줬다는 이유로 소비자들에게 그 몇 배인 몇천 원씩 소비자가격을 더 받는 것은 지나친 폭리라고 생각합니다.”

소시모는 이어 서울우유의 비타민 강화우유 ‘뼈를 생각한 우유 엠비피’는 일반우유에 비해 가격이 1.2배(2,670원 : 2,150원)이지만, 제품에 표시된 것과 달리 비타민A의 경우 일반우유인 ‘서울우유’의 65퍼센트 수준으로 오히려 적었다고 밝혔다. 서울우유 등 5개 회사가 공급하는 칼슘강화우유도 칼슘 함유량이 일반우유에 비해 1.5~3.2배이면서 가격은 20퍼센트 이상 비쌌으며, 일부 제품은 표시된 칼슘양보다 실제 칼슘양이 적은 경우도 있었다고 소시모는 전했다.

또한 우유업체들이 대형마트에 납품하는 우유 중에는 해당 마트의 브랜드 우유인 ‘PB우유’도 있다. 그런데 이 PB우유는 일반

우유와 품질이 비슷한데도 11~22퍼센트 정도 낮은 가격에 팔리는 것으로 나타났다. 매일유업이 이마트에 납품하는 PB제품 '이마트우유'와 자사의 일반우유인 '매일 오리지널'을 비교한 결과, 칼슘과 비타민 함유량 등 품질 측면에서는 별다른 차이가 없으나 '이마트우유'가 22퍼센트 정도(1,690원 : 2,180원) 저렴했다. ㈜ 푸르밀이 롯데마트에 납품하는 PB제품인 '초이스엘 신선함이 가득한 우유'는 푸르밀의 일반우유인 '푸르밀 우유애'에 비해 품질에선 별 차이가 없었지만 가격은 11퍼센트 정도(1,690원 : 1,890원) 낮았다고 소시모는 지적했다.

유통기한 지난 두부, 버려야 하나?

일주일간 해외 출장을 다녀온 알뜰녀 씨. 출장 기간 동안 시종일관 양식만 먹은 탓에 구수한 된장찌개에 김치, 콩나물무침 등 가정식백반이 그리웠다. 냉장고 문을 연 알뜰녀 씨는 두부와 콩나물을 꺼내 들고 유통기한을 확인했다가 순간 당황했다. 유통기한이 콩나물은 3일, 두부는 5일이나 지난 것이다. 유통기한이 지난 콩나물, 그리고 두부를 아까워도 버려야 할까?

결론부터 이야기하자면, 아니다. 두부의 유통기한은 영상 10도 이하에서 보통 7~10일 정도이지만, 가정용 냉장고(5도)에서는 15~20일간 보관해도 안전하다. 콩나물도 유통기한보다 추가 5~7

일 정도는 먹는 데 지장이 없다.

된장찌개와 콩나물무침으로 가족들과 저녁을 맛있게 먹은 알뜰녀 씨는 후식으로 꺼낸 요구르트의 유통기한부터 살폈다. 이 역시 유통기한이 3일이나 지났다. 먹다가 남긴 것이 아니고 냉장고에 보관됐던 것이라면 이것도 버릴 필요가 없다. 유통기한이 지난 신선식품과 요구르트는 정말 먹어도 안전할 걸까?

식품업체들은 일반적으로 유통기한을 자율적으로 정하는데, 혹시 발생할지 모를 소비자 안전사고 때문에 상품이 변질되지 않는 최소한의 기간을 유통기한으로 설정한다. 식품은 워낙 민감한 상품이라 만약의 경우 문제가 생겼을 시에는 회사 문을 닫아야 할 각오를 해야 할 정도이다. 그러니 식품회사 관계자의 말처럼 '유효기간을 최대한 안전하게 설정'할 수밖에 없다.

가공식품인 샴푸와 비누도 사정은 마찬가지다. 제조 연월일을 용기에 표기하고 있는데 이 역시 장기간 동안 안전하게 사용할 수 있도록 설계됐다. 샴푸의 경우 고객들이 최적의 상태에서 사용할 수 있도록 보통 30개월을 권장하고 있지만, 추가로 6개월 정도까지는 제품에 문제가 없다는 게 업체들의 설명이다.

비누나 샴푸의 사용가능 여부는 색상과 향으로 가늠한다. 색이 누렇게 변하거나 향이 이상하면 사용하지 말아야 한다. '의약외품'인 치약도 통상적으로 제조 후 24~30개월의 사용기한을 허가 받지만, 추가 2~3개월까지는 문제가 없다는 게 전문가들의 설명이다.

‘국민간식’으로 거듭나고 있는 과자의 유통기한도 궁금해하는 사람들이 많다. 비스킷은 최대 1년 6개월, 스낵은 최대 1년이 유통기한이다. 제과업계 관계자의 설명을 들어보자. "햇빛에 직접 노출이 안 된 상태에서 서늘한 곳에 보관을 했다면 유통기한에서 1~2개월이 지나도 제품에 문제가 발생하지는 않습니다. 하지만 햇빛에 장시간 노출되어 있었다면 사정은 달라질 수 있겠지요."

식품의약품안전청은 2007년 1월 1일 식품위생법 시행규칙 제25조 1항 제3호의 신설에 따라, 제품의 특성을 가장 잘 파악하고 있는 해당업체에서 유통기한을 자율적으로 정하도록 하고 있다.

계란의 유효기한

대전에서 초등학교를 다니던 1970년대 중반, 가끔씩 아버지는 날계란을 앞뒤로 구멍을 내서 드시곤 하셨다. 아버지는 "계란은 날로 먹어야 영양분이 높다"고 말씀하셨다. 지금 생각하면 근거 없는 아버지 말씀이 당시에는 꽤나 그럴듯하게 들렸다.

초등학교 1학년 때 선생님이 "(집에) 냉장고 있는 사람 손 들어"라고 말하면 반에 한 명이 나올까 말까 하던 그 시절, 가정에서 계란을 보관하는 것은 그저 그늘진 곳에 놓아두는 게 전부였다. 더구나 계란 표면에는 닭 배설물이 묻어 있는 게 다반사였다. 그런데도 아버지는 ‘건강식’으로 생각하고 날계란을 쪽쪽 빨아

드셨다. 계란이 귀했던 시절이었던 터라 날계란은 대개 집의 가장이나 장남의 몫이었다. 막 지은 밥에 날계란을 하나 넣고 간장을 넣어 쓱쓱 비비면 최고의 영양식이었으니까.

그런데 냉장고에 보관하지도 않고 더구나 배설물까지 묻어 있는 계란을 날로 먹는 것이 과연 괜찮은 걸까? 사실 보관이 신통치 않았던 시절에도 날계란을 먹고 배탈이 난 사람을 주위에서 거의 보지 못했다. 그 이유가 무언지, 그리고 계란의 유통기한은 실제로 얼마나 될지 궁금해진다.

일반적으로 유명 식품회사들이 계란의 유통기한을 표기할 때는 제조일로부터 10일 정도로 매긴다. 이 기간은 업체 자체적으로 설정하는 게 대부분이다. 하지만 전문가들은 가정에서 계란을 실온인 10도 이하에서 냉장보관했을 경우에는 구입 후 20일까지는 아무런 문제가 없다고 한다. 다만 신선도가 떨어질 뿐이다. 20일이 지났다면 삶아 먹거나 장조림에 쓰면 더 오래 먹을 수 있다.

찜질방에서 파는 구운 계란의 경우에는 유효기간이 더 길어진다. 그 기간에 대해서는 명확히 임상실험 등을 한 조사결과가 없어 단정은 못하지만, 먹어보았을 때 쉰맛이 나면 먹지 않는 게 좋다는 전문가들의 지적이 있다.

계란의 신선도를 알아보려면, 표면을 깼을 때 노른자가 확 퍼져버리면 싱싱하지 않은 것이다. 이런 경우에는 살짝 고민을 해야 한다. 만약 계란을 깼는데 노른자가 잘 살아 있다 싶으면 안심하고 먹어도 된다. 그리고 계란을 보관할 때는 씻지 말고 그대로

유통기한 지나면 버려야 하나

냉장보관하고, 계란의 뾰족한 부분이 아래로 향하게 하여 보관하면 더 오래도록 싱싱함을 보존할 수 있다.

달걀이 멍을 없애줄까?

많은 사람들이 멍이 들면 제일 먼저 달걀부터 찾아서 문지르던데, 이렇게 멍을 달걀로 문지르는 게 정말로 효과가 있을까? 달걀 마사지는 멍을 풀어주는 효과는 거의 없다. 일단 달걀 자체에 멍을 풀어줄 수 있는 성분은 없으며, 어쩌다 마사지 효과가 있을 수는 있으나 강하게 하면 더욱 악화될 수 있어 기다리면서 상태를 지켜보는 것이 더 낫다. 흔히 눈을 다쳐 눈에 달걀을 문지르는 모습을 영화나 드라마 같은 곳에서 볼 수 있지만, 눈의 경우에는 일단 안과 전문의와 상담하는 게 좋다.

반값 아이스크림의 비밀

알뜰녀 씨는 아이스크림을 살 때면 집에서 가까운 슈퍼마켓을 들르는 대신 15분 정도 더 걷는 수고를 마다하지 않는다. 발품을 팔면 좀 더 싼값에 아이스크림을 살 수 있기 때문이다. 알뜰녀 씨의 집 근처에 있는 슈퍼마켓에서는 아이스크림을 50퍼센트만 할인해주는데, 1킬로미터쯤 떨어진 마트에선 70퍼센트나 할인을 한다.

동네 슈퍼마켓에 가면 어김없이 '아이스크림 ○○% 할인'이라는 광고문구를 볼 수 있다. 30~50퍼센트 할인이 대부분이지만, 70퍼센트까지 할인을 하는 곳도 적지 않다. 대형마트 아이스크림 코너는 '골라 담기' 행사가 많은데, 5개 이상 사면 50퍼센트 할인을 받기도 한다.

최대 70퍼센트에 이르는 높은 할인율이 1년 내내 적용되는 아이스크림 시장. 이런 가격구조가 어떻게 가능한 것일까?

우선 제조원가에 그 비밀이 있다. 1,000원짜리 아이스크림의 원가가 220원 이하라는 사실이 바로 그것이다. 한 아이스크림 대리점 점주는 '제조사가 처음부터 50퍼센트 할인을 해서 팔 생각으로 가격을 뺑튀기하고 있다'고 밝혔다. 그는 "가령 1,000원짜리 아이스크림을 220원에 받아 오는데, 여기에 마진이 있어야 하니까 큰 마트는 320원, 중형 마트에는 350~400원에 넘긴다"고도 말했다.

아이스크림 제조과정은 '제조업체→직영 영업소 또는 대리점→소매점→소비자'의 과정으로 유통된다. 소매점마다 아이스크림 할인율이 다른 것은 제조사 영업소나 대리점 등 '중간 유통업자'로부터 납품 받는 가격이 제각각이기 때문이다.

어느 정도 규모가 있는 동네마트는 1,000원짜리 아이스크림을 300원대에 들여온다. 판매 실적이 좋을수록 빙과업체 영업사원과 협상을 통해 납품가를 더 낮출 수도 있다. 50퍼센트 할인행사를 해도 30퍼센트 정도 마진을 챙길 수 있는 셈이다.

반면 제조회사들은 동네 슈퍼마켓들이 매출전략 차원에서 스

유통기한 지나면 버려야 하나

스로 이윤을 포기하고 반값 아이스크림을 팔고 있다고 주장한다. 한 빙과업체 관계자는 "제조원가를 밝힐 수 없지만, 50퍼센트를 할인하면 이윤이 거의 없다. 동네 슈퍼마켓이 대형마트에 대항하기 위해 아이스크림을 '미끼 상품'으로 삼는 것"이라고 말했다. 값싼 아이스크림을 사려고 동네 슈퍼마켓에 들른 손님이 다른 생필품도 사기 때문에 아이스크림 매출에서 빠지는 이윤을 보충할 수 있다는 것이다. 또 다른 제조업체 관계자는 "1,000원짜리 제품은 동네 슈퍼마켓에 470~490원에 납품되기 때문에 50퍼센트 할인이 불가능한 것은 아니다"라고도 한다. 그의 설명대로라면 동네 슈퍼마켓은 아이스크림 하나에 고작 10~30원의 이익을 남길 뿐이다. 게다가 60~70퍼센트 할인하는 점포라면 아예 밑지면서 장사를 하는 셈이다.

제조업체 영업사원이나 대리점들의 '출혈 경쟁' 또한 반값도 안 되는 아이스크림 유통에 한몫하고 있다. 대리점들은 보통 아이스크림 회사에 '판매 목표치'를 약속하는데, 이를 채울 경우 일정액의 '장려금'을 받는다. 예를 들어 월 매출 1억 원을 달성하면 매출액의 10퍼센트를 인센티브로 받는 식이다. 월말이나 분기말에 대리점들이 목표액을 맞추려고 헐값으로 방출하는 아이스크림이 동네 슈퍼에 깔리는 것이다.

더군다나 '영하 18도 이하로 보존, 유통되기 때문에 변질 우려가 없다'는 이유로 아이스크림은 유통기한이 없다. 그래서 일부에서는 50퍼센트가 넘게 할인해서 판매하는 아이스크림은 '재고

완벽한 쇼핑

상품이다' 혹은 '표면에 성에가 낀 것은 한 번 녹았다가 다시 언 제품'이라는 등 소문이 무성하다. 이 질문에 제조회사들은 냉동 상태로 보관해야 하는 보관비용이 비싸기 때문에 재고상품이 유통될 리 없다며 단호한 입장이다. 이러한 전후좌우 사정 속에서 반값 아이스크림, 과연 믿고 먹어도 되는 걸까?

팝콘에도 가격 비밀이 숨겨져 있다

미국의 한 20대 남성이 팝콘과 음료수 등 영화관에서 판매되는 스낵의 가격이 지나치게 비싸다는 이유로 해당 영화관을 고소했다고 〈LA타임즈〉 등 현지 언론이 보도했다. 미시간 주의 최대도시인 디트로이트 시의 조슈아 톰슨이라는 사람은 지난 해 12월, 미국 내 업계 2위의 대형시네마 체인인 AMC영화관을 찾았다. 그는 스낵바에 들러 '콜라-초코피넛' 세트를 주문했다. 영화관에서 요구한 가격은 8달러. 하지만 인근 편의점 등에서 파는 동일 브랜드의 동일 제품 가격은 이보다 훨씬 낮은 2.73달러에 불과했다. 톰슨의 주장은 이러했다.

"대형영화관이 팝콘이나 초콜릿, 음료수 가격에 지나치게 바가지를 씌우고 있습니다. 이는 미시간소비자보호법을 위반하는 것 아닌가요? 영화관은 소비자들에게 그간 더 비싸게 받은 스낵 값 일부를 반환해야 합니다."

팝콘 값의 진실 공방은 우리나라 극장들도 피해갈 수 없는 내용이다. 극장 매점에서 파는 팝콘 가격이 무려 원가의 10배가 넘기 때문이다. 전문가들에 따르면 극장에서 파는 소형 팝콘의 원재료는 옥수수와 기름, 소금을 합하여 140원 수준이다. 여기에 컵 가격 180원을 더해도 제조원가는 320원에 불과하다. 극장에서 판매되는 팝콘 값이 4,000원이니 판매가의 10분의 1에도 못 미치는 수준이다.

그렇다면 팝콘 값은 왜 이렇게 비싼 걸까? 이유는 간단하다. 팝콘을 통해 관람료만으로는 부족한 수익의 일정 부분을 채우려는 것이다. 소비자단체의 한 관계자는 '경쟁업체 없이 대기업에서 영화관과 부대시설을 모두 운영하다보니 그들이 부르는 게 값'이라며 '음료 등도 영화관을 운영하는 대기업의 제품밖에 없다'고 지적했다.

남녀노소 누구나 영화관에 가면 으레 즐기는 팝콘이지만, 이 팝콘이 우리에게 주는 부담은 가격에만 있지 않다. 그 칼로리 또한 엄청나니 말이다. 라지 사이즈에 버터를 뿌린 팝콘 한 봉지는 대략 1,300킬로칼로리에 이르는 것으로 밝혀졌다. 일일 권장열량을 2,000킬로칼로리라고 했을 때, 설탕이 약 14티스푼 들어 있는 200킬로칼로리짜리 콜라까지 마시면 일일 권장열량의 85퍼센트를 충당하는 셈이 된다. 버터를 뿌린 팝콘 스몰 사이즈 한 봉지는 약 600킬로칼로리로 쿼터 파운드(약 113그램) 치즈버거 한 개 분량의 열량과 맞먹는다. 전문가들은 영화관에서 간식거리를

완벽한 쇼핑

먹는 것은 습관적인 행동이라며, 먹더라도 혼자 다 먹지 말 것, 그리고 영화관에 가기 전에 간단한 식사를 하고 갈 것, 팝콘을 먹을 때는 소금과 버터를 제하고 먹을 것을 추천했다.

극장 안에서의 몰랐던 진실 한 가지를 더 소개하도록 하자. 가격이 비싸고 칼로리 높은 팝콘을 사 먹지 않고도 영화를 보는 동안 다른 간식을 즐길 수는 없을까. 결론부터 말하면 영화관 갈 때 간단한 간식을 준비해도 아무런 문제는 없다. 공정거래위원회는 2008년 대형영화관이 외부음식 반입을 막는 것은 불합리하다고 판단해 시정조치를 내렸다. 모든 대형영화관에서 외부음식 반입이 가능해졌다는 의미다.

하지만 영화관을 찾는 소비자들은 이 같은 사실을 모르는 경우가 허다하다. 서울 번화가에 위치한 대부분의 영화관에서는 외부음식 반입과 관련한 안내 문구조차 설치돼 있지 않기 때문이다. 외부음식 반입 여부에 대해 모르는 소비자들은 영화관이 직접 운영하는 매점에서 '울며 겨자 먹기' 식으로 팝콘이나 음료수 등을 구입하고 있다. 시중에서 판매되는 가격보다 3~4배 많은 돈을 지불하면서 말이다.

대형영화관들은 매점에서 판매하는 음식의 가격을 낮추거나 외부음식 반입에 대한 홍보에 적극적으로 나서지 않고 있다. 물론 그들은 그럴만한 이유가 있다고 해명한다. 놀이공원에서도 외부보다 높은 가격을 받는 것처럼 영화관이 갖는 특수성과 마케팅 측면 등을 고려해서 판단해야 한다는 것이 그들의 이유이다. 영

유통기한 지나면 버려야 하나

화관을 찾는 대부분의 관람객이 다른 관람객들에게 불편을 주는 음식을 제외한 모든 외부음식의 반입이 가능하다는 걸 알기 때문에 굳이 안내할 필요가 없다고 그들은 말한다. 한 대형영화관 관계자는 다른 관람객들에게 방해가 될 정도로 냄새가 심하게 나거나 소리가 나는 음식, 깨지기 쉬운 용기에 담긴 음식을 제외하고는 외부음식 반입이 가능하다고 인정하였다. 하지만 그는 영화관을 찾은 거의 모든 관객들이 이 사실을 알기 때문에 따로 안내판을 설치할 계획은 아직까지 없다고 덧붙였다.

시민단체는 영화관이 매점 독점운영권을 가지고 가격을 시중보다 높게 책정하는 것은 불합리하다고 지적했다. 이를 해결하기 위해 영화관 측에서 자발적인 노력이 필요하지만 그렇지 않을 경우 공정거래위원회 같은 기관에서 직권조사를 할 필요성이 있다고 강조했다. 참여연대 관계자는 이렇게 문제를 제기하였다.

"영화관에서 직접 운영하고 있는 매점이 독점적 지위를 이용해 시중보다 비싸게 가격을 책정한 것은 불합리한 처사입니다. 영화관 측이 외부음식 반입이 가능하다는 점을 적극적으로 홍보하고, 팝콘과 음료 등은 다양한 용량으로 판매하여 소비자들이 합리적으로 선택할 수 있도록 개선할 필요가 있습니다."

완벽한 쇼핑

소주 상식 뒤집어보기

'서민의 술' 소주에 유통기한이 있을까? 막걸리나 약주, 맥주, 청주, 와인과 같은 발효주는 기간이 오래되면 술이 변질되기 때문에 유통기한을 따로 정하고 있다. 하지만 소주, 위스키, 중국의 고량주 등은 증류주로서 도수도 높고 변질될 소재가 술 안에 없기 때문에 유통기한이 따로 없다.

국세청 기술연구소 연구결과에 의하면 알코올 도수가 20도를 초과하는 제품은 변질되지 않는다. 이처럼 유통기한도 없고, 가격도 상대적으로 저렴한 소주는 지갑이 얄팍한 직장인이나 학생들에게 사랑을 듬뿍 받고 있지만, 반면 잘못 알려진 소주 상식도 적지 않다. 소주에 대한 편견을 묻고 답하기로 한번 알아보자.

Q —— 소주를 물과 함께 마시면 물이 소주가 되어 더 취한다?

A —— 그렇지 않다. 소주의 주성분은 에틸알코올인데 이것은 위와 장에서 흡수된다. 그 흡수 정도에 따라 취기가 오르는 것이다. 그런데 물을 마시면 이 알코올의 농도가 낮아지므로 당연히 취기가 덜 오르게 된다. 물을 많이 마시면 소변을 자주 보게 되고 이 소변을 통해 알코올이 빠져나가는 효과도 볼 수 있다. 따라서 더 취한다는 말은 진실과는 정반대다.

유통기한 지나면 버려야 하나

Q —— 소주와 차는 궁합이 잘 맞는다?

A —— 한의학의 음양학 측면에서 볼 때, 술은 매운 성질을 가졌으며 우선 폐로 들어가는 상승 역할을 한다. 하지만 차는 쓴 성질을 가졌으며 음에 속하여 하강의 역할을 한다. 술을 마신 후 차를 마시면 술기운을 신장으로 보내 신장의 수분을 덥게 하여 냉이 뭉치고 소변이 빈번해져 음위 대변건조 등의 증상이 생긴다. 이시진의 《본초강목》에 의하면 '음주 후 차를 마시면 신장에 손상을 입혀 허리 및 다리가 무거워지며, 방광이 냉해지고 아프며, 담음, 부종 증상이 생긴다'라고 기술하고 있다. 현대의학에서도 술은 심혈관에 자극성이 크고, 차는 심장을 흥분시키는 역할을 하여 양자가 협력하면 심장에 대한 자극이 매우 커진다고 보고 있다. 따라서 차는 술자리에서 피하는 게 좋다.

Q —— 소주와 탄산음료를 섞어 마시면 좋다?

A —— 사이다나 콜라 같은 탄산수를 소주 등에 섞어 마시면 맛이 좋고 알코올 도수가 낮아져 마시기 쉽다. 또한 탄산수는 위 속의 염산과 작용, 탄산가스가 발생하면서 위의 점막을 자극해 알코올을 빨리 흡수시킨다. 따라서 빨리 취하기 때문에 과음을 피하는 측면에서는 좋을 수도 있다. 다만 마시기 쉽다고 주량을 초과하지 않도록 조심해야 한다.

특히 물이나 우유를 술잔 옆에 놓고 희석시켜 마시거나, 별도로 자주 마시는 것은 권할 만하다. 물과 우유는 탈수를 막아줄 뿐

완벽한 쇼핑

아니라 알코올 농도를 희석시켜 덜 취하게 한다. 특히 우유는 칼 슘과 비타민B2가 들어 있는 양질의 단백질원으로, 술을 우유로 희석해 마시면 음식을 먹는 것과 같은 효과가 있다.

Q —— 술 마시고 얼굴이 빨개지면 간이 튼튼하다?

A —— 술을 몇 잔만 마셔도 얼굴이 금세 빨개지는 사람을 보고 '건강하다는 신호'라느니 '간기능이 좋기 때문'이라고 말하는 이들이 더러 있다. 그러나 이는 잘못된 상식이다. 의학 전문가들은, 알코올을 분해하는 아세트알데히드 탈수소효소가 선천적으로 결핍되어 있거나 부족한 사람에게 그 같은 안면홍조 현상이 더 심하게 나타난다고 한다. 따라서 술 몇 잔만 마셔도 곧바로 얼굴이 붉어지는 사람은 과음을 피하는 것이 좋다.

Q —— 술은 술로 풀어야 된다. 해장술은 몸에 좋다?

A —— 숙취를 술로 풀 수 있다고 그럴싸하게 포장해 나온 말이 '해장술'이다. 하지만 해장술은 뇌의 중추신경을 마비시켜 숙취의 고통을 잊게 해줄지는 모르지만 어디까지나 일시적일 뿐 몸을 더 망치는 결과를 초래한다. 습관적으로 해장술로 숙취를 푸는 직장인들이 많은데, 절대 삼가야 한다.

Q —— 왜 맥주병은 갈색이고 소주병은 녹색일까?

A —— 날이 더워 갈증이 심할 때 시원한 맥주를 떠올리는 이들

유통기한 지나면 버려야 하나

이 많다. 요즘 대형마트를 가면 다양한 브랜드, 화려한 포장의 맥주를 만날 수 있다. 국내 브랜드를 비롯해 대부분의 맥주병은 갈색이다. 그 이유에 대해 생각해본 적이 있는가? 정답은 바로 자외선 때문이다. 맥주는 보리, 홉 등 천연원료로 만들어지는데, 이 같은 원료들은 햇빛에 취약하다. 햇빛을 받을 경우 일부 성분이 응고 및 산화되고 이는 맥주의 맛을 역하게 만든다.

갈색병은 자외선을 80퍼센트가량 막아줘 일종의 '선팅필름' 역할을 한다. 미국에서는 햇빛에 노출돼 변질된 맥주의 맛을 '스컹크 맛'이라고 표현하기도 한다. 물론 '카프리'처럼 병이 투명한 맥주도 있다. 카프리 병은 햇빛 투과율을 낮추도록 특수처리된 병이다.

그렇다면 소주병이 녹색인 이유는 뭘까? 1994년 두산주류에서 친환경 이미지를 내세워 내놓은 '그린소주'는 당시 진로가 부동의 1위를 지켜온 소주시장을 뒤흔들었다. 선풍적인 인기를 끌었던 그린소주는 마침내 1999년엔 단일 브랜드시장 점유율 1위를 기록하며 소주시장의 새로운 리더로 급부상하게 된다. 녹색병 소주가 투명한 병의 소주보다 깨끗하고 덜 독하다는 인상이 소비자들에게 크게 어필한 것이다. 소주시장을 평정했던 두산소주가 사용하던 병이 지금 시중의 소주들과 같은 녹색이었다. 그전까지의 소주병은 투명한 색 혹은 연한 하늘색인 경우가 일반적이었다. 오늘날 녹색 소주병에 '이슬' '그린' '후레쉬' 등 친환경 느낌의 소주 명칭이 유행하는 이유도 같은 맥락이다 .

완벽한 쇼핑

하이트와 OB맥주 맛의 비밀은?

국내 맥주시장에서 점유율 98퍼센트를 차지하고 있는 하이트와 OB의 맛 비결은 무엇일까? 소비자 입장에서는 "맥주가 모두 그 맛이지" 하겠지만, 하이트와 OB는 전혀 그렇지 않다고 손사래 친다. 하이트와 OB가 홍보하는 맥주 맛의 비결에 대해 알아보자.

100퍼센트 보리맥주 '맥스'

국내최초 100퍼센트 보리맥주 '맥스'는 2006년 출시 이후 지속적인 성장세로 인기를 끌어오며 많은 마니아층을 형성했다. 맥스의 인기 비결은 무엇보다 뛰어난 품질과 맛에 있다. 국내에서 생산·유통되는 대부분의 맥주는 보리뿐 아니라 옥수수 전분을 섞어 맥주의 맛을 부드럽게 한 것에 반해, 맥스는 다른 잡곡을 전혀 사용하지 않고 보리, 홉만을 사용한 국내 유일의 100퍼센트 보리맥주다. 마실 때 입 안 가득 전해지는 맥주 본연의 깊고 풍부한 맛과 캐스케이드 홉의 싱그러운 향이 잘 조화된 맥스는 많은 소비자들로부터 뛰어난 품질 경쟁력을 인정 받고 있다. 한편 하이트 진로는 '생맥주 관리사'를 도입했다. 생맥주 관리사는 소비자들이 신선한 생맥주를 즐길 수 있도록 전국 생맥주 사업장의 품질 및 위생관리, 생맥주 지식전달 등의 역할을 수행한다.

비열처리 공법으로 생산한 '카스'

대표 맥주인 '카스'는 비열처리 프레시 공법으로 생산된다. 이 공법은 첨단 냉각필터라는 미 항공우주국의 최첨단 기술을 맥주 제조에 응용해 자체 개발한 기술이다. 비열처리 공법으로 맥주의 신선하고 톡 쏘는 맛을 더욱 향상시킨 것이 특징이다. 카스 캔맥주는 생산한 지 한 달 미만, 병맥주는 2~3주 전 제품이 소비자에게 공급돼 신선도와 청량감이 높다. 카스는 '다이어트족'을 겨냥해 저칼로리 맥주도 선보였는데 '카스 라이트'가 바로 그것. '고발효 공법'으로 최적의 효모 활성화를 유지하면서 탄수화물 발효를 극대화해 열량 성분을 최소화했다. 일반맥주 대비 칼로리를 66퍼센트 수준으로 줄였다. '빙점숙성 기법'으로 기존 숙성기간 외에 영하에서 추가로 장기숙성해 맥주 고유의 상쾌하고 깔끔한 맛을 최대한 끌어올렸다. '3단 호핑 방식'으로 세 종류 호프를 3단계로 나눠 투입해 풍부한 맥주 맛과 향을 유지했다.

위스키 연산 표기에 대해

아버지의 생일선물을 사기 위해 백화점 주류매장을 찾은 알뜰녀 씨는 입이 딱 벌어졌다. 평소 저녁식사 후 위스키를 얼음에 넣어 즐기는 아버지 모습이 떠올라 이곳을 찾았는데, 막상 와보니 생각했던 것보다 위스키 종류가 너무 많아 선택하기가 쉽지 않았다. 위스키 중앙에 표기된 숫자에 따라 가격도 천차만별이었다. 같은 숫자가 표기되어 있어도 브랜드별로 가격대가 달랐다. 결국 알뜰녀 씨는 매장직원의 추천을 받아 적당한 가격대의 위스키를 구입했다.

위스키를 구입하거나 마시기 전에 가장 먼저 보는 것이 연산이다. 위스키 병 중앙에 '12'라고 표기되어 있는 것은 '12년산'이고 '17'은 '17년산'을 말한다. 스카치위스키를 대표하는 '윈저'나 '임페리얼'은 12, 15, 17, 21, 30년산이 메인 카테고리인 데 반해, 싱글몰트 위스키는 12, 15, 18, 25, 30년산으로 나뉜다. 17년과 18년산의 경우, 연산으로 1년 차이지만 위스키 종류로 인한 가격차는 크다. 여러 원액을 섞은 블렌디드 위스키보다 고유 원액을 오래 숙성시킨 싱글몰트 위스키가 더 가치가 높기 때문이다.

위스키는 크게 '싱글몰트 위스키'와 '블렌디드 위스키'로 나뉜다.

요즘 우리나라에서도 마니아층이 늘고 있는 싱글몰트 위스키는 '위스키의 귀족'으로 불린다. 스카치위스키와 달리 100퍼센

완벽한 쇼핑

트 보리(맥아)만을 한 증류소에서 증류해 만든 위스키다. 일반 위스키보다 생산량이 제한적이고 오랜 숙성을 필요로 해 가격이 스카치위스키에 비해 20~30퍼센트가량 비싸다.

블렌디드 위스키는 몰트(Malt) 위스키와 그레인(Grain) 위스키를 적당한 비율로 혼합하는 것인데, 우리가 음용하는 스카치위스키의 대부분은 이 타입이다. 우리나라 애주가들이 가장 많이 마시는 '윈저'와 '임페리얼' '스카치블루' 등이 여기에 속한다. 스카치위스키는 17년산이, 싱글몰트 위스키는 18년산이 주로 많이 팔린다. 이는 스카치위스키는 17년산이, 싱글몰트는 18년산이 가장 향과 맛이 좋다는 평가 때문이다. 물론 연산이 오래된 위스키일수록 맛이 부드럽고 원숙한 향이 나지만 가격이 워낙 비싸 일반 소비자가 접하긴 부담스러울 수 있다.

우리나라 애주가들은 위스키 연산에 유독 민감해 '오래된 연산=좋은 술'이라고 생각하는 경향이 뚜렷하다. 그래서 최소한 12년 이상 혹은 17년이나 18년 이상 된 위스키를 마셔야만 제대로 된 술을 마셨다고 생각한다. 하지만 외국에서는 8년 정도만 되도 좋은 술로 본다.

그렇다면 연산은 어떻게 표기하는 걸까? 여러 종류의 위스키를 섞어서 만드는 블렌디드 위스키의 연산은 혼합한 위스키 연산 중 가장 낮은 숙성 연도를 병에 표기하는 것이 원칙이다. 예를 들어 17년 숙성시킨 위스키에 12년 숙성시킨 위스키를 혼합해 블렌디드 위스키를 만들었다면 그 위스키는 12년산이 된다. '윈저

유통기한 지나면 버려야 하나

12’ ‘임페리얼 12’가 여기에 해당된다.

참고로 스카치위스키는 스코틀랜드 지방에서 생산되는 위스키를 말한다. 영국의 자존심을 지켜주는 술로 연간 수출액이 20억 파운드에 이른다고 한다. 보통 위스키의 색깔이 보리차 색깔을 띠는 것은 오크나무로 만든 오크통 때문이다. 보리를 증류해 만든 술을 오크통에 넣어두면 시간이 지나면서 호박색으로 변하고 맛은 부드럽고 향도 풍부해진다. 하지만 이렇게 생산되는 위스키는 양이 부족하여 비쌀 수밖에 없다.

위스키 수요가 급증하자 새로운 제조법을 개발해냈는데, 소량의 맥아를 이용해 다른 곡물을 발효시켜 대량생산이 가능한 연속식 증류기를 이용한 것이다. 이렇게 만들어진 위스키를 그레인 위스키라고 한다. 이 위스키는 가격은 저렴하지만 맛은 몰트 위스키보다 떨어진다. 그래서 이 두 가지 위스키를 섞어서 판매했는데, 이것이 블렌디드 위스키이다.

대한민국은 ‘커피공화국’

자고로 ‘커피 없이는 못 살아’를 외치는 현대인들이 엄청나게 많다. 눈 뜨자마자 모닝커피, 출근하는 길에 한 잔, 점심 먹기 전 배고파서 한 잔, 점심 먹고 입가심으로 한 잔, 오후 근무 중 나른해서 한 잔, 저녁 수다와 함께 마무리로 한 잔. 밥보다 더 자주 커

완벽한 쇼핑

피를 찾는 '중독자'들이 늘어나고 있다. 그렇다면 우리가 매일 마시는 커피 값이 커피전문점마다 다르다는 사실을 알고 있는가?

최근 몇 년 사이에 커피전문점이 인기를 끌면서 2011년 커피 수입액이 7억 달러로 최근 5년 대비 세 배나 늘었다. 수입물량을 기준으로 계산해보면, 작년 20세 이상 성인 한 명이 338잔을 소비, 5년 전보다 131잔을 더 마셨다는 계산이다.

커피 생두의 수입은 베트남(33.3퍼센트)에서, 원두는 미국에서 가장 많이 들여오고 있다. 베트남산 커피 생두의 가격은 킬로그램당 2.24달러로 두 번째 수입국인 브라질(20퍼센트)의 5.02달러에 비해 절반에도 못 미친다. 원두는 미국(37.6퍼센트), 이탈리아(15.5퍼센트), 브라질(10.4퍼센트), 스위스(9.8퍼센트) 등에서 들여오며, 수입 제조품의 국가별 비중은 브라질(30.2퍼센트), 스페인(14.4퍼센트), 중국(10.2퍼센트) 등의 순이다. 미국산 원두와 브라질산 조제품의 수입단가는 각각 전체 평균단가의 78퍼센트, 88퍼센트 수준이어서 커피 수입을 결정짓는 가장 큰 요인은 바로 가격임을 알 수 있다.

관세청이 내놓은 커피 한 잔의 원가를 보면 123원 꼴(한 해 동안 우리나라 커피 수입량 11만 7,000톤, 수입대금은 4억 2,000만 달러. 그렇다면 커피 한 잔을 10그램으로 치고 수입량을 잔 수로 환산한 다음 수입대금을 나누면 123원이 나온다)이다. 가령 하루 평균 두 잔을 마시는 직장여성이 커피만큼은 호사를 누리겠다며 유명 커피체인점에 들러 카푸치노나 마끼아또를 사 마셨다고 가정해보자. 그렇다면 하루에 커피 값으로 만 원 이상의 돈을 쓰게 되는데, 여기서 원가는 500원도 안 한다는 사실이다.

2011년까지의 통계상 전국의 커피전문점이 1만 곳을 넘어섰고, 매출액도 2조 원을 돌파했다. 커피전문점 외에도 상당수의 제과점이나 패스트푸드점이 원두커피를 팔고 있는 점을 감안하면 원두커피는 조만간 '국민음료' 자리를 꿰찰 기세다. 이만큼 커피애호가들의 수효가 급속도로 증가하는 만큼, 커피 브랜드 간의 경쟁도 치열해지며 가격도 천차만별이다. 유명 커피전문점의 아메리카노 사이즈별 가격을 정리해보았다. 정말로 제각각이 아닐 수 없다.

▲카페베네(레귤러 320㎖/3,800원) ▲커피빈(스몰 12온즈(340㎖)/4,300원) ▲던킨도너츠(260㎖/3,000원) ▲투썸플레이스(레귤러 354㎖/4,100원) ▲엔제리너스(스몰 12온즈(340㎖)/3,600원) ▲파스쿠찌(13온즈(390㎖)/3,800원) ▲스타벅스(톨사이즈 355㎖/3,900원) ▲할리스커피(레귤러 384㎖/3,600원) ▲이디야커피(13온즈(390㎖)/2,500원)

_2012년 9월 기준

위의 커피를 100밀리리터 기준으로 환산한 가격은 다음과 같다.

▲카페베네(1,187원) ▲커피빈(1,270원) ▲던킨도너츠(1,153원) ▲투썸플레이스(1,200원) ▲엔제리너스(1,058원) ▲파스쿠찌(1,032원) ▲스타벅스(1,099원) ▲할리스커피(937원) ▲이디야커피(735원)

완벽한 쇼핑

커피빈과 이디야커피는 100밀리리터당 무려 535원이나 차이가 난다.

가격도 그러하듯이 커피의 칼로리 또한 그 종류에 따라 엄청난 차이가 있다. 브랜드마다, 혹은 첨가하는 토핑에 따라 커피 칼로리는 천차만별이다. 국내 오픈된 프랜차이즈 매장 중 스타벅스에서 시판되고 있는 가장 낮은 칼로리와 가장 높은 칼로리 제품은 무엇일까? 아이스 아메리카노(355밀리리터 기준)의 경우 10킬로칼로리지만, 휘핑크림이 얹어진 바나나모카 프라푸치노는 무려 400킬로칼로리이다. 아이스 아메리카노 40잔을 먹은 것과 같은 수치인 것이다. 이외에도 화이트초코모카는 390킬로칼로리, 초콜릿크림칩 프라푸치노는 382킬로칼로리, 자바칩 프라프치노는 340킬로칼로리 등으로 매우 높은 칼로리를 보였다. 휘핑크림을 추가할 때마다 60~80킬로칼로리 정도가 높아지며, 카라멜이나 초콜릿 시럽을 추가할 때도 마찬가지다.

그럼 커피는 하루에 어느 정도 마시는 게 적당할까?

커피의 카페인이나 카페인 자체는 적정량 섭취 시 신체에 미치는 좋은 점도 있으며 큰 부작용은 없는 것으로 알려졌다. 하지만 커피를 과다하게(커피믹스로 6잔 이상) 마시면 다량의 카페인이 심장박동수나 혈액 흐름, 호흡 속도, 체내대사 속도를 높이기 때문에 쉽게 잠들지 못하거나 숙면을 방해할 수 있다. 땀, 긴장감, 메스꺼움, 불안 등의 부작용을 동반하기도 한다.

또한 임신기의 여성이 과하게 섭취했을 때에는 태아가 성장부

유통기한 지나면 버려야 하나

진을 겪거나 저체중아가 발생할 위험이 커진다. 폐경기 여성 및 노년기 남성의 경우에도 골 손실이 증가하는 시기이므로 칼슘 흡수를 방해하는 커피의 카페인을 멀리할 필요가 있다. 자칫 골밀도가 떨어질 수도 있으니 말이다. 빈혈이 있는 경우엔 식사에서 섭취한 철분흡수를 위해 커피를 포함한 차 종류는 식후 1시간 이후에 마시도록 권한다. 커피를 마신다면 칼로리와 카페인 함량을 고려해 하루 3잔을 넘지 않도록 하는 편이 좋다.

그리고 위산 과다분비를 예방하기 위해 아침 공복 시보다 식후 1시간 정도에 마시는 것이 좋으며, 믹스커피를 마실 경우 당류 및 지방섭취량을 줄이기 위해 설탕이나 프림 부분을 조절하는 것이 건강하게 커피를 즐기는 방법이겠다.

커피애호가들의 치아 상태

10여 년이 넘도록 매일 모닝커피를 마셨다는 직장인 A씨. 건강하던 그의 치아는 어느새 누렇게 변색되고 충치와 입냄새 때문에 골치다. 대부분의 사람들이 커피를 마신 후 양치를 생략하는 경우가 많은데, '커피 한 잔에 양치 한 번'은 반드시 지켜야 할 사항이다. 그렇다면 커피와 치아는 어떤 연관이 있는 걸까?

첫째, 아메리카노의 검정 색소인 탄닌이 치아 착색을 유발한다. 탄닌이 구강 내에 남아 있는 단백질과 결합하여 치아 표면의 미세한 구멍으로 들어가면서 착색을 일으킨다.

둘째, 입냄새를 일으키기도 한다. 커피 속의 신맛은 입 안을 약산성의 상태로 만드는데, 이 상태가 지속되면 구취 박테리아의 활동이 활발해져 입냄새가 생긴다. 커피 속의 탄닌 성분이 침 분비를 억제하면서 구취의 원인인 황화수소를 배출하기도 한다. 카페라떼의 우유 역시 입냄새를 일으킨다. 우유단백질은 질소와 유황성분을 가지고 있어 분해 과정에서 황화합물을 배출해 역한 냄새를 낸다.

셋째, 달콤한 카라멜마끼아또는 충치를 유발하는 주범이다. 카라멜 시럽은 당도가 높고 끈끈한 점성이 있어 치아에 오래 붙어 있기 때문에 충치를 일으킨다.

결론적으로 커피는 치아 착색, 충치, 치주질환 등 다양한 구강질환을 유발한다. 그러나 항산화 효과나 원기회복, 뇌졸중 감소 등 커피가 주는 장점도 많기 때문에 커피를 완전히 끊을 수는 없고 커피가 주는 악영향을 최소화하며 마시는 습관을 들이는 것이 좋다. 그러기 위해서는 30분 내에 커피를 마시는 것이 좋으며, 마신 직후에는 물로 입을 헹궈야 착색을 피할 수 있다. 커피를 마셔 입 안이 약산성이 된 직후 바로 양치질을 하면 치약 성분 때문에 오히려 치아의 에나멜층이 손상될 수 있으므로, 양치질은 물로 입을 헹구고 15분쯤 후에 하는 것이 좋다.

대표 커피전문점의 특징을 평가하다

카페베네

'약강배전 방식 미디엄 로스팅!'

카페베네는 산도가 다 빠지기 전에 볶는 과정을 멈추는 미디엄 로스팅 기법을 활용하고 있다. 이렇게 만들어진 커피는 향기와 맛, 빛깔이 좋아서 부드러운 맛을 느낄 수 있게 하며, 산뜻한 신맛이 난다. 카페베네는 이러한 미디엄 로스팅 방식을 통해 식어도 맛있는 커피의 향을 유지한다고 홍보하고 있다.

이디야 커피

'쌉싸름한 아메리카노 본연의 맛을 살리다!'

이디야 커피는 생두의 품질이 우수한 콜롬비아와 과테말라 등의 아라비카 100퍼센트 원두만을 선별, 이탈리안 로스팅 수준으로 강하게 로스팅하여 커피 본연의 맛을 강조하고 있다. 로스팅을 강하게 하면 스모키한 향과 바디감을 풍부하게 가져가 커피 맛의 밸런스를 잘 유지할 수 있게 되며, 아메리카노의 깊은 향미를 느끼게 한다. 그리고 스모키한 속성과 진한 바디감이 우유와의 조화도를 높여 카페라떼나 카푸치노 음료에도 잘 어울린다.

망고식스

'세계 3대 커피인 하와이안 코나 커피'

하와이안 코나 커피는 블루마운틴(자메이카), 모카(예맨)와 함께 세계 3대 커피로 불리는 최고급 커피다. 커피 맛은 와인과 과실의 부드러운 단맛과 신맛이 어우러져 커피 본연의 풍부한 맛을 느낄 수 있다. 망고식스 강훈 대표는 "하와이안 코나 커피는 전체 생산량의 80퍼센트가 일본으로 팔리고 나머지 20퍼센트를 전 세계가 나눠 가지는 형태를 취해왔다. 우리나라는 공급량 부족 등으로 정식 유통채널을 마련하지 못한 상황이었다"며 "국내 독점 우선 유통 계약을 함으로써 우리나라에서도 질 높은 하와이안 코나의 맛과 향을 즐길 수 있게 됐다"고 말했다.

할리스커피

'고유 로스팅 방식으로 원두 본연의 맛을 살리고 더블 샷으로 깊고 진하게!'

할리스커피는 커피가 타지 않을 정도로 볶아 신맛과 쓴맛을 줄이고 고품질 원두의 풍부한

향과 감칠맛까지 살렸다. 여기에 깊고 진한 맛을 살리기 위해 모든 음료에 에스프레소 더블샷을 사용한다. 일반 커피전문점들이 사용하는 강하게 볶은 원두의 '싱글샷'이 아닌 부드러운 에스프레소 '더블샷을 사용해 부드러우면서도 깊고 진한 맛을 느낄 수 있다.

스타벅스

'강한 강배전으로 진하고 오묘한 풍미의 커피!'

스타벅스는 원두를 비교적 강한 불로 15분 이상 볶는 '강배전', 일명 다크로스팅 방식을 채택하고 있다. 특히 '싱글샷'을 기본으로 하고 있는 스타벅스는 기존의 이탈리안 에스프레소 원두에 비해 약간 더 강하게 배전되며, 강배전을 가한 원두는 표면으로 오일이 배어 나와 윤기가 난다. 로스팅 시간이 길어지면 원두의 쓴맛과 달콤한 맛은 더욱 드러나고, 신맛과 카페인은 줄어들게 되는데 이러한 이유로 진한 카라멜 풍미의 달콤함과 약간 쓴 끝맛이 스타벅스 커피의 특징이다.

엔제리너스커피

'퓨어 로스팅 시스템으로 쓰거나 탄 맛이 없는 커피'

자바만의 특허기술인 '퓨어 로스팅 시스템'은 컴퓨터에 의해 시간과 온도를 정확하게 관리함으로써 커피 맛을 최고의 상태로 관리해주는 역할을 한다. 원두를 공기 중에 가볍게 띄워 타거나 덜 익는 곳 없이 360도 골고루 볶아내어, 원두가 타지 않고 적당하게 볶아질 수 있도록 하는 것. 이에 따라 엔제리너스는 해외에서 전량 배전 후 수입하는 커피 브랜드들과는 달리, 탄 냄새나 쓴맛 없는 부드럽고 풍부한 맛의 커피를 고객들에게 내놓고 있다.

탐앤탐스

'중배전으로 커피 본래의 향을 살린 한국형 커피'

탐앤탐스 커피는 한국인들이 좋아하는 부드럽고 고소하면서도 깊은 향을 내는 것이 특징이다. 213도의 고온에서 전기로스팅 방식으로 고르게 볶아낸 원두는 수분을 쫙 빼고 원두 고유의 향은 그대로 간직하고 있다. 중후한 바디감과 함께 신맛과 단맛이 조화를 이루며, 한 모금 머금었을 때 입 안에서 고소하고 깊은 풍미가 느껴진다. 커피 고유의 향을 가장 부드럽게 느낄 수 있는 아메리카노가 베스트셀러로 자리를 지키고 있는 것은 이런 이유에서다. 특히 미국, 호주, 싱가포르, 태국 등 해외 진출국(2012년 3월 현재)에서는 탐앤탐스가 만들어낸 한국의 커피 맛을 즐기는 마니아층이 형성되고 있다.

비타민음료 바로 알기

가족들이 마실 음료로 우유와 함께 오렌지주스를 꼭 챙기는 알뜰녀 씨. 건강에 좋다는 비타민 함유량이 많아 다른 탄산음료보다 '건강음료' 이미지가 강하기 때문이다. 실제 알뜰녀 씨가 즐겨 마시는 A식품의 오렌지 음료는 비타민C뿐만 아니라, 비타민B2, B6, B1, 구연산, 콜라겐 등의 성분이 첨가되어 있다. 이들은 항산화 작용, 노화 방지, 활성산소 억제, 기미 및 주근깨 방지, 멜라닌색소 억제 등의 작용을 도와줘 일정부분 건강음료로서의 기능을 한다. 그렇다고 알뜰녀 씨가 A식품의 오렌지 음료 한 병으로 나름 건강을 챙겼다고 만족할 수 있을까?

비타민은 수용성이기 때문에 체내에 축적되더라도 빠른 속도로 소변으로 배출된다. 또 일정량의 비타민C를 체내에 유지하기 위해서는 적어도 하루에 1,000밀리그램 정도는 먹어야 한다. 알뜰녀 씨가 매일 190밀리리터 오렌지 음료를 한 병씩 마신다 하더라도 흡수하는 비타민C 함량은 100밀리그램에 불과하다. 성인이 하루 필요한 비타민 1,000밀리그램을 채우려면 한 병에 1,000원씩 하는 오렌지 음료를 매일 10병씩 사먹어야 한다는 계산이 나온다. 마치 '주스 한 병에 하루의 건강이 담긴' 것처럼 속삭이는 음료회사 광고에 현혹되지 말고, 꼼꼼하게 비타민음료의 진실을 따져보자.

A —— 비타민음료 광고문안을 보면 사과 40개 혹은 레몬 20개에서 얻는 비타민을 섭취할 수 있다는 문구가 쓰여 있다. 이들 광고를 보면 과일에서 직접 추출한 것처럼 생각할 수 있으나 실제로는 비타민의 용량을 과일과 단순 비교한 것일 뿐, 음료 속 비타민은 생화학적으로 합성해 만들어진 것이다.

식약청에 따르면 비타민음료를 질병 치료의 목적이나 효능 및 효과가 있는 의약품처럼 과대광고 하는 것은 식품위생법에 위배될 수 있다. 실제로 과일을 함유하지 않고도 특정과일의 이미지를 병 혹은 광고 속에 사용해 적발된 사례가 있다.

A —— 비타민은 우리 몸이 수용하는 데 한계가 있으므로 일정량 이상이 되면 몸 밖으로 배출되어 많이 섭취할수록 흡수율이 떨어진다. 하루 섭취량이 2,000밀리그램을 넘어서면 과다섭취로 복통, 설사, 메스꺼움, 신장결석, 요로결석 등의 부작용이 우려된다. 또 비타민 성분 자체에는 칼로리가 없지만 비타민음료도 다른 음료와 마찬가지로 단맛을 내기 위해 당분을 사용한다. 더군다나 정확한 칼로리 표기가 없는 제품이 많아 칼로리 양을 가늠할 수가 없으므로 아예 처음부터 적당량만을 섭취하는 것이 좋다.

가장 바람직한 비타민 섭취방법은 신선한 과일이나 채소 등을 통해 섭취하는 것이다. 물론 비타민음료를 통해 비타민 섭취에 도움을 받을 수는 있겠지만 이를 의약품으로 오해하거나 과다복용하는 것은 반드시 피해야 할 것이다.

Q —— 비타민C는 하루에 얼마나 먹어야 할까?

A —— 대부분의 국가는 건강한 성인을 기준으로 했을 때 매일 55~100밀리그램의 비타민C 섭취를 권장하고 있다. 비타민C의 해당 권장량은 다른 비타민에 비해 다소 많은 편에 속한다. 비타민C는 특히 매일 꾸준히 섭취해야 하는데, 수용성이기 때문에 대부분 소변으로 배출되고 체내에 축적되더라도 빠른 속도로 사용된다. 일정량의 비타민C를 체내에 유지하기 위해서는 적어도 하루에 1,000밀리그램 정도는 먹어야 한다. 이는 매일 오렌지 20여 개를 먹는 것과 같은 것으로, 일상 속에서 식품으로만 섭취하기에는 어려운 분량인 만큼 고함량 비타민C 제품을 선택해 간편하게 보충하는 것도 한 방법이다.

우리 몸의 칼슘 도둑, 청량음료

여름이면 시원한 청량음료와 아이스크림에 저절로 손이 가곤 한다. 하지만 청량음료나 아이스크림은 잠깐 더위를 쫓는 데는 효과가 있을지 몰라도 건강에는 좋지 않다는 게 전문가들의 의견이다. 모른 채 마시면 자칫 건강에 위해요인이 될 수도 있는 청량음료의 정체를 잠깐 짚어보자.

콜라는 몸에 좋지 않으니까 대신 사이다를 마신다는 사람들이 간혹 있다. 하지만 사이다도 건강에 해로운 건 마찬가지다. 특히 당분의 경우 콜라에는 100밀리리터당 13그램이, 사이다에는 100밀리리터당 10~12그램이 각각 들어 있다. 청량음료 250밀리리터 한 캔을 마신다면 약 20~32.5그램의 당분을 섭취하게 되는데, 이는 초·중등학생의 1일 권장 당분섭취량인 20그램을 초과하는 양이다. 이를 매일 한 캔씩 마실 경우 1년에 5킬로그램의 체중을 증가시킬 가능성이 있다.

또 청량음료에는 흡수한 당을 에너지화하는 데 필요한 비타민과 무기질 등의 영양소가 없어 오히려 우리 몸 안에 있는 비타민을 빼앗는다. 이 결과 오히려 비타민이나 미네랄이 부족해지면서 쉽게 피로를 느끼게 되고 입맛도 떨어지는 반면, 에너지화되고 남은 당이 지방으로 전환돼 비만의 원인이 된다.

청량음료를 많이 마시면 성인이 돼 골다공증에 걸릴 위험도 커진다. 청소년기에는 뼈가 성장해 최대 골밀도에 이르는 중요한 시기이므로, 이 시기에 충분한 골량에 도달하지 못하게 되면 골다공증의 위험이 커지게 된다. 청량음료 속에 들어 있는 인산은 칼슘의 흡수를 방해할 뿐만 아니라 소변으로의 칼슘 배설을 촉진시킴으로써 칼슘 부족 상태를 만들 수도 있다. 사정이 이런데도 미국의 경우 남자 아이들은 1970년대에 비해 3배 이상의 청량음료를 마시고 있으며 여자 아이들은 2배 이상의 청량음료를 마시고 있다고 한다.

문제는 청량음료 소비량이 늘어나는 만큼 우유의 소비는 감소하고 있다는 점인데, 칼슘이 들어 있는 우유 대신 청량음료를 많이 마시게 되면 칼슘 섭취량이 줄고, 인산 섭취량이 늘어나는 칼슘-인산 불균형 상태가 발생해 결국 뼈 성장에 문제를 일으킨다.

대부분의 청량음료는 산성을 나타내는데, 지속적으로 치아가 산성의 청량음료에 노출되면 치아의 에나멜층이 부식하게 된다. 최근 소비자보호원이 콜라, 사이다를 비롯해 당근주스, 식혜음료, 스포츠음료 등의 산성도를 조사한 결과 식혜음료를 제외한 대부분의 음료가 pH 5.5 이하의 산성 음료인 것으로 나타났다. 특히 콜라와 사이다, 스포츠음료는 pH 2.5~3.4로 강한 산성을 나타내 치아의 가장 바깥 부분인 법랑질을 손상시킬 가능성이 큰 것으로 조사됐다. 모든 음식물에는 당이 들어 있다. 그래도 자연 상태의 당류는 침이나 물로 비교적 잘 씻겨나가는 편이지만 문제는 가공식품이다. 가공으로 만들어진 단순 당은 입자가 작아 더욱 오랫동안 치아 표면에 머물러 있으면서 충치의 원인이 된다.

그리고 청량음료에는 여러 가지 첨가물이 들어가는데, 그중에서 흔히 문제가 되는 것은 식용색소다. 식용색소 황색 5호의 경우 천식, 두드러기, 콧물의 주요 원인일 수 있으며, 천연색소인 양홍(연지벌레로 만드는 물감)은 과잉행동을 일으킬 수 있다. 또 기타 색소들도 어린이들의 행동장애를 유발한다는 보고가 있다.

방부제도 문제가 된다. 청량음료에 포함된 방부제는 식품위생

완벽한 쇼핑

법상 허가된 방부제이긴 하지만, 방부제의 메커니즘 자체가 음식의 부패를 막기 위해 산소와의 결합을 방해하는 작용을 하는 만큼 이것이 몸속에서도 세포와 산소의 결합을 방해할 수 있기 때문이다. 청량음료의 상큼한 맛을 내기 위해 사용하는 인산도 논란거리다. 인의 과잉섭취는 요로결석을 만들 수 있는데, 콜라 1캔(250그램)에는 38밀리그램의 인이 들어 있다. 카페인 역시 커피에만 들어 있는 게 아니다.

결론적으로 보자면 물보다 좋은 음료는 없다. 청량음료를 물과 비교했을 때 우리 몸에 도움이 되는 점은 상대적으로 거의 없다고 해도 과언이 아니다. 흔히 건강을 위해 마신다고 하는 홍삼드링크나 비타민음료도 분명히 몸에 좋은 성분이 들어 있지만 카페인이나 당분, 색소 등 몸에 좋지 않은 성분들이 함께 들어 있는 경우가 많아 실제 얻을 수 있는 효과는 거의 없다.

따라서 갈증이 날 때는 되도록 물을 마시고, 음료를 마신 뒤에는 반드시 물로 헹궈낸 뒤 양치질을 해야 한다. 음료수를 마셔야 한다면 비만과 통풍 및 충치를 예방하는 차원에서 가능한 무가당 음료를 마시는 게 좋다.

다이어트 음료의 진실

　'몸짱 열풍'에 자극을 받은 많은 여성들이 각양각색의 방법으로 다이어트를 시도한다. 알뜰녀 씨도 마찬가지로, 요즘 일주일에 서너 번 헬스장을 찾는다. 결혼 전 몸매를 되찾겠다는 다부진 목표를 세우고 적절한 유산소운동과 근력운동을 병행하고 있다. 티셔츠에 땀이 배일 정도로 한 시간여 운동을 하고 나면 성취욕과 상쾌한 기분에 한결 몸이 가뿐해진 느낌이다. 그런데 헬스장 샤워실에 비치된 체중계에 올라서면 고개가 갸우뚱해진다. 생각만큼 체중이 줄지 않아서다. 꾸준한 운동에 저칼로리 식단을 짜느라 신경 쓰는데도 왜 몸무게가 줄지 않는 걸까?

　답은 그녀가 마시는 음료수에 있었다. 다이어트에는 수분섭취가 중요하다는 트레이너의 말에 이온음료를 줄기차게 마셨다. 다이어트에 도움이 될 줄 알고 마신 이온음료가 오히려 다이어트를 방해했던 것. 우리 몸의 70퍼센트를 차지하고 있는 물은 체온조절과 영양공급 및 노폐물 배출을 돕는 필수 영양소다. 평소에도 수분 섭취는 매우 중요하지만 운동량이 갑자기 늘어나는 다이어트 기간에는 더욱 중요하다.

　운동을 하면 땀이 난다. 땀에는 미네랄과 포도당, 전해질이 포함되어 있기 때문에 짧은 시간에 많은 양의 땀이 몸 밖으로 배출될 경우 전해질 균형이 깨지거나 심하면 탈수 증상이 나타난다. 물은 다이어트나 혹은 다른 목적으로 운동을 할 때 매우 중요한 요소이다. 그렇다고 이름만 '다이어트 음료'인 음료수를 생각 없이 마시다간 낭패를 볼 수 있다. 알고 마시는 물은 약이 되고, 모르고 마시는 물은 독이 되는 법. 다이어트 음료도 꼼꼼히 따지고 마셔야 한다.

이온음료

이온음료는 체액에 가까운 전해질 용액으로, 체내에 빠르게 흡수되어 땀으로 잃어버린 포도당, 미네랄 등을 보충해준다. 이온음료는 주스와 비교했을 때 권장할 만하지만 결코 물보다 이로운 건 아니다. 일반인들은 프로 운동선수만큼 장시간 혹은 과격한 운동을 하지 않기 때문에 운동으로 인해 전해질이 파괴될 염려가 없다. 이온음료에도 과당이 포함되어 있어 체중감량에 좋지 않은 결과를 가져올 수 있다.

무가당음료

무가당음료라고 당이 아예 없는 것은 아니다. 과일 속에 함유되어 있는 과당은 설탕과 똑같이 체내에 흡수된다. 무가당음료는 가당음료에 비하여 열량이 적을 뿐, 장기간 복용할 경우 다이어트에 효과가 없다.

섬유질음료

식물섬유를 포함하는 섬유질음료에는 야채나 과일에 들어 있는

셀룰로오스와 펙틴이 함유되어 있다. 이러한 성분은 변비를 예방하고 소화를 도우며, 포만감과 당분 흡수를 늦추는 기능을 한다. 하지만 이를 야채나 과일 대신 마신다고 생각하고 과다 복용할 경우 비타민이나 미네랄 부족을 야기하며, 이 역시 과당이 포함되어 있기 때문에 체중감량에 좋은 결과를 기대하기는 어렵다.

이온음료 한 병의 열량

대한비만치료학회는 여름철 물 대신 자주 찾는 스포츠 이온음료 한 병에 각설탕 5~7개 분량의 당류와 햄버거 반 개 분량 칼로리가 함유됐다고 밝혔다. 학회에 따르면 500밀리리터 한 병 기준으로 당류는 파워에이드 40그램, 포카리스웨트 30그램, 아쿠아리스 22그램이 함유됐다. 각설탕 1개가 5.3그램인 것을 감안하면 5~7개에 해당하는 분량이다. 칼로리 역시 파워에이드 160킬로칼로리, 포카리스웨트 125킬로칼로리, 아쿠아리스 88킬로칼로리로 일반 햄버거 1개 열량인 259킬로칼로리의 절반에 해당한다.

생수 가격은 왜 천차만별일까

요즘 길거리를 다니다보면 생수를 들고 다니는 사람들의 모습을 어렵지 않게 볼 수 있다. 대부분 젊은 여성들이다. 이유가 뭘까. 따가운 햇살과 바람 탓에 피부의 수분을 빼앗기기 때문이다. 수분이 부족하면 피부가 건조해지고 주름이 생기기 마련이므로,

적당한 수분이 있어야 피부가 부드럽고 윤기가 나며 탄력 있어 보인다. 이것이 생수를 들고 다니면서 수시로 수분을 보충해줘야 하는 이유다. 이처럼 생수가 생필품으로 자리를 잡으면서 생수에도 '등급'이 생겼다. 한 병에 500원짜리부터 2만 5,000원까지 천차만별이라 하니, 요즘 생수 가격은 '엿장수'가 부르는 대로다.

실제로 백화점, 대형마트 등에서 파는 생수 가격이 같은 브랜드와 용량임에도 매장에 따라 최대 4.1배 차이가 나는 것으로 나타났다. 수입생수의 경우, 국내생수에 견줘 매장에 따라 무려 74~185배나 비싼 것으로 조사됐다. 소비자시민모임은 최근 서울시내 백화점, 대형마트, 편의점, 영화관, 커피전문점 등에서 판매되는 생수 가격을 조사해 발표했다. 이번 조사는 66개 매장에서 판매되는 생수 95종(수입생수 45종), 731개(수입생수 290개) 제품을 대상으로 하였고, 일단 가격만 비교하는 방식으로 진행됐다.

조사 대상 제품을 100밀리리터 기준 가격으로 환산했을 때, 수입생수인 '에비앙 천연광천수(750밀리리터)'는 신세계백화점(영등포점)에서 3,333원으로 판매돼 가장 비쌌다. 반면 홈플러스(강동점)에서 판매되는 '맑은샘물(2,000밀리리터, 묶음상품으로 개당 365원)'이 18원으로 가장 저렴한 것으로 나타났다. '에비앙 천연광천수'는 세계적인 디자이너들이 병을 디자인했다는 이유로 신세계백화점에서 무려 병당 2만 5,000원에 판매되고 있었다.

'롯데아이시스 8.0' 500밀리리터는 롯데마트(서울역점)에서

유통기한 지나면 버려야 하나

370원, 롯데백화점(노원·미아·영등포점)에서 400원, 세븐일레븐(신길역·중계씨앤미점)에서 750원, 메가박스(센트럴점)에서 1,500원에 팔려, 최저가와 최고가의 차이가 4.1배나 됐다. '에비앙 천연광천수'도 킴스클럽(중계 2001아울렛점)에서는 910원인데 엔제리너스(롯데시네마 강동점)에서는 1.6배인 1,500원에 팔리고 있었다.

생수 가격이 매장마다 제각각인 이유는 '오픈프라이스 제도' 때문이다. 1999년도에 처음 도입된 이 제도는 제조업체가 권장 소비자가격이나 희망 소비자가격 같은 기준 가격을 표시하지 않고, 최종 판매업자가 가격을 결정하는 것이다. 지식경제부는 권장가격과 판매가격이 20퍼센트 이상 차이 나는 품목을 대상으로 시행했다. 이렇게 되자 생수 가격은 유통업체별로 혹은 지역별로 제각각이었다. 이에 대해 한 생수업체는 이렇게 설명하였다.

"유통과정에서 차이가 나는 것일 뿐, 본사에서는 일괄적으로 같은 가격에 생수를 공급하고 있습니다. 가격은 판매처에서 결정하는 일이지요. 그러니 매장별로 차이가 나기 때문에 여러 곳을 비교해보고 구매해야 합니다."

소비자들 사이에서는 유통과정에서 차이가 난다고 해도 너무 심한 것 아니냐는 의견도 제시된다. 소비자들이 권장가격을 모른다는 점을 이용해 판매처에서 마진율을 높이려 한다는 것이다. 어떤 고객은 매장마다 생수 가격이 죄다 다르기 때문에, 차라리 요즘에는 인터넷을 통해 가격을 비교해보고 구입한다고도 했다.

완벽한 쇼핑

특히 수입생수는 국내생수보다 100배 넘게 비싼 가격을 받고 있어 논란이 되고 있지만, 수입처에서는 수입생수의 경우 물류비용 등을 감안하면 어쩔 수 없다는 입장이다. 수입생수의 리터당 세전 평균 가격은 907원으로 알려졌다. 에비앙 수입처인 롯데칠성 관계자는 세관을 통과해 오는 제품이기 때문에 가격에서 차이가 날 수밖에 없다고 말했다.

TIP 김기자에게 물어봐!

탄산수, 건강과 다이어트에 좋다

다이어트와 건강에 좋은 음료수는 단연 깨끗한 물이다. 이와 더불어 요즘 탄산수가 다이어트에 도움이 되고 건강에 좋다고 하여 많이들 찾고 있다. 깨끗한 물과 함께 탄산수가 건강과 다이어트에 좋다는데 어떤 효능을 가지고 있는지 알아보자.

첫째, 다이어트와 변비해결에 도움을 준다. 탄산수를 마시면 위액이 묽어져 포만감으로 인해 식사량을 조절할 수 있어 다이어트에 도움을 주며, 또한 가스 성분으로 인해 장이 팽창하며 변비를 해소하는 데 도움을 준다. 특히 이들 모두 식전 공복상태에서 마시면 더욱 효과를 볼 수 있다.

둘째, 소화불량 해소에 좋다. 탄산수에 들어 있는 이산화탄소가 입안 점막을 자극해 소화효소가 있는 침을 나오게 해서 위와 장의 연동운동을 도와 소화를 촉진시켜준다. 때문에 속이 더부룩하거나 소화가 잘 되지 않을 때 도움이 된다. 속이 부대낄 때 보통 탄산음료를 많이 마시게 되는데, 탄산음료는 당분이 들어 있어 갈증을 불러일으킬 수 있다. 그럴 경우 탄산음료 대신 탄산수를 마시는 게 훨씬 낫다.

셋째, 몸 안에 미네랄의 균형을 유지시켜준다. 탄산수에는 칼슘과 미네랄이 충분히 들어 있어 지속적으로 마실 경우 신체 내 미네랄 균형을 유지시킬 수 있다.

넷째, 피부미용에 도움을 준다. 탄산수로 세안을 하면 탄산수가 피부에 적당한 자극을 주며 혈액순환을 도와 얼굴의 노폐물을 제거하고, 근육에 탄력을 주며, 피부의 각질제거를 도와준다. 탄산수는 시중에서 판매되는 다양한 제품들이 있어 쉽게 구입할 수 있다.

유통기한 지나면 버려야 하나

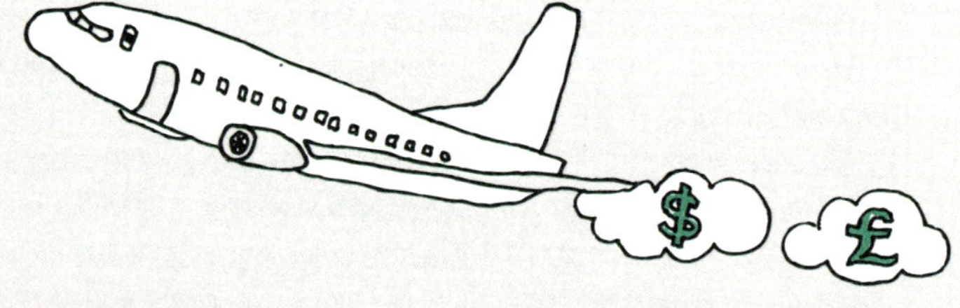

아직도 제돈 주고 영화관람을?

완벽한 쇼핑

온라인 서점 알뜰 이용기

얼마 전 알뜰남 씨는 출간하자마자 전 서점의 베스트셀러 1위를 차지한 화제의 책 《안철수의 생각》을 읽고 싶었다. 직장에서 가까운 교보문고의 이 책 구매가격은 1만 3,000원. 평소 신문의 서평란을 꼼꼼히 챙기고, 읽을 만한 책 제목을 메모해두는 알뜰남 씨는 아주 급하게 봐야 할 책이 아니라면 온라인 서점을 애용한다. 알뜰남 씨가 회원으로 등록한 사이트는 할인서비스나 이벤트가 다양한 인터파크 도서다.

알뜰남 씨가 사려는 도서 《안철수의 생각》은 신간서적이기 때문에 인터파크에서 10퍼센트 할인된 금액(1만 1,700원)으로 구매할 수 있다. 신간서적이 아닌 경우 할인 폭은 훨씬 크다. 인터파크 도서를 자주 찾는 알뜰남 씨는 도서 구매 시 적립되는 아이포인트 780포인트를 갖고 있다. 인터파크 마일리지인 아이포인트는 10포인트 이상 사용이 가능하며 결제뿐 아니라 배송비로도 쓸 수 있다.

5만 원 이상 구매할 경우 2,000포인트를 추가 적립해주기도 한다. 알뜰남 씨는 포인트를 적립해놓았다가 서너 권 이상의 책을 구매할 때만 사용한다. 인터넷 서점을 통해 할인 받더라도 요즘 책값이 만만치 않아 여러 권의 책을 구매할 때 포인트를 쓰면 책값 부담을 한결 덜 수 있기 때문이다. 다음 기회에 쓰기 위해 아이포인트를 그대로 남겨둔 알뜰남 씨는 대신 인터파크 제휴카드를 꺼냈다.

대부분의 인터넷 서점이 인터파크처럼 제휴카드 이용 시 할인을 해주거나 신용카드 포인트를 결제에 활용할 수 있다. 그는 할인카드 중 추가할인 폭이 20퍼센트로 가장 큰 NH채움카드를 주로 사용한다. 그리하여 이 책을 구입하면서 모두 지불한 금액은 10퍼센트 할인에 20퍼센트 추가할인까지 더하여 9,360원이 되었다. 일반서점에서 사는 것보다 3,640원 더 싸게 구입한 셈이다. 알뜰남 씨처럼 책을 자주 구입하는 소비자라면 인터넷 서점 중 한 우물을 파야 할 뿐 아니라 제휴카드 중 할인 폭이 크거나 혜택이 다양한 카드를 발급 받아두는 것이 좋다. '인터파크도서 NEW 우리V카드'는 구매금액의 10퍼센트(최대 1만 원) 할인과 2~3개월 무이자서비스, 매달 2,000원 할인쿠폰까지 받을 수 있다.

알뜰남 씨가 인터파크도서 사이트를 즐겨 방문하는 또 한 가지

완벽한 쇼핑

이유는 온라인 연재작품을 읽는 재미다. 인터파크도서는 2010년 웹진 '북앤'을 통해 12편의 장편연재와 10편의 단편연재 등 총 22편의 작품을 단독으로 연재하였다. 대표작품으로 황석영 작가의 〈강남몽〉, 조정래 작가의 〈허수아비춤〉, 김진명 작가의 〈고구려〉, 김별아 작가의 〈채홍〉 등이 꼽힌다. 회원들은 돈 안 들이고 신간을 읽을 수 있는 기회가 반갑고, 인터파크도서나 작가 입장에서는 생생한 독자들의 댓글을 통해 연재물에 대한 피드백은 물론 홍보 효과도 톡톡히 보게 된다. 작가들에게는 기존 인쇄매체의 한정된 지면을 벗어나 새로운 연재의 장을 마련하고, 이를 통해 독자와 소통의 방식을 넓히는 기회가 될 테니 좋은 기회가 아닐 수 없다.

애슐리가 1층에 없는 이유

알뜰남 씨는 주말에 모처럼 가족들과 외식을 하기로 했다. 고기 요리를 좋아하는 알뜰남 씨와 채식 요리를 즐기는 아내, 피자와 파스타면 자다가도 벌떡 일어나는 딸이 모두 만족할 수 있는 장소는? 가족 외식은 물론 친구 모임, 직장인 회식으로도 인기가 높은 뷔페 레스토랑의 샐러드바다. 다양한 소스의 샐러드와 파스타, 피자, 고기·생선 요리, 밥, 디저트, 커피 등 선택의 폭이 넓어 누구나 맘껏 식성대로 즐길 수 있다. 물론 가격이 만만치 않다는 게 흠이라면 흠.

알뜰남 씨가 선택한 레스토랑은 이랜드가 운영하는 애슐리다. 다른 체인뷔페 레스토랑에 비해 비교적 '착한' 가격 때문이다. 애슐리의 평일 점심 가격은 레스토랑 등급별로 9,900~1만 2,900원인데, 샐러드바로 유명한 다른 레스토랑의 점심 가격은 1만 7,800원~1만 8,900원가량이다. 주말 점심도 애슐리는 1만 2,900원인 반면 다른 레스토랑은 2만 4,400원~2만 5,700원으로 비싼 편이다. 그렇다고 메뉴의 차이가 큰 것도 아니다. 가장 큰 차이는 눈썰미 있는 소비자라면 눈치 챘겠지만 바로 매장의 위치다.

애슐리는 최근 서울 강남 파로스타워 건물 지하 1층에 110호점을 냈다. 바로 직전에 문을 연 서울 성내동 천호역점 역시 지하 1층이다. 유동인구가 많은 강남대로변에는 건물 3층에 매장이 있다. 대부분의 외식업체들은 소비자들이 찾기 쉽고 광고 효과도 큰 1층에 매장을 두고 있는데, 애슐리의 매장 위치는 사뭇 다르다. 헌데 이는 애슐리의 강점인 '가격경쟁력 유지' 차원에서 운영비 거품을 빼기 위한 선택이다. 애슐리 측은 이러한 특징에 대해 설명하기를, 대개 임차료가 전체 운영비에서 차지하는 비중은 10퍼센트 정도 되는데, 1층이 아닌 곳에 매장을 내면 임차료의 30퍼센트는 절감할 수 있다고 한다.

1층이 아니라고 해서 소비자들이 외면하는 건 아니다. 애슐리 매장 중 가장 높은 13층에 위치한 대구 동아쇼핑점은 18개 대구 · 경북권 매장 중 가장 많은 매출을 기록하고 있다. 2012년 1월엔

5억 원의 매출을 달성해 전체 매장 매출순위 1위를 차지한 동탄점도 지하 1층에 있다. 가든파이브점(7층), 강변점(9층), 성신여대점(8층) 등 매출 5위권에 드는 매장은 모두 높은 층에 위치해 있다.

애슐리는 외식업체들이 홍보와 마케팅의 일환으로 연중 실시하다시피 하는 각종 이벤트도 하지 않는다. 경품 이벤트를 진행할 경우 메뉴 가격을 올려야 하기 때문이다.

"해외여행을 보내주는 이벤트를 진행할 경우 그 비용을 어쩔 수 없이 메뉴 가격에 반영해야 해요. 합리적인 가격대에 만족하는 소비자들을 위해 저희는 각종 이벤트 행사를 자제하고 있습니다."

실제로 지속적인 식재료 원가 상승에도 불구하고 10년째 동일한 가격의 메뉴를 선보이고 있다. 이곳의 특징 중 하나인 저녁 샐러드바(2만 2,900원) 이용 시 와인 무제한 제공도 직접 와인을 대량으로 수입하기 때문에 가능하다고 한다.

부담 없는 패밀리레스토랑 이용법

패밀리레스토랑은 말 그대로 온 가족 모두 모여 식사를 하기에 안성맞춤인 곳이다. 어린 자녀에서부터 나이 드신 부모님까지 함께 즐길 메뉴가 다양하고 서비스 만족도도 높기 때문이다. 하지만 빠듯한 살림살이에 한 끼 저녁식사 값으로는 조금 부담스러운

아직도 제돈 주고 영화관람을?

것도 사실이다. 최대한 가격 부담 없이 분위기 좋은 곳에서 맛있는 식사를 할 수 있는 방법은 없을까.

외식업계는 요일별, 시간대별로 다양한 할인혜택을 마련하고 있다. 조금만 신경 써서 관련 정보를 활용한다면 최대 50퍼센트까지 할인을 받을 수 있어 알뜰한 외식이 가능하다.

저녁 8시 이후에 베니건스를 찾으면 더블할인의 행운이 기다리고 있다. 베니건스에서는 저녁 8시 이후 예약손님들에게 제휴할인 혜택과 더불어 추가할인을 적용해주는 '해피아워' 프로그램을 진행한다. 예를 들어 제휴할인 20퍼센트 시 추가 20퍼센트를 더블로 할인 받을 수 있어 최대 40퍼센트까지 저렴하게 즐길 수 있다.

더불어 베니건스는 상시로 이용 가능한 각종 제휴카드 할인혜택도 많다. '하나터치원카드'와 '현대오일뱅크카드'로 최대 40퍼센트까지 할인 가능하며, '현대 M'(매주 화,금), '삼성 페이백', '베니건스 신한카드'는 30퍼센트까지 할인을 받을 수 있다. 신한카드와 KB카드는 종류에 상관없이 어떤 카드이건 20퍼센트 할인 가능하며, 주요 통신사인 KT와 SKT멤버십 회원도 20퍼센트까지 할인해준다.

아웃백스테이크하우스도 요일별 제휴카드 할인프로그램을 준비했다. 매주 수요일에는 '삼성 페이백카드' 소지자에게 40퍼센트까지 할인해주며, 매주 금요일에는 신한카드로 3만 원 이상 주문 시 30퍼센트까지 할인해준다. 이 외에도 다양한 이벤트를 상

완벽한 쇼핑

시 운영하는데, 당일 영화티켓을 아웃백에 가져오면 아웃백의 인기 애피타이저 메뉴인 '레인지랜드 립레츠'가 무료로 제공된다. 영화티켓 프로모션은 연중 진행된다.

TGI프라이데이스는 매주 금요일마다 다양한 혜택을 제공하는

흩어져 있는 포인트를 모아라

포인트는 우리 일상생활에서 이미 일반화됐다. 신용카드를 사용할 때마다 포인트가 적립되는 것은 물론, 주유를 해도, 영화를 봐도, 쇼핑몰에서 물품을 사도 포인트가 적립된다. 하지만 여러 곳에서 포인트를 쌓았지만 무용지물이 되는 경우가 많다. 각 포인트들은 각각의 사용처에서만 사용할 수 있기 때문이다.

이처럼 흩어져 있는 각 포인트를 한 곳에 모아 사용할 수 있다면 어떨까? 또한 영화를 보고 쌓은 포인트로 교통카드를 충전하고 쇼핑몰에서 물건을 살 수 있다면 얼마나 좋을까? 포인트 통합회사인 ㈜띠앗은 이러한 생각을 현실화했다. 띠앗은 흩어져 있는 각종 포인트를 서로 교환하거나 통합해 사용할 수 있도록 해주는 이른바 '포인트 스와핑' 서비스를 제공하고 있다. 현재 150만 회원이 가입되어 있으며, 업계 최대인 200여 군데 제휴사를 갖고 있어 하루 평균 포인트 교환금액이 1억 원 정도에 이를 정도로 많은 사랑을 받고 있다.

띠앗에서는 포인트를 '띠앗포인트'로 통합해 인터넷 쇼핑몰 등에서 사용할 수 있고, 이를 특정 포인트로 바꿀 수도 있다. 이 외에도 문화·도서·주유 등 상품권 구입, 선불카드 충전, 휴대폰요금 납부, 티머니 충전 등이 가능하다. 심지어 현금으로 직접 받을 수 있는 방법도 있다. 사실상 통합 멤버십과 같은 효과다. 게다가 포인트가 쌓인 이후에 마땅한 사용처를 찾지 못해 유효기간 만료로 소멸되는 것도 방지할 수 있다.

띠앗은 올해 초 새로운 포인트 거래사이트인 포인트뱅크(www.pointbank.co.kr)를 열었다. 포인트뱅크도 띠앗과 마찬가지로 제휴사의 포인트를 상호교환하거나 통합하는 온라인 서비스다. 비씨카드, 한화증권, 우리카드, 현대오일뱅크, 티머니, 우리투자증권, 웅진페이프리 등 대기업이나 대중적인 서비스 위주의 15개 기업과 제휴했다.

아직도 제돈 주고 영화관람을?

데이마케팅을 진행한다. 매월 첫째 금요일은 '샐러드 데이'로 야채 및 드레싱이 무한 리필된다. 매월 둘째 금요일은 생맥주가 무한 리필되며, 셋째 금요일은 인기메뉴 잭다니엘 글레이즈가 반값에 제공되고, 넷째 금요일은 얼티밋 음료가 '1+1'로 나온다.

홈페이지 할인이벤트 또한 고객들에게 큰 인기다. 예를 들면, 특정기간 동안 특정메뉴에 대해 50퍼센트 할인행사를 진행하는 방식이다. TGI프라이데이스(http://www.tgif.co.kr) 홈페이지에서 50퍼센트 할인쿠폰을 다운 받아 사용할 수 있다. 빕스는 삼성/신한 CJ원 제휴카드로 최대 30퍼센트까지 할인 받을 수 있다. SK텔레콤 멤버십이라면, 결제금액의 10퍼센트를 OK캐쉬백포인트로 결제한 뒤 SK텔레콤으로 10퍼센트 추가할인이 가능해 최대 20퍼센트까지 더블할인이 되는 셈이다. 할인행사는 매월 변경될 수 있다.

CGV에서도 머리를 써라!

'영화광'인 알뜰녀 씨는 최근 오픈마켓 옥션의 회원이 됐다. CGV 회원혜택을 누릴 수 있는 'CJ ONE' 카드를 갖고 있긴 하지만, 옥션이 CJ CGV와의 제휴를 통해 제공하는 혜택이 만만치 않기 때문이다. 옥션은 'CGV&옥션 시네마 파티' 코너를 열고, 옥션포인트를 CGV 영화할인권(2,000원권)으로 교환할 수 있는 서비스를 4월부터 실시했다. 알뜰녀 씨는 '옥션포인트'로 영화를 저렴하게 보기 위해 다른 온라인몰 회원을 탈퇴할 계획이다. 옥션포인트를 많이 쌓기 위해서는 옥션에서 쇼핑을 집중해야 하기 때문이다.

옥션 회원 중 누적 옥션포인트가 2,000점 이상이면 누구나 이용 가능하고, 사이트 로그인 후 해당 이벤트 페이지에서 옥션포인트로 'CGV 2,000원 할인권 교환하기'를 클릭하면 영화 할인 쿠폰번호가 발급된다. 단, 교환 받은 쿠폰은 CGV 홈페이지를 통해서만 인증과 예매가 가능하다는 점을 유의하자.

'옥션포인트' 2,000점을 획득하기 위해서는 회원등급에 따라 5만~20만 원어치 상품을 구입해야 한다. VIP 회원은 5만 원어치 정도를, 새내기인 알뜰녀 씨는 20만 원 정도는 구매해야 한다.

알뜰녀 씨가 많은 포인트를 받으려면 오로지 물건을 사는 방법밖에 없을까? 다행히도 상품을 사지 않고 포인트를 받을 수 있는 길이 있다. 옥션은 상품 구입과 상관없이 매일 포인트를 받을 수 있는 다양한 이벤트를 상시운영 중이다. 매일매일 진행하는 포인트 얻기 이벤트가 있어 회원들이 즐겨 이용하곤 한다. 옥션은 또 CGV 제휴를 기념해 추첨을 통해 매일 1,000명에게 전국 CGV 어디서나 사용할 수 있는 '옥션콤보세트(팝콘·콜라)'를 무료로 증정한다. '옥션콤보세트' 가격은 5,500원인데, 이에 당첨될 경우 영화표 할인 2,000원과 합쳐 7,500원을 절약할 수 있는 셈이다.

이 외에도 다양한 이벤트를 통해 참여 회원을 대상으로 CGV

아직도 제돈 주고 영화관람을?

영화관람권에 즉석 응모할 수 있는 기회를 주고, 당첨 고객에게는 CGV 홈페이지에서 사용 가능한 영화관람권 1매를 증정한다. 옥션포인트는 영화 할인쿠폰 발급뿐 아니라 500포인트 이상 시 배송비 결제, 5,000포인트 이상 시 상품구매 결제가 가능하고, 다양한 쿠폰교환과 경품응모 등에 사용할 수 있다.

그동안 마일리지 이용 혜택을 담은 '생활 속 상품교환' 서비스를 통해 옥션포인트를 현금처럼 사용할 수 있는 다양한 교환서비스 또한 빼놓을 수 없다. '생활 속 상품교환' 코너는 포인트를 음식, 교통, 주유 등 각종 쿠폰으로 교환할 수 있는 서비스로서, 옥션은 현재 GS칼텍스, SK엔크린 모바일 주유권 교환을 비롯해 T머니 충전권 및 뚜레쥬르, 아웃백스테이크하우스, 투썸플레이스, 베스킨라빈스 등 전국에 체인점을 갖춘 각종 외식업체 등의 상품을 옥션포인트로 교환할 수 있도록 상설 운영 중이다.

단순히 배송비만 결제하는 것이 아니라, 옥션포인트를 교통, 주유, 외식상품에 이어 영화관람권 등 각종 생활문화 서비스에 활용할 수 있도록 앞으로도 적용범위를 확대할 예정이다.

새로운 유통 채널로 각광 받는 몰링

알뜰남 씨는 이번 주말 아내와 함께 1박2일로 부산에 다녀올 예정이다. 해운대 바닷가를 둘러본 뒤 부산 신세계 센텀시티에 들러 온천과 쇼핑을 즐기기 위해서다. 하지만 알뜰남 씨가 부산 여행을 계획한 진짜 이유는 따로 있다. '스케이트광'인 그는 신세계 센텀에 마련된 아이스링크에서 스케이트를 즐길 꿈에 부풀어 있었던 것이다.

알뜰남 씨처럼 쇼핑몰 안에서 쇼핑과 온천, 놀거리를 한꺼번에 즐길 수 있는 '몰링(malling)'이 최근 유통업계의 신성장 동력으로 떠오르고 있다. 몰링은 복합쇼핑몰에서 쇼핑뿐 아니라 오락 등 다양한 여가활동을 동시에 즐기는 소비행위로서, 해외에서는 이미 보편화된 소비패턴으로 자리 잡고 있다. 국내에서도 요즘 새로 오픈하는 대형 쇼핑몰들이 앞다퉈 다양한 몰링 공간을 갖출 정도로 신소비 트렌드로 부상하고 있다.

서울 용산역을 끼고 있는 현대아이파크몰은 국내 몰링의 역사를 대변한다. 현대아이파크몰은 지하 2층, 지상 9층으로 연면적이 8만 5,000평에 달하는 동양 최대 규모다. 세 개의 백화점(아이파크, 리빙, 문화레포츠)과 디지털 전문점, 이마트 등 쇼핑센터가 있고, CGV영화관, 레스토랑, 서점, 게임장 등이 있어 다양한 여가활동이 가능하다.

삼성역의 코엑스몰 역시 지하에 3만 6,000여 평의 복합쇼핑몰을 갖추고 있다. 매장 외에 메가박스 영화관, 테마형 수족관, 서점, 레코드점, 레스토랑 등 다양한 시설이 사람들의 발길을 붙잡는다. '코엑스 키즈(아이들)'라는 말이 있을 정도로 코엑스에서 먹고 마시고 놀면서 하루 종일 시간을 보내는 젊은이들이 넘쳐

난다.

이처럼 현대아이파크몰과 코엑스몰이 성공을 거두면서 몰링 공간이 빠르게 느는 추세다. 2009년 2월 신세계는 부산 센텀시티를 열었다. 연면적 29만 3,905평방미터(8만 8,906평)인 센텀시티는 6월에는 기네스 월드 레코드(GWR)로부터 세계 최대 백화점으로 공식인정을 받았다. 이곳에는 쇼핑 외에도 골프레인지, 아이스링크, 온천 등 이색 레저공간이 자리 잡고 있다.

2011년 12월에는 롯데그룹의 야심작인 '롯데몰 김포공항'이 모습을 드러냈다. 김포공항 국제선 청사 앞에 위치한 롯데몰 김포공항은 연면적 약 9만 5,000평, 부지면적 6만 평, 영업면적 2만 3,000평으로 국내 몰 중 최대 규모의 상업시설을 갖췄다. 특히 세계에서 유례가 드물게 국제공항 인근에 생기는 복합쇼핑몰로 전체 부지 면적의 3분의 2를 녹지공원으로 조성해 우리나라에서 가장 큰 친환경 몰링 파크를 구현했다.

주 5일 근무제가 정착됐지만 여전히 사람들은 '즐기고 싶은 것이 많은 데 비하여 시간이 부족하다'고 여긴다. 그래서인지 이곳저곳을 번거롭게 옮겨 다니지 않으면서 쇼핑, 외식, 영화 등을 한꺼번에 해결할 수 있는 토털 소비공간이 이토록 각광을 받는 것 같다.

아웃도어 용품 제대로 고르는 법

주 5일 근무가 정착되면서 국내 캠핑 인구는 12만 명을 넘어섰다는 통계가 있다. 주말이면 산이나 강으로 떠나는 아웃도어 족들이 늘면서 아웃도어 시장이 급속도로 성장하고 있는 추세이다. 그렇다면 거품이 많기로 정평이 난 아웃도어 용품을 저렴하게 제대로 살 수 있는 방법은 없을까?

우선 저렴하게 구입할 수 있는 곳부터 소개해보자. 오케이아웃도어닷컴(www.okoutdoor.com)은 전 세계 아웃도어 전문브랜드를 한자리에 모아 판매하는 '카테고리 킬러숍'이다. 등산·캠핑은 물론 자전거·달리기·여행 등 라이프스타일 아웃도어를 다양하게 판매한다. 특히 오케이아웃도어닷컴은 '최저가가 아닐 경우, 차액의 130퍼센트를 보상하겠다'는 마케팅을 펼치고 있다. 또 800여 브랜드 10만 종이 넘는 상품들은 모두 정품이다. 위조상품이라고 혹여 판명될 경우, 상품가의 300퍼센트를 보상하는 제도를 실시하고 있다. 고장·수리 A/S를 3년간 보장해 소비자들이 안심하고 구매할 수 있게 했다. 한편 오케이아웃도어닷컴은 지난 4월 옥션에 입점했다. 이번 입점으로 옥션 회원들은 옥션 홈페이지에서 오케이아웃도어닷컴의 제품을 쉽게 구매할 수 있게 됐다.

이와 함께 롯데닷컴, G마켓, GS샵, 어바웃 등 인터넷 쇼핑몰의 '아웃도어 싸게 파는 곳'에서는 신상품과 이월상품을 최저가로 선보인다며 제각기 홍보하고 있다.

등 산 복

등산복은 기본적으로 통기성, 흡습성, 속건성, 보온성이 우수하고 장시간 착용해도 끈적임이나 냄새가 발생하지 않아야 한다. 쿨맥스, 라이크라, 은섬유 등 기능성 소재를 사용한 제품을 고르면 이 같은 요건을 충족할 수 있다. 등산복은 무엇보다도 활동성이 좋아야 한다. 쓸데없는 장식이 달린 옷이나 몸을 휘감는 투박한 옷은 불편하기만 할 뿐이다. 고를 땐 땀 흡수와 배출 능력을 잘 살피고 갈아입을 것을 생각해 가볍고 부피가 작은 것을 선택한다. 조끼나 점퍼 안에 입어도 무난한 티셔츠는 움직이기에 편하고 부피가 작기 때문에 여벌옷으로 준비해가면 좋다.

등 산 화

신발이 발에 맞지 않아 물집이 생기거나 발바닥이 미끄러지면 그것에 신경이 쓰여 즐겁게 산을 오를 수 없다. 너무 꽉 끼거나 발이 아파도 오래 걷기가 힘들다. 발에 잘 맞는 등산화를 고르려면 일반적으로 발이 붓는 오후 3~4시께 신어봐서 편한 것으로 선택한다. 신발 사이즈 이외에도 발끝이나 발뒤꿈치의 강도, 착용감, 방수성, 신발 바닥면의 재질, 발목의 높이 등을 종합적으로 고려해야 한다. 전문매장을 찾으면 발 길이, 발 폭은 물론 발목 높이까지 측정해 맞춤형 등산화를 권해준다.

완벽한 쇼핑

배 낭

여행 기간, 여행 시기, 지형, 목적지에서 할 일 등을 고려해 선택해야 한다. 크기는 필요한 물품을 충분히 넣을 수 있도록 수납 공간이 많은 것보다는 오히려 부피가 작아 운반이 편리한 것이 더 좋다. 당일 및 근교 산행용으로는 20~30리터짜리, 장비가 많은 당일치기 전문 산행용으로는 30~45리터짜리, 그리고 1박2일 이상의 산행용으로는 50~80리터 정도가 적당하다.

아웃도어는 어쩌다 국민교복이 되었을까

지금으로부터 30년 전인 1982년, 교육자율화 바람을 타고 중·고등학생들 사이에서 나이키와 프로스펙스 운동화가 선풍적인 인기를 끌었다. 마치 '학생화'를 연상케 할 정도였다. 60명 정원인 한 반의 절반 가까이가 나이키와 프로스펙스 운동화를 신고 다녔으니 말이다. 철자를 약간씩 바꾼 '나이카' '프로스폭스' 운동화도 적잖이 눈에 띄었다. 당시 나이키와 프로스펙스를 신는다는 것은 부의 상징이었다. 하지만 여기에도 계급이 있었다. 나이키 가죽 운동화는 A급, 나이키 헝겊 운동화는 B급, 프로스펙스 운동화는 C급이었다. 등급은 물론 가격 순이다.

이 같은 상황이 30년이 지난 현재에도 똑같이 재현되고 있다. 얼마 전 온라인 커뮤니티를 중심으로 '노스페이스 계급'이라는 제목의 사진이 화제가 된 적이 있다. 점퍼의 '계급'은 찌질이부터 대장까지 6등급으로 나뉜다. 25만 원의 눕시1과 눕시2는 '찌질이' 계급으로, 30만 원대의 노스페이스 800모델은 '중상위권' 계급으로 분류됐다. 50만 원대의 드라이로프트는 '양아치' 계급으로, 60만 원대의 일명 '등골 브레이커' 모델은 '있는 집 날라리' 계급으로 꼽혔다. 70만 원에 달하는 '대장' 계급의 고가 모델에는 '주로 학생이 아닌 성인이 많이 입음'이라는 설명이 첨부돼 있다.

이들 점퍼들은 중·고등학생들 사이에서 큰 인기를 누리며 '국민교복'이라 불리고 있다. 추위를 막기 위해 교복 위에 착용하는 것이지만, 학생들이 마치 교복처럼 즐겨 입기에 만들어진 표현이다. 미국에서도 미시간처럼 유난히 눈이 많이 내리고 바람이 심하게 부는 지역에서 보온용으로 입는 아웃도어가 학생들 사이에 교복 대용으로 유행하고 있다는 소식을 들으니 더욱더 아이러니하다. 가격이 웬만한 성인남성 외투 가격에 버금가기 때문에 부모들로서는 그야말로 등골이 휠 만하다.

이 때문에 '노페'로 대변되는 아웃도어 제품에 대해 비판여론이 적지 않다. 하나는 학생들 사이에 빈부격차나 위화감을 조성할 정도로 비싼 제품임에는 틀림없는데, 이 가격에 지나친 거품이 낀 것 아니냐는 지적이다. 심지어 이런 브랜드의 옷을 갈취하다 잡혀가는 학생들이 심심치 않게 신문에 등장해 사회문제로까지 번진 실정이다. 등산을 즐기는 성인남녀들도 인기 브랜드의

완벽한 쇼핑

제품 가격이 부담스럽긴 마찬가지다.

또 다른 지적은, 과연 아웃도어 제품이 비싼 가격에 걸맞은 품질을 보장하고 있느냐 하는 의심이다. 아웃도어 회사들은 등산 열풍에 힘입어 각종 기능성 의류를 홍보하며 가격대를 높이고 있다. 전문 산악인이 아니더라도 등산을 좋아하는 사람들은 윈드 자켓, 보온성 기능이 있는 상·하의는 물론 속옷까지 구비하는 경우가 많다.

지난해 말 소비자시민모임(이하 소시모)이 아웃도어 브랜드별 가격 및 품질을 비교하여 발표했는데, 수십만 원에서 수백만 원까지 고가로 판매되는 유명 아웃도어 제품 가격에 낀 거품을 그대로 보여주는 결과가 나왔다. 저가 브랜드의 품질이 노스페이스, 블랙야크, 휠라, 에코로바 등 고가 인기 브랜드 제품에 비해 전혀 떨어지지 않는 것으로 드러난 것이다. 반면 가격은 최대 1.8배까지 차이가 나타났다. 소시모 관계자는 '모든 제품이 국내 산행 및 레저 활동을 위한 기능성 의류로서의 품질은 충분하지만 고가 제품이 지나친 고기능성 소재를 사용하고 있다'고 설명했다.

국가공인시험기관인 한국섬유기출연구소(KOTITI)의 기능성 검사결과도 이를 뒷받침해준다. 내수도(방수기능)는 고어텍스를 활용한 고가 브랜드보다 오히려 홈쇼핑에서 저렴하게 판매하는 아웃도어 브랜드 트래스패스가 더 높은 수치를 기록했다. 더구나 세탁 3회 후엔 내수도가 최고 52.4퍼센트(노스페이스 고어텍스 제품)로 떨어지는 등 품질이 유지되지 않는 것으로 나타났다. 소시모는 이러한 결과에 대해서도, 일반적으로 소비자들이 선호하는 고가의 고어텍스 제품이라고 해서 품질이 모두 좋은 것은 아니라고 하면서, 국내 산행 및 레저 활동에 있어서는 대부분의 제품이 가격에 상관없이 충분한 기능을 하는 것으로 나타났다고 말했다.

이에 대해 아웃도어 브랜드들은 '제품 품질에는 아무런 문제가 없다. 자체적으로 공인기관에서 품질 테스트를 거쳤다'면서 명예훼손으로 법적 대응을 검토하고 있다는 예고를 하기도 했다.

고가 아웃도어 제품에 대한 비판 여론이 제기되자 공정거래위원회도 칼을 빼들었다. 아웃도어 업계 1위 브랜드인 노스페이스의 국내 판매 본사가 판매 전문점들에게 일정 가격 아래로 제품을 팔지 못하도록 강제한 사실을 적발한 것이다. 결국 52억 4,800만 원의 과징금을 물어야만 했다.

공정위에 따르면 노스페이스 국내 판매사인 골드윈코리아가 1997년 11월부터 올해 1월까지 14년간 전문점(개인사업자)에게 제품 가격을 미리 정해주고, 그 아래로는 팔지 못하도록 통제했다는 것이다. 공정위 관계자는 '골드윈코리아는 노스페이스 일부 제품을 10퍼센트 이상 할인판매한 전문점에 계약해지 공문을 보냈고, 매장 고객에게 20퍼센트 할인행사 문자메시지를 보낸 전문점에 대해서는 출고 정지 뒤 전국 모든 매장에 사과문을 보내도록 압박했다'고 전했다. 게다가 또 다른 전문점을 대상으로는 '본사 가격에서 깎지 않는다'는 각서를 쓰게 한 뒤 보증금 1,000만 원을 받았다. 공정위의 과징금 부과에 골드윈코리아는 공정위 의결서를 받은 뒤 법무법인에 의뢰해 법리적인 검토를 하고 있다.

이 같은 논란에도 불구하고 등산 동호회 등 크고 작은 산행 모임이 늘면서 인기 브랜드를 선호하는 소비자들이 끊임없이 생겨나고 있다. 결국 아웃도어 열풍은 당분간 사그러들지 않을 것으로 보인다.

유명메이커 온라인 구매 시 주의점

알뜰녀 씨는 최근에 황당한 경험을 했다. 요즘 인기를 끌고 있는 노스페이스 패딩점퍼를 인터넷 쇼핑몰을 통해 주문했는데 아무리 기다려도 물건이 도착하지 않는 것이다. 알뜰녀 씨가 포털사이트에서 찾은 '노스페이스 다운몰'이라는 쇼핑몰에 입금한 가격은 48만 원. 다른 쇼핑몰에 비해 가격이 저렴한 편이고 해외 직배송을 한다기에 별 의심 없이 돈을 보냈다. 쇼핑몰 안내문에는 '해외배송이어서 2주가량 소요될 것'이라는 알림글이 떴지만 3주가 흘러도 물품은 오지 않았다. 전화를 걸어 몇 차례 독촉했더니 판매업자는 그저 "기다려달라"고만 대답했다. 하지만 그 이후로 회사는 전화를 받지 않았고 연락이 완전히 끊겨버렸다.

나이키 운동화를 사려던 알뜰남 씨는 시중가의 절반에 판다는 인터넷 쇼핑몰을 찾아냈다. '토토슈즈'라는 사이트였다. 알뜰남

아직도 제돈 주고 영화관람을?

씨는 두 개를 주문하고 15만 원을 입금했다. 하지만 아무리 기다려도 배송되지 않았다. 역시나 처음에 친절하게 설명해줬던 판매자 측은 한 달 뒤에 완전히 연락이 두절되었다.

노스페이스 패딩점퍼나 나이키 운동화같이 젊은 층 사이에서 인기를 얻고 있는 물품을 대상으로 한 인터넷 사기가 기승을 부리고 있다. 서울시는 최근 인터넷 쇼핑몰에서 의류나 운동화를 샀지만 물건을 받지 못했다는 소비자들의 피해가 서울시 전자상거래센터(http://ecc.seoul.go.kr)에 410건이나 접수됐다고 밝혔다. 신발이 364건(88.8퍼센트)이고, 의류가 46건(11.2퍼센트)이다. 피해 품목 대부분이 최근 유행하고 있는 노스페이스 패딩점퍼나 나이키 운동화로 나타났다.

이들은 통신판매 신고번호, 사업자등록번호, 사업장 소재지 등을 허위로 사이트상에 기재하고 쇼핑몰을 운영한 것으로 확인됐다. 특히 노스페이스 다운몰은 중국에 서버를 두고 운영해온 것으로 드러났다. 이들은 신발이나 아웃도어 의류같이 유명 스포츠 상품을 판매하는 멀티숍 형태의 사이트를 운영하며 젊은층을 집중적으로 유인했다. 오프라인 매장에서 품절 등으로 구입하기 어려운 제품을 시중보다 할인된 가격에 올려 소비자를 속이고, 이후 구매자들이 현금을 입금하면 해외배송을 핑계로 배송 기간을 연장한 후 잠적하는 수법을 쓰는 것이다.

서울시는 전자상거래센터 홈페이지에 서울 소재 인터넷 쇼핑몰의 사업자정보 등을 별(★)표로 등급화해 소비자가 안전한지를

완벽한 쇼핑

확인할 수 있도록 했다. 인터넷 쇼핑몰에서 속지 않기 위해서는 무엇보다 시중에서 구매하기 어려운 상품을 터무니없이 싼 가격에 판매한다는 광고를 접했을 때 일단 의심을 앞세워야 한다. 그리고 현금결제는 피하고 가능한 신용카드를 이용하는 것이 좋다. 불가피하게 현금결제를 할 경우에는 구매안전서비스 제공업체를 이용해 주문상품을 안전하게 받은 다음 결제대금이 업체로 전달될 수 있도록 해야 한다.

철저한 중고자동차 매매 요령

미국에서 중고차 매매를 할 때 판매자는 반드시 그 차의 사고 이력뿐 아니라 타이어 교환 시기 등 시시콜콜한 '역사'를 담은 서류를 구매자한테 넘겨야 한다. 거짓 내용이 담겨 있다면 당연히 처벌을 받는다. 아직 신용거래가 뿌리내리지 못한 국내 중고차 매매시장 수준에서는 부러운 일이다.

소비자들이 많이 찾는 중고차 매매 사이트에 들어가면 '분명히 무사고 차량이라고 해서 믿고 샀는데 구입한 지 3개월도 안 돼 주행 중 두 번이나 섰다' '주행거리가 4만 킬로미터밖에 되지 않아 거의 신차라고 생각했는데 소모품 교환하면서 의심이 든다. 주행거리가 조작됐는지를 입증하려면 어떻게 해야 하느냐' 등 소비자들의 불만이 유난히도 많이 올라와 있다. 차를 구입한 중고차 매매단지를 찾아 항의를 해봐야 확실한 물증이 없는 한 어떠한 보상도 받지 못한다.

중고차 매매를 둘러싼 피해자가 늘면서 국토해양부는 '중고자동차 구매 시 소비자 행동요령'을 마련했다. 행동요령에는 인터넷상에 게재된 중고차 차량정보를 확인하는 방법과 차량시세 파악, 보험개발원의 사고이력정보(carhistory.or.kr) 이용 및 차량등록원부 확인 등의 내용을 담고 있다. 매매업체를 방문했을 때 주의사항과 구매차량의 정보 확인, 구입예정 차량의 성능상태점검기록부 교부, 주행거리 조작 대비 등에 대한 확인 등도 포함됐다.

국토부 관계자는 소비자 행동요령에 따라 주의하면 최소한 허위, 미끼매물 피해와 사고차량 확인, 주행거리조작 차량구입을 피할 수 있어 소비자 스스로 자신의 재산을 보호할 수 있게 될 것이라고 밝혔다.

한편 중고차를 살 때 최저 5퍼센트 수준의 낮은 금리로 은행에서 돈을 빌릴 수 있다. 금융감독원은 서울보증보험이 개발한 중고차대출 보증보험상품 판매를 허가했다. 지금까지 중고차 구입 관련 대출상품은 할부금융사 등의 고금리 상품밖에 없어 금융회사에서 돈을 빌려 중고차를 사려는 사람은 20퍼센트 수준의 금리를 감당해야 했다. 금감원에서는 '대출채무자가 대출금을 갚지 않으면 보증보험사가 이를 대신 갚아주고 은행이 부담하는 보증보험료도 1.02~1.62퍼센트로 매우 싸기 때문에 저금리상품이 나올 수 있었다'고 설명하였다.

완벽한 쇼핑

중고차대출상품 가입대상은 개인신용등급 1~6등급으로 중고차매매계약서를 제시할 수 있어야 한다. 대상 차종은 승용차·승합차·밴형 중 일부이고 12~48개월간 700만~5,000만 원까지 빌릴 수 있다. 대출금은 원금(또는 원리금) 균등분할방식으로 상환한다.

TIP 김기자에게 물어봐!

중고자동차 구매 시 소비자 행동요령

1. 개인 간 거래인 당사자 거래보다는 가급적 매매업자를 통해 구매한다.

2. 인터넷상에 올라온 차량정보를 꼼꼼히 확인한다.

3. 중고자동차 가격시세를 사전에 파악한다.

4. 보험개발원의 사고이력정보와 차량등록원부를 반드시 살펴본다.

5. 매매업체 방문 시 차량 및 매매업체에 대한 확인을 철저히 한다.

6. 매입 차량은 맑은 날, 평지에서 상태를 정확히 살펴본다.

7. 시운전을 반드시 한다.

8. 구입예정 차량의 성능상태점검기록부를 확인하고 반드시 교부 받는다.

9. 연식에 비해 주행거리가 적은 차는 주행거리 실제운행 여부를 반드시 확인한다.

10. 계약 전 차량등록원부를 반드시 검토하고 세금문제와 정기검사 시기도 확인한다.

아직도 제돈 주고 영화관람을?

알아보는 만큼 아낄 수 있다

알뜰남 씨는 최근 기아차의 RV(레저용) 차량 쏘렌토R(TLX 최고급·2012년형)을 '대한민국 최저가'로 구입했다고 뿌듯해했다. 2,889만 원짜리를 무려 370만 원 할인 받아 2,519만 원에 샀으니 '할인의 달인'이라 불릴 만하다. 이렇게 차 값을 무려 10퍼센트 이상 깎을 수 있는 비결은 뭘까. 알뜰남 씨가 할인 받은 경로를 추적해봤다.

우선 '쏘렌토R 2013년형' 출시를 앞둔 상황이라 기본 100만 원을 할인 받았다. 이어 알뜰남 씨가 구입한 차량이 생산된 지 6개월이 지나 150만 원을 추가할인 받았다. 여기에 기존 차량이 수입차라는 이유로 30만 원, 세 자녀 출산으로 20만 원, SK LTE폰 개통으로 20만 원, 현대 M카드(세이브 포인트 선 할인) 사용으로 50만 원을 각각 할인 받았다.

기아차는 수입차 고객이 자사 고객이 될 경우 '환영'의 의미에서 할인혜택을 준다. 현재는 SK와 공동 프로모션을 통해 추가할인을 해주고 있다(공동 프로모션은 언제든지 기업과 내용이 바뀔 수 있으며, 자동차 회사별로 매달 다른 이벤트를 진행한다).

알뜰남 씨처럼 급하게 차를 바꿔야 하는 상황이 아니라면 새로 출시되는 신형의 전 모델을 사는 것도 알뜰하게 차를 구입할 수 있는 방법이다. 신차와 연식이 6개월도 차이가 나지 않아 거의 모든 면에서 대등하다. 이런 식으로 차를 구매하면 신차가 출시된 후 제기되는 결함 문제에 신경 쓰지 않아도 되어 훨씬 편안하게 차를 운행할 수 있다는 이점이 있다.

그러나 차를 구매한다고 하면 대부분의 사람들은 신차를 권하는데, 알뜰남 씨가 구매한 쏘렌토 2012년식과 2013년식에 큰 차이가 있기는 한 걸까? 기아자동차 관계자의 말에 따르면 외형 디자인은 같고 편의사항 몇 가지만 추가되었다며, 일반인이 사용하는 데는 큰 차이가 없다고 귀띔했다. 그럼 알뜰남 씨가 5년 뒤 이 차를 중고시장에 내놓으면 어떻게 될까? 5년 뒤에는 2012년식이나 2013년식이나 중고차의 가격은 별 차이가 없다. 따라서 알뜰남 씨는 애초 구매 때부터 400만 원 가까운 할인을 받았기 때문에 2013년식을 구매한 사람보다 큰 혜택을 누린 꼴이 된다.

그럼에도 반드시 신차를 사고 싶다면 어떤 방법이 있을까? 이때는 자동차 회사를 통한 할인을 노리기보다는 중고차 매매단지에서 답을 찾는 게 좋다. 경제 상황이 안 좋아지면서 급전이 필요한 사람들이 늘고 있는데, 이들은 목돈 마련을 위해 자동차를 구입한 뒤 곧바로 처분을 한다. 개인 신용도에 따라 다르지만 계약금을 수십만 원만 내도 차량을 뽑을 수 있기 때문이다. 심지어 이들 차량은 자동차영업소에서 나와 비닐도 뜯기지 않은 상태로 중고차 매매단지로 향한다. 이 '행운의 차'는 정상가의 80~85퍼센트 수준에서 구입이 가능하다.

자동차 알뜰구매 공략법

전시 차에 관심을 가져라.

모터쇼나 일반 영업점에 전시됐던 차들을 일반고객들도 할인된 가격에 구매할 수 있다. 또 현대차, 르노삼성 등 국내 완성차 업체들은 15일 이상 전시된 차를 구입하는 고객에게는 대부분 탁송료를 받지 않는다.

제휴카드를 적극적으로 활용하라.

예를 들면 현대·기아차는 현대카드로 차량구매대금 일부를 결제하면 미리 20만 원·30만 원·50만 원씩 차 값에서 빼주는 세이브포인트 제도를 시행하고 있다. 고객들은 카드를 사용할 때 누적되는 포인트로 미리 할인 받은 금액을 갚아나가면 된다. 적립률 2퍼센트를 기준으로 30만 원을 할인 받았다면 현대카드로 1,500만 원 정도를 결제하면 된다.

장기재고차량이 할인 폭 크다.

3개월 이상 팔리지 않고 재고차로 남아 있는 장기재고차량에 대해 자동차회사들은 다양한 할인율을 적용한다. 월마다 할인율이 변하기 때문에 영업점에 문의하는 것이 좋다.

단종·차종 변경모델을 공략하라.

페이스 리프트 차량이나 신차가 출시될 경우 구형모델 물량소진을 위해 대대적인 할인행사가 진행된다. 이때를 적극적으로 활용하면 값싸게 차를 구매할 수 있다.

재구매 할인도 활용하라.

현대·기아차는 자사 차량을 재구입하는 고객에게 각각 BLU/Q 멤버스 포인트 10만 점을 적립해준다. BLU와 Q포인트는 자동차 구입이나 정비 때 현금처럼 사용할 수 있다. 르노삼성자동차도 재구매고객에게 차종별로 10만~30만 원의 할인혜택을 준다.

판매조건을 꼼꼼히 살펴봐라.

자동차업체들은 매월 다양한 이벤트를 실시한다. 졸업·입학시즌이 겹치고 어버이날, 스승의날 등 감사할 일이 많은 5월, 호국보은의 6월 등 그달의 이슈에 맞춰 많은 특별혜택이 제공된다. 이런 프로모션 행사를 꼼꼼히 챙기면 유리한 조건에 차를 장만할 수 있다. 월드컵이나 올림픽 같은 큰 행사가 벌어지는 때도 특별판매조건을 운영하는 경우가 많다.

중고차 가격을 비교한 뒤 차량을 구입하라.

같은 시기에 구입한 동급차량이라 해도 메이커와 차종별로 중고차 가격에 분명한 차이가 있다. 중고차 거래 시 더 많은 비용을 받을 수 있는 차량을 구입하는 것은 당연지사. 따라서 신차 시장에서 많이 팔리는 차가 기본적으로 중고차 시세에서도 유리하고, 내놓아도 잘 안 팔릴 만한 트림(최저가 혹은 최고가 트림, 또는 특이 칼라 등)은 피하는 것이 좋다. 업체의 생산계획이 많은 모델을 선택하는 것이 유리하다. 업체는 고객들이 평균적으로 가장 많이 찾는 트림과 색상을 가장 많이 생산한다.

경쟁사 출시를 노려라.

통상 자동차 메이커들은 변경한 신차를 출시하거나 경쟁사에서 동급 모델이 나올 때 할인 폭을 넓혀 고객들의 환심을 사는 전략을 쓴다.

현금이 있더라도 카드를 사용하라.

현금을 내면 싸게 준다는 말은 옛말이다. 오히려 카드를 활용하는 게 알뜰구매 방법이다. 각 금융기관의 오토체크카드를 발급 받으면 카드사마다 차이는 있지만 구매금액의 3퍼센트는 캐쉬백으로 받을 수 있다. 3,000만 원짜리 차를 구매할 경우 90만 원이 통장으로 들어오는 셈이다.

수입자동차도 할인이 가능할까

수입자동차를 싸게 사는 방법은 없을까? 수입차도 할인이 될까? 정답은 수입차 딜러에게 있다. 자동차 가격의 8~12퍼센트의 마진을 챙기는 딜러가 마음먹기에 따라 차 할인가는 수백만~수천만 원이 왔다 갔다 한다. 딜러가 마진을 적게 챙길수록 자동차 가격은 뚝뚝 떨어진다.

예를 들어, 1억 원짜리 차를 판매한 딜러가 10퍼센트의 마진 가운데 5퍼센트만 챙기고 나머지 5퍼센트는 소비자에게 할인혜택을 줄 경우 차 가격은 500만 원이 내려간다. 따라서 친분이 있는 딜러를 통해 차를 구입하는 게 가장 싸게 사는 방법이다.

최근 수입차를 구입한 알뜰남 씨는 평소 친분이 있는 딜러에게 혼자 할인을 해달라고 하기가 미안해 주위 사람 한 명을 소개해주고 두 대를 구입하는 조건으로 각각 6퍼센트씩 할인을 받았다.

주위에 잘 아는 딜러가 없을 경우에는 딜러와 흥정을 잘해야 한다. 1억 원짜리 수입차를 산다고 치자. 3퍼센트 할인을 주장하는 A딜러에게 "B딜러는 7퍼센트 할인해준다고 했다"며 A딜러의 생각을 복잡하게 하는 것이다. 이 경우 대개 5퍼센트 할인에서 절충점을 찾을 수 있다. 당초 5퍼센트 할인을 생각했던 A딜러도 소비자를 떠보기 위해 처음에는 3퍼센트 할인을 제안했을 수도 있다.

브랜드별 인기 차종과 비인기 차종을 비교해 차를 구입하는 것도 알뜰구매 방법이다.

독일의 BMW 신형이 현재 최고의 인기차종이라고 치자. 이럴 때 가격과 배기량 등이 비슷한 다른 수입차를 선택하면 큰 할인 혜택을 볼 수 있다. BMW의 인기에 눌려 판매가 급감한 수입차 브랜드들이 울며 겨자 먹기로 할인판매에 나설 수밖에 없기 때문이다. 수입차 업계관계자는 "인기 폭발인 경쟁사 차와 경쟁을 하기 위해서는 가격할인 외에는 뾰족한 대안이 없다"고 털어났다.

완벽한 쇼핑

TV홈쇼핑과 인터넷쇼핑몰에서 수입차를 구매하는 것도 좋은 방법이다. 드문 사례이긴 하지만 무이자, 시승 기회, 가격할인 등 혜택이 많다.

홈쇼핑에 세계적인 자동차가 등장하는 이유는 크게 두 가지다. 경기불황으로 판매 부진을 겪고 있는 딜러들 간의 경쟁이 치열해지면서 판매처를 홈쇼핑으로 넓히는 것이다. 두 번째는 수입차 구매 의향은 있으나 쉽게 접할 기회가 없었던 고객들에게 상세 정보와 시승 기회를 제공해 구매력을 높이려는 데 있다.

홈쇼핑 업계관계자는 "홈쇼핑에서 고급 수입차를 판매할 경우 소비자에게 다양한 혜택을 주기 때문에 조기 매진되는 경우가 많다. 수입차 브랜드와 홈쇼핑을 신뢰한다면 망설이지 말고 홈쇼핑에서 수입차를 구매하는 것이 돈을 버는 것"이라고 말했다.

평소 수입차의 신차 발표 계획도 꼼꼼히 살펴보자. 구형 모델을 싸게 살 수 있는 절호의 기회다. 요즘 같은 FTA 시대에는 FTA 체결 전후 관세인하분, 연도별 관세인하 계획 등도 참고하면 보다 저렴하게 살 수 있다.

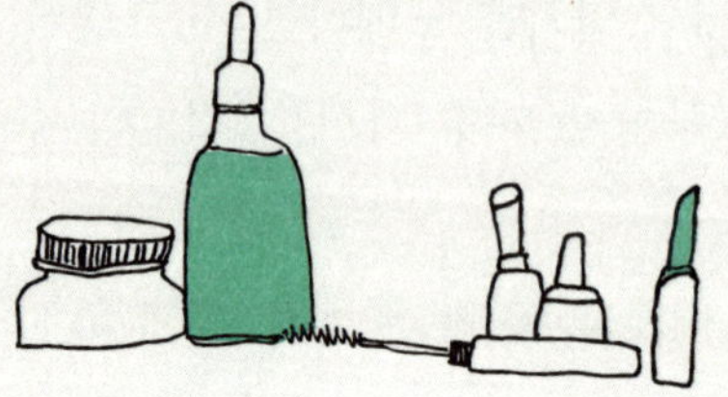

메이커보다는
성분이 먼저

완벽한 쇼핑

피부미인의 첫걸음, 성분 따지기

사춘기 이후 알뜰녀 씨는 여드름과의 전쟁에 시달렸다고 해도 과언이 아니다. 남들은 한때 지나가는 홍역처럼 여드름이 사라졌지만, 알뜰녀 씨는 여름과 겨울을 가리지 않고 송송 솟아오르는 여드름을 잡느라 피부과도 들락거리고 화장품도 이것저것 바꿔가면서 사용해보았다. 처녀 적에는 용돈의 절반을 화장품에 투자할 정도였다. 그러나 유명 연예인이 홍보하는 화장품이란 화장품은 다 발라봤지만 좋아지기는커녕 여드름이 악화되거나 피부트러블로 더 고생했다. 광고로 볼 때는 좋아 보이는데 왜 바르기만 하면 트러블이 생기는 걸까? 그 이유는 화장품에 들어 있는 성분표를 확인하지 않은 탓이다.

전문가들은 화장품의 신상명세서인 성분표와 유통기한을 확인하는 것이 피부미인이 되는 첫걸음이라고 말한다. 다른 사람에게 좋은 화장품이라도 개인에 따라 피부트러블을 일으키는 성분이 들어 있기 때문이다. 자, 그럼 피부미인이 되려는 당신에게 꼭 필요한 화장품 상식을 하나하나 짚어보자.

첫째, 성분 목록과 사용기한을 확인하자.

화장품 제조에 사용한 모든 성분은 '화장품 전성분 표시제'에 따라 용기에 표기돼 있다. 화장품에 가장 많이 들어 있는 성분이 성분표 맨 위에 적힌다. 1퍼센트 이하로 사용된 성분은 순서와 상관없이 그 뒤에 나열된다. 가령 미백 기능성화장품을 구입할 경우에는 멜라닌 색소의 침착을 방지하는 알부틴이 맨 위쪽이 있는 제품을 고르는 것이 좋다. 그만큼 함유량이 더 높다는 의미이기 때문이다. 반대로 보존제의 일종인 파라벤은 피부에 좋지 않은 성분이므로 성분 표시 위쪽보다는 아래쪽에 적힌 것을 고르는 것이 좋다.

유통기한도 반드시 확인해야 한다. 화장품 성분은 개봉한 뒤 오래되면 산화되어 유효성분의 효과가 감소하고, 오염이나 부패 속도가 빨라진다.

둘째, 아토피균이 있다면 보공을 막는 리놀렌을 피해야 한다.

피부 타입에 따라 좋은 성분과 피해야 할 성분도 확인한다. 피지 분비가 많아 얼굴에 기름기가 도는 지성피부라면 알코올이 과

완벽한 쇼핑

도하게 많이 들어간 화장품은 가급적 피한다. 알코올이 피부를 자극해 피지가 더 많이 분비될 수 있기 때문이다. 유분감이 많거나 모공을 막는 식물성오일도 가급적 피해야 하는데, 대표적인 재료로 에탄올, 미네랄오일, 시어버터 등이 있다.

여드름이 있는 사람은 양털에서 추출한 라놀린 성분 등은 되도록 피하는 게 좋다. 라놀린은 정제를 아무리 잘해도 미세하게 양털이 들어 있을 수 있어 이 성분이 모공을 막으면 여드름이 생길 수 있다. 여드름을 일으킬 수 있는 아세틸화라놀린 알코올, 이소프로필 라놀레이트, 이소프로필 미리스테이트, 바셀린, 아몬드오일 등도 피한다. 피지를 흡수하고 항염증 효과가 있는 살리실산(BHA), 실리콘 폴리머(디메치콘·사이클로펜타실록산), 티트리 오일, 시위드(해초), 사포닌(인삼) 등의 성분은 권할 만하다.

반대로 피부가 건조한 사람은 식물성오일 성분이 들어간 화장품을 고른다. 올리브, 카놀라, 해바라기, 포도씨, 호호바 성분이 대표적이다. 이들 성분은 피지와 비슷한 역할을 하기 때문에 수분이 증발해 피부가 건조해지는 것을 막아준다.

셋째, 임산부는 비타민 성분을 피하자.

임신 중이라면 화장품 성분을 더욱 꼼꼼히 따져봐야 한다. 비타민A와 레티놀의 함량이 높은 화장품은 가급적 사용하지 않는다. 비타민A의 한 종류인 레티놀은 세포의 재생을 돕고 콜라겐이 파괴되는 것을 막아준다. 하지만 이 비타민A는 임신 중 섭취하면

메이커보다는 성분이 먼저

태아의 기형을 초래할 수 있는 성분으로 널리 알려졌다. 화장품 성분은 극히 미량이지만 되도록 피하는 게 좋다.

넷째, 유색 스킨이나 수분크림은 알레르기 유발 가능성이 크다.
화장품을 고를 때 색깔이나 향을 보고 선택하는 사람이 많다. 수분감이 느껴지는 파란색 수분크림이 대표적이다. 하지만 향료와 색소는 화장품의 효능과 관련이 없다. 화장품에 들어가는 향료와 색소는 식품 속에 들어 있는 인공조미료나 합성첨가물과 비슷하다. 향수나 색조화장품처럼 향과 색깔을 내는 게 아니라면 기초화장품을 고를 때 향과 색깔을 고려할 필요가 없다. 특히 아밀신남알, 벤질알코올, 시트랄, 유제놀, 쿠마린 등의 향료 성분은 알레르기를 일으킬 가능성이 있어 주의해야 한다. 합성향료, 천연향료, 인공색소(적색 O호, 자색 O호 등)가 대표적이다.

'화장품 땡처리' 주의보

몇 달 전 한 온라인 쇼핑몰에서 벌어진 '화장품 땡처리 기획전' 파문은 화장품 땡처리에 대한 여성 소비자들의 폭발적 관심을 단적으로 보여줬다. 당시 '굿바이 샘플, 눈물의 땡처리'라는 제목으로 90퍼센트 세일기획전 소식이 알려지자 소비자 주문이 쏟아지면서 인기 브랜드 상품은 순식간에 동이 났다. 하지만 판매자 측에서는 폭발하는 주문에 재고량을 파악하지 못해 재고가 없는데도 결제가 이뤄지는 상황이 발생했고, 뒤늦게 품절 공지를 띄웠다. 이에 불안해진 소비자들이 물건을 받을 수 있는지 걱정되어 판매자 측에 연락을 취했으나 불통될 뿐이고, 결국 쇼핑몰 측에 엄청난 항의가 쏟아진 것이다.

필수용품인 화장품 가격이 만만치 않아 온라인 쇼핑몰에 심심찮게 올라오는 '땡처리' '특가세일' 등을 노리는 소비자가 많다. 시중에서 30만 원 하는 화장품세트를 4만 원대에 판다는 광고를 보고 마우스를 클릭하고 싶은 유혹을 느끼지 않는 여성 소비자들이 얼마나 될까. 하지만 잠깐! 물건을 금세 구매하기 전에 한 번쯤 다시 생각해볼 필요가 있다. '과연 내 피부에는 괜찮을까' '어떻게 이 정도까지 싸게 팔 수가 있지?'

온라인 쇼핑몰 등에서 파격적인 할인가에 선보이는 제품 상당수는 단종 상품들이다. 오프라인 매장에서 철수한 서브라인의 남은 재고를 해소하기 위해 온라인 쇼핑몰을 이용한다는 것이다. 이러한 판매방식은 화장품업계의 전형적인 마케팅 수법이다. 물론 이들 화장품이 하자가 없는 정품임에는 이견이 없다. 다만 유통기한이 오프라인 매장에서 판매하는 상품보다 짧다는 단점이 있다. 유통기한이 얼마 남지 않은 상품은 싸게라도 팔아버리는 것이 화장품대리점 입장에서는 훨씬 낫기 때문이다.

실제로 A 온라인 쇼핑몰에서 보습라인 13종으로 구성된 화장품이 5만 2,400원(원제품 구성가격 25만 8,000원)에, 초보습 11종

메이커보다는 성분이 먼저

세트가 4만 9,900원(원제품 구성가격 34만 원)에 판매되고 있다. 그렇다면 원제품 구성 가격이 30만 원을 넘는데 어떻게 5만 원도 안 되는 가격으로 팔릴 수 있는 걸까?

제조업계 관계자의 말을 그대로 표현하자면 '온라인에서 판매하고 있는 제품은 오프라인 매장에서는 판매하지 않는 상품이지만, 유통기한 등의 하자가 있는 상품이 아닌 모두 정품'이라고 한다. 단지 재고를 없애기 위한 프로모션을 진행하는 것뿐이라는 얘기다.

이에 대해 소비자들은 속았다는 느낌을 받는다. 유통단계를 줄여 저렴하게 나온 상품일 거라 생각했는데 알고보니 단종된 상품인 것이다. 온라인 쇼핑몰에서 종종 화장품을 구매하는 한 30대 여성은 이렇게 하소연한다.

"동일한 상품을 단지 유통마진만 줄여 싸게 파는 줄만 알았지요. 이렇게 사전 고지 없이 동일한 상품인 것처럼 판매하고서 한참 후에야 (단종품이라는 걸) 알게 되니 속았다는 느낌이 들어요."

현명한 화장품 보관법

웰빙에 관심이 많은 요즘 젊은 여성들은 유기농화장품을 선호한다. 가격이 다소 비싸지만 유기농 천연재료를 많이 쓰기 때문에 피부에 유해하지 않고 방부제도 쓰지 않을 것이라는 믿음에서다. 그런데, 과연 그럴까?

　화장품업계에서는 방부제 대신 '보존제'라는 표현을 쓴다. 일부 유기농 제품은 '무보존제'라고 표기하기도 하지만 대개의 경우 보존제를 사용한다. 식약청의 '유기농화장품 표시·광고 가이드라인'에 따르면, 유기농화장품은 물을 제외한 유기농 원료 함량이 화장품 전체 구성성분의 95퍼센트 이상이어야 한다. 이 기준에 따르면 유기농 원료를 사용하고 합성보존제(벤질알코올, 실리산 등)를 함유했더라도 유기농화장품으로 인정된다. 소비자들은 보존제를 사용한다면 거부감을 갖기 쉽지만, 사실 보존제는 피부에 부담을 주지 않는다. 화장품의 유통기한이 있는 것도 보존제 때문이다.

　보존제는 화장품 내용물(포뮬라)의 안정성을 유지해주는 역할을 한다. 손으로 제품을 덜어 사용할 경우 미생물에 의한 2차 오염을 막아주고, 상온보관 시 발생할 수 있는 내용물의 변질을 막아준다. 보존제의 함유량은 식약청 기준에 따라 전체 화장품 내용물의 약 0.3~0.4퍼센트로 극히 미량이기 때문에 안전성에 큰 문제가 없다. 요즘에는 화학 계열의 합성보존제인 파라벤의 유해성이 거론되기도 하지만 이 역시 미량이 화장품에 들어가기 때문에 걱정하지 않아도 된다는 것이 업계의 설명이다. 대한화장품협회 관계자의 말로는, 국내 화장품업계에서는 파라벤 함유량을 기준치 이하인 0.19퍼센트 이내로 유지하고 있어 안전성에 문제가 없다고 밝혔다.

　그렇다면 화장품의 사용기한은 얼마나 될까. 대부분의 여성들이 하루 평균 두 번씩 사용하는 제품이기 때문에 화장품의 유통기한은 반드시 지키는 것이 안전한 피부를 가꾸는 데 좋을 것이다.

　일반적으로 개봉을 하지 않은 제품은 제조일로부터 3년 이내에 사용하는 게 바람직하지만, 개봉한 이후에는 이야기가 달라진다. 식약청과 업체들이 권장하는 개봉 이후 사용기한을 보면 기초 스킨케어가 1년, 마스카라 등 메이크업 제품이 6개월~1년이다. 따라서 화장대에 유통기한이 지난 화장품이 있다면 평소 아껴 바르는 고가의 제품이더라도 미련 없이 버리는 것이 현명하다. 유기농화장품도 보존제가 사용된 제품이라면 일반화장품과 사용기한이 같다고 보면 된다.

　화장품의 종류별 유통기한과 현명한 보관법에 대해 알아보자.

- **메이크업리무버**　개봉 전 사용가능 기간은 3년, 개봉 후 사용가능 기간은 1년 이내. 침전물이 생기고 물과 오일 성분이 분리되면 변질된 것이다. 청결하게 사용하고, 뚜껑을 잘 닫아 서늘하고 그늘진 곳에 보관해야 한다. 클렌저도 마찬가지이다.

- **스킨 및 로션**　스킨의 개봉 전 사용가능 기간은 3년, 개봉 후는 3~6개월이다. 로션의 경우 개봉 후 사용가능 기간은 1년 이내로, 변질된 경우에는 색깔이 달라지고 물과 오일 성분이 분리되며, 고약한 냄새가 난다.

- **에센스 및 크림**　에센스의 개봉 전 사용가능 기간은 2~3년, 개

완벽한 쇼핑

봉 후는 1~2개월 이내여야 한다. 변질되면 색깔이 변하고 물과 오일 성분이 분리되며 고약한 냄새가 난다. 뚜껑을 잘 닫아 서늘하고 그늘진 곳에 보관한다. 크림은 개봉 전 에센스와 사용가능 기간은 동일하며, 개봉 후 1년 이내에 사용한다.

- **기능성화장품** 개봉 전에는 2~3년이 사용가능 기간이지만, 개봉 후에는 1년 정도 지나면 모든 주요 성분들이 산화되기 때문에 거의 제 기능을 하지 못한다. 3~6개월 이내로 사용하는 것이 좋다.

- **자외선차단제** 개봉 전 사용가능 기간은 3년, 개봉 후는 1년 이내이다. 고약한 냄새, 그리고 물과 오일성분이 분리되거나, 혹 고르게 펴 발라지지 않으면 변질 여부를 의심해야 한다.

- **메이크업베이스 및 파운데이션** 개봉 전 사용가능 기간은 2~3년, 개봉 후에는 1년 6개월 이내에 사용하는 것이 좋다. 덩어리가 생기거나 빛과 열에 노출되어 색상에 변화가 있을 경우 사용을 중단하자.

- **파우더 및 트윈케이크** 파우더의 경우 개봉 전에는 3~5년, 개봉 후에는 1년 6개월 이내로 사용한다. 트윈케이크의 경우 개봉 전에는 3년 이내에 사용해야 하며, 개봉 후에는 1년 이내로 제한한다. 둘 다 되도록 서늘한 곳에 보관하고 퍼프는 자주 세척하는 것이 좋다.

- **립스틱** 개봉 전에는 3~5년, 개봉 후에는 2~3년 사용이 가능하다. 만약 색이 바래고 갈라지거나 나쁜 냄새가 난다면

메이커보다는 성분이 먼저

변질된 것이다. 그리고 입술에 직접 바르거나 손가락을 이용해 바르지 말고, 되도록 립스틱 전용솔을 이용해 바르는 것이 좋다.

- **마스카라** 개봉 전 1년 이내 사용한다. 고약한 냄새가 난다거나 잘 뭉개지고 딱딱하게 굳어 덩어리가 지면 변질된 것이다. 펌프질을 해서 사용하면 금방 굳고 변질되므로 주의하자.

- **마스크 및 팩** 개봉 전에는 3년, 개봉 후에는 1년 이내에 사용한다. 농도가 묽어져서 짜낼 때 물이 섞여 나오거나 물과 오일 성분이 분리되면 변한 것이다. 뚜껑을 잘 닫아 냉장고에 넣어 보관하면 더 좋다.

화장품을 변질 없이 오래 사용하고 싶다면 화장품을 만질 때는 손을 깨끗이 하고, 크림 등을 덜어 쓸 때는 전용주걱이나 면봉을 사용하는 것이 좋다. 사용한 뒤에는 뚜껑을 닫아 서늘하고 그늘진 곳에 보관하도록 한다. 보관에 가장 좋은 온도는 15도 내외지만, 일반적으로 모든 화장품은 실온에서 보관이 가능하며, 직사광선을 피해 서랍 속에 보관하는 것이 가장 좋다. 일시적으로 사용하는 팩 종류나 스킨 제품의 경우, 시원하게 사용하기 위해 냉장고 보관을 권하기도 한다. 하지만 스킨처럼 자주 사용하는 제품을 냉장고에 보관하면 사용할 때마다 급격한 온도차로 오히려 변질을 앞당길 수 있다.

효소 성분이 들어간 제품은 특히 차가운 곳에 보관하면 안 된

다. 다만 온도에 민감한 레티놀 제품이나 에센셜 오일, 비타민C
가 함유된 기능성 제품은 차갑게 보관하는 것이 좋다.

고급 화장품도 잘못 쓰면 독

아무리 좋다고 소문난 화장품도 내 피부타입과 맞지 않는다면
'독'이 될 수도 있다. 비싼 화장품을 선물 받았다고 덥썩 발랐다
가 얼굴이 붉어지거나 화끈거리는 부작용이 생기는 경험을 한 적
이 있을 것이다. 이들은 대개 민감성 피부에 해당한다. 아토피성
피부염, 건선 등 피부질환을 가졌거나, 피부층이 지나치게 얇아
자극에 민감한 이들이다. 이들은 주름제거에 효과적인 것으로 유
명한 레티놀 성분도 자극이 강하기 때문에 피하는 것이 좋다.

건조하고 푸석거려 보이는 건성피부는 세안 후에도 계속 얼굴
이 당기며 피부에 각질이 일어나고 잘 트게 된다. 알코올이나 멘
톨, 페퍼민트 성분은 피부를 오히려 건조하게 하고 따끔거리게
할 수 있어 피해야 한다.

반대로 지성피부는 얼굴에 피지분비가 많아 늘 번들거리고 모
공이 넓다. 따라서 유분이 많은 코코넛오일, 바세린, 시어버터 같
은 성분은 여드름을 유발할 수 있다. 자외선차단제를 고를 때도
옥시벤존, 메톡시시나메이트 같은 화학성분이 포함돼 있다면 자
극을 유발할 수 있어 주의해야 한다.

메이커보다는 성분이 먼저

그렇다면 각 기능성화장품 별로 어떤 성분이 필수적으로 들어 있는지를 알아두는 것도 피부미인이 되는 과정일 수도 있겠다. 다음을 살펴보자.

각질제거 제품에는 AHA가 필수

과일에 들어 있는 산 성분으로 합성AHA가 주로 쓰이는데, 이는 각질제거 기능이 있는 성분이다. 그러므로 각질정돈 기능이 있는 토너, 홈필링 제품, 각질제거 제품 등에는 AHA 성분이 4퍼센트 이상 들어 있어야 제 기능을 할 수 있다.

보습 제품에는 식물성오일이나 히알루론산

보습로션, 보습크림, 립밤은 피부에 수분을 공급하고 수분 보유력을 높여주는 제품이다. 따라서 마카다미아오일, 호호바오일, 올리브오일 등의 식물성 오일성분이 함유되어 있어야 한다. 이밖에 히알루론산은 피부수분 증발을 막아주고 보습력이 뛰어난 성분으로, 유사한 성분으로는 세라마이드가 있다.

링클케어 제품에는 펩티드

기존의 주름개선 성분보다 안정적이고 쉽게 산화되지 않는 펩티드는 주름을 감소시키고 피부에 탄력을 줘 링클케어 제품에 필요하다. 유사한 성분으로는 레티놀, 아데노산 등이 있다.

**자외선차단 제품에는 티타늄디옥사이드,
그리고 징크옥사이드**

티타늄디옥사이드는 메이크업베이스의 커버 기능을 도와주고 피부 자극 없이 자외선을 차단하는 기능이 있다. 흙에서 추출한 미네랄인 징크옥사이드도 항산화, 자외선차단 기능이 있으므로 메이크업베이스, 자외선차단제에 필요한 성분이다.

화장품 종류에 따른 성분

화장대 위에 놓여 있는 화장품을 평소 쓰는 순서대로 적어보자. 주로 욕실에서 쓰는 클렌징 제품에 더해 스킨, 에센스, 로션, 아이크림, 수분크림, 선블록, 메이크업베이스, 파운데이션, 파우더 등 족히 9개 이상이 될 것이다. 미국 여성들도 비슷한 수준이다. 미국 환경실무그룹에 따르면 하루 평균 성인여성이 사용하는 화장품이 무려 아홉 가지라고 한다. 주름개선, 미백제품 등 기능성화장품의 가짓수가 늘면서 아침, 저녁으로 여성들이 얼굴에 바르는 화장품의 수도 늘고 있다.

문제는 화장품의 성분을 우리가 모두 알고 바르지 않는다는 것이다. 우리가 모르는 사이에 매일 아침저녁으로 유해화학물질을 바르고 있는 것일 수도 있다. 화장품 용기 뒷면에 깨알 같은 글씨로 성분들이 적혀 있지만 모두 외래어, 전문용어여서 이해하기

메이커보다는 성분이 먼저

힘들다. 화장품 전문가들은 피부 알레르기를 일으킬 수 있는 대표 성분들은 숙지해놓는 것이 좋다고 조언한다.

세정용품의 계면활성제로 사용하는 소듐라우릴(라우레스)설페이트 같은 성분이 피부 알레르기를 유발하는 화학물질이다. 방부제로 사용되는 페녹시에탄올은 피부 과민반응, 파라벤(파라옥시안식향산에스텔), 폴리소르베이트 등은 환경호르몬, 립스틱에 사용되는 타르색소, 티타늄디옥사이드, 트리에탄올아민, PEG 등은 발암성이 의심되고 있다.

화장품업계의 한 관계자는 약 5,000여 종의 화학물질이 화장품의 원료로 사용되고 있으며, 화장품 한 개에는 보통 20~30가지의 화학성분이 들어 있다고 말한다. 화장품 부작용은 크게 두 가지인데, 하나는 화장품 속에 유해성분이 들어가 있어 피부를 손상시키는 것이고, 또 하나는 특정한 피부에만 알레르기 반응을 일으키는 것이다. 그렇다면 제품별로 유해한 성분을 하나하나 따져보자.

- **토너** 토너나 향수의 유화제로 사용되는 '트리이소프로파놀아민'은 피지를 과다하게 빼내는 부작용을 일으킨다. 피부를 건조하고 거칠게 만드는 원흉으로, 보송보송하다고 무조건 좋아할 게 아니다. 건성피부라면 특히 피해야 할 성분이다.

- **크림** 크림과 유액에 배합되는 보습제인 '프로필렌글리콜'은 강한 독성을 갖고 있다. 특히 입으로 들어가면 지각이상, 신

완벽한 쇼핑

장장애 등 심각한 질병을 유발할 수 있다. 또 다른 보습 성분인 '폴리에틸렌글리콜'은 입에 들어가면 간장 및 신장장애나 발암유발 가능성도 가지고 있다.

- **파우더** 특별히 유해한 성분이 들어 있다기보다는 '가루'라는 제형 자체가 위험할 수 있다. 미세한 가루가 코를 통해 흡입되어 기관지, 천식, 비염의 원인이 되기도 한다. 루스 파우더보다 압축 파우더가 안전하다.

- **마스카라** 세균 감염, 특히 녹농균 감염을 가장 빈번하게 일으키는 게 마스카라다. 포도상구균, 곰팡이균에 감염될 위험도 크다. 속눈썹 뿌리까지 바르거나 마스카라를 바른 채 눈을 비비는 행동은 절대 금물이다. 마스카라 대신 인조 속눈썹을 심은 사람도 안심할 수 없다. 속눈썹을 붙이는 본드에 알레르기유발 성분이 들어 있다.

- **아이라이너** 라인을 그리다가 붓끝이 눈에 닿으면 결막에 영구적인 색소 침착을 남길 수 있다. 특히 언더라인을 그릴 때 조심해야 한다. 라이너 끝에 눈이 닿거나 내용물이 눈 안에 고일 가능성이 크다.

- **아이섀도** 콘택트렌즈 착용자는 각별히 주의해야 한다. 특히 펄 아이섀도에 많은 운모, 금속성 가루, 생선비늘 성분은 콘택트렌즈에 최악이다. 렌즈 표면에 붙어 눈에 심각한 손상을 줄 수 있다. 화장하기 전에 렌즈를 끼고, 클렌징하기 전에 렌즈를 빼도록 한다.

메이커보다는 성분이 먼저

- **자외선차단제** 종종 알레르기성 피부염을 일으키는 자외선 흡수 물질인 파라아미노벤조산이나 옥시벤존을 주의해야 한다. 특히 PABA(파라아미노벤조산)은 유해광선뿐 아니라 우리 몸에 유익한 햇빛까지 차단하는 성분이다. 민감한 피부라면 'PABA-free'가 표시된 제품을 선택해야 한다. 그러나 최근 출시된 자외선차단제들은 PABA 대신 PABA유도제를 사용해 비교적 안전하다.

- **아로마오일** 최근 일부 아로마 에센셜 오일에서 발견된 메틸알코올은 눈에 닿을 경우 시력저하나 영구실명의 위험까지 있는 성분이다. 또 다른 성분인 디에틸프탈레이트는 내분비계 장애물질로 유해성 논란을 빚고 있어 꼭 써야 한다면 눈이나 점막에 손상을 줄 수 있는 스프레이 타입은 피하는 게 좋다.

- **파운데이션** 거의 모든 화장품에는 지방이 들어 있다. 지방은 시간이 지나면 산화되어 냄새가 나고 변색되는데 이를 방지하기 위해 첨가되는 게 산화방지제다. 지브틸히드록시틀엔은 파운데이션을 비롯해 각종 메이크업 제품, 클렌징 제품, 화장수 등에 널리 쓰이는 산화방지제로, 피부장애와 과민성 피부의 원인이 된다. 입에 들어가면 혈청 콜레스테롤의 상승, 체중감소, 탈모, 간 비대증을 유발하기도 한다.

- **클렌저** 비누, 클렌저, 화장수, 토너, 크림, 파운데이션, 삼푸 등 거의 모든 제품에 보존제, 살균제, 곰팡이 방지제로 사용되는 성분이 들어가 있다. 이는 사람에 따라 피부장애를 일

완벽한 쇼핑

으키기도 하고, 입에 들어가면 구토, 메스꺼움, 발진, 발열, 간염, 헤모글로빈혈증 등을 유발한다.

- **각질제거제** 과일, 우유, 설탕 등에서 추출하는 AHA는 각질제거와 수분공급, 노화방지에 탁월한 성분으로서, 피부과 스킨 스케일링 시술에도 사용되는 물질이다. 저농도일 때는 피부 표피를 촉촉하고 매끄럽게 해주지만, 농도가 강하면 피부를 자극해 습진이나 피부염을 유발할 수 있다.
- **샴푸** 화장품의 유화제나 습윤제로 사용되는 트리에타놀아민은 특히 샴푸, 발모제 같은 헤어 제품에 많이 함유되어 있다. 피부와 점막, 눈을 자극하는 대표적인 물질이고, 언젠가 발암성이 있다고 보고된 바도 있다. 눈에 들어가거나 얼굴에 닿지 않게 주의하고 두피에 묻은 샴푸까지 깨끗이 헹구는 것이 좋다.

아이크림을 둘러싼 의심들

많은 여성들이 특히 30대 들어서면서 기초화장 후에 아이크림을 꼬박꼬박 챙긴다. 눈가 주름이 다른 얼굴 주름에 비해 빨리 생기는 것 같고, 동년배에 비해 나이가 들어 보이게 만드는 요인이라고 생각한다. 본인뿐만 아니라 요즘에는 남편의 눈가까지 신경을 쓴다. 여성들에 비해 피부가 두껍다는 남자들도 눈가 주름이

메이커보다는 성분이 먼저

깊어지면 나이가 들어 보이기 때문이다. 다른 화장품에 비해 가격대가 비싼데도 아이크림을 빼먹지 않는 이유다.

그렇다면 아이크림은 정말로 꼭 발라야 하는 필수 스킨케어 단계일까? 아이크림이 눈가의 주름을 예방하거나 제거하는 효과가 분명히 있기는 있는 걸까?

답을 이야기해보자. 눈가 피부는 알레르기 등의 자극에 대한 반응이 잘 나타나고 다른 부위보다 건조해 주름이 빨리 생기는 것은 사실이다. 그렇다고 아이크림이 필수 품목이라고는 할 수 없다. 이는 화장품 평론가 폴라 비가운의 주장이다. 폴라 비가운은 여성들이 오해하고 있는 아이크림의 진실에 대해 이와 같이 조언했다.

"아이크림의 성분 구성은 다른 기초제품의 성분과 다를 것이 전혀 없어요. 그리고 다른 특별한 제조공법을 가지고 있다는 증

TIP 김기자에게 물어봐!

친환경 화장, 이렇게 시작하라

1. 화장품은 적게 사용하고 종류도 몇 가지만 사용한다.

2. 매니큐어와 염색은 되도록 NO!

3. 자신이 쓰는 화장품의 성분명과 구성물질을 반드시 알아본다.

4. 플라스틱 용기보다는 유리 용기 화장품을 찾는다.

거나 자료, 연구는 어디에도 존재하지 않습니다."

대부분의 아이크림은 자외선차단 성분이 함유돼 있지 않아서 요즘같이 햇볕이 강렬한 낮에 아이크림을 바르는 여성들은 특히 주의해야 한다. 눈가 주름을 관리하려다 오히려 햇볕으로 인한 손상과 잔주름의 위험에 그대로 노출될 우려가 있기 때문이다.

아이크림에 대한 또 다른 오해는 눈 부분이 더 예민하니까 유분보다는 수분이 더 필요하다고 착각하는 것이다. 피부는 30퍼센트의 수분으로 이뤄져 있는데, 이보다 더 많은 수분을 공급하면 오히려 피부막을 손상시켜 해가 된다. 수분 보충을 위한 아이크림은 돈 낭비로 이어질 수 있다는 얘기다. 피부가 수분을 잃게 되는 대표적인 사례를 들어보자. 선블록 크림의 사용 없이 그대로 피부가 자외선에 노출되거나, 혹은 항산화제, 세포대화성분, 피부유사성분 등 피부에 유익한 성분을 사용하지 않는 경우다.

눈가에만 다른 제품을 발라야 하는 경우가 있다면 눈가 피부가 다른 얼굴 부위와 피부타입이 다를 때일 뿐이다. 예를 들어 악지성 피부인 사람이 눈가를 제외한, 피지분비가 많은 다른 부위에는 모이스처라이저를 사용하지 않거나 혹은 가벼운 사용감의 모이스처라이저를 사용하고, 상대적으로 건조한 눈가에는 조금 더 유분감이 있는 보습제를 사용할 수 있다. 폴라 비가운은 이에 대해 "일반 모이스처라이저와 눈 전용 아이크림의 차이점은 아이크림이 가격이 더 비싸고 그에 비해 양이 적다는 사실 뿐"이라고 지적했다.

메이커보다는 성분이 먼저

이제 눈가 관리를 위해 비싼 아이크림 대신 일상생활에서 충분한 숙면을 취하는 것이 더 좋을 듯하다. 혹은 꼭 아이크림이 아니더라도, 피부에 유익한 성분이 들어 있는 제품으로 눈가를 관리해보는 것은 어떨까?

아로마가 질병을 예방할 수 있나?

요즘 알뜰녀 씨 침실에는 은은한 아로마 향기가 가득하다. 아로마 향이 불면증에 좋다는 지인들의 권유로 알뜰녀 씨는 매일 잠자기 전 아로마 향을 피운다. 알뜰녀 씨는 "불면증에 시달릴 때가 있는데 아로마 향을 맡으면 숙면을 취하는 데 도움이 된다"면서 "요즘은 욕조에 아로마 오일을 떨어뜨리거나 샤워 후 아로마 오일을 바르는 등 향기 요법에 심취해 있다"고 말했다.

아로마 요법은 다양하게 활용되고 있다. 특히 스파가 대중화되면서 아로마를 이용한 마사지가 인기를 얻고 있다. 근육이완 효과는 물론 평소 쌓인 스트레스를 풀어주고 피부를 매끄럽게 해주는 효과 때문이다. 샤워 후 식물성 오일에 에센셜 오일을 몇 방울 희석시켜 피부에 바르면 전신 혈액순환과 신진대사가 원활해진다.

인류는 이미 오래전부터 병을 치료하는 데 식물을 이용해왔다. 치료 목적 외에 예방 용도로도 쓰이는 아로마테라피는 향기를 통해 몸과 마음의 건강을 풀어줘 자연치유력을 높이는 효과로 쓰임

완벽한 쇼핑

새를 넓히고 있다.

원리는 이렇다. 향기(정확히 말하면 향기 분자)가 코로 들어가 코 점막을 통해 후각 세포에 전달, 대뇌 변연계에 도달해 그 작용이 몸과 마음에 미치는 것이다. 대뇌 변연계는 호르몬과 자율신경계, 면역계의 움직임을 조정하는 곳이기에 향기 분자를 통한 이러한 명령의 변화는 대뇌 신피질과 해마에도 자극이 돼 기억력과 상상력, 창조력에도 영향을 미치게 된다.

일부 에센셜 오일은 몸 안의 특정 기관이나 조직에 친화력이 있어 오일이 그 부분에 도달하면 특별한 효과를 나타내기도 한다. 비염나 질염 등을 치료하는 데 쓰이는 경우다.

그렇다면 아로마 제품은 어떻게 선택하는 게 좋을까?

성분 면에서 일본이나 중국산 인삼보다 한국산 인삼을 더 인정해주는 것처럼 토종 아로마 제품이 주목을 받고 있다. (주)앤디의 제품은 천연향 100퍼센트이다. 한국인의 체질에 잘 맞도록 토종 약초 에센셜을 베이스로 만들었다. 이 회사의 양미란 사장은 "50여 종의 아로마 제품들은 우리나라에서 자생하는 야생 허브약초 에센셜로 약 5년 이상 숙성시켜 만든 것입니다. 우리나라 사람이나 동양인의 식생활, 문화, 기후, 체질에 맞게 개발됐기 때문에 질병 예방, 감기 예방, 피부 탄력 등 다양한 효과가 있습니다"라고 말했다.

현재 시중에서 판매하는 아로마 제품들은 프랑스, 영국, 독일, 호주 등지에서 생산된 수입품 일색이다. 대체로 품질이 우수한

메이커보다는 성분이 먼저

편이지만 구입 시 인증마크를 반드시 확인해야 한다.

식물의 품명과 학명, 추출 부위, 추출 방법 등 최소한의 정보가 잘 표시되어 있는지 확인하고 원산지, 수입처, 제조년월일, 신뢰할 수 있는 기관(BDIH : 독일의 유기농화장품 인증기관, ECOCERT : 유럽과 미국을 비롯한 전 세계 50개국에서 실시하는 유기농제품 인증기구, COSMEBIO : 프랑스의 유기농 인증기관으로 에코서트에 의해 2002년 등록된 단체)에서 인증을 받았는지도 필히 확인한다.

들쑥날쑥한 미용실 가격

최근 이사를 간 알뜰녀 씨는 집 근처 미용실을 찾았다. 전에 살던 곳에서 자주 다녔던 같은 프랜차이즈 미용실이 이곳에도 있기에 반가운 마음에 얼른 들어갔다. 먼젓번과 비슷한 수준의 미용 서비스를 받을 수 있겠다는 생각에서다. 그녀는 '디자이너 선생님'을 소개 받아 평소 했었던 디지털퍼머에 염색까지 했다. 머릿결이 부쩍 푸석해진 것 같아 천연성분 염색약을 추천 받았다. 두 시간여 서비스를 받고 난 뒤 알뜰녀 씨는 멤버십카드를 꺼냈다. 15퍼센트 할인이 가능한 카드다. 하지만 계산서를 받아 든 알뜰녀 씨는 고개를 갸우뚱하지 않을 수 없었다. 할인을 받고도 지불한 금액이 무려 22만 원이나 되는 게 아닌가.

그전에 15~18만 원으로 같은 서비스를 받았는데, 같은 체인

헤어숍인데도 5~7만 원 정도가 더 비싼 셈이었다. 미용실 측은 같은 프랜차이즈 미용실이라도 헤어디자이너에 따라 애용하는 약품이 다르기 때문에 가격대가 달라진다고 했다. 최근에 나온 천연성분 염색약을 썼으니 비용 추가는 당연하다는 얘기다. 과연 그럴까?

미용실마다 사용하는 퍼머, 염색, 트리트먼트 등 각종 약품은 종류는 달라도, 재료값이 전체 미용 가격에 차지하는 비중은 약 10퍼센트로 비슷하다. 고가 미용실의 경우 천연성분이나 저자극성 약품을 사용하기 때문에 비용이 더 올라간다고 얘기하지만 그렇다고 약품 값이 미용 가격을 좌우하는 건 아니다.

미용실 측은 결국 디자이너의 기술이 최종 비용을 좌우한다고 말한다. 컷, 퍼머 등 디자이너의 기술이 곧 프랜차이즈 브랜드의 고른 품질을 보장하는 것이고, 고객의 모발상태에 따라 약품을 정하고, 트리트먼트 등 부가서비스를 소개해서 결정토록 하는 것도 디자이너이기 때문이다. 그러니 어느 디자이너가 머리 손질을 맡느냐에 따라 조금씩 가격대가 달라질 수밖에 없다는 것이다.

알뜰녀 씨처럼 같은 프랜차이즈 미용실이라고 하더라도 디자이너의 기술 수준이 다르고, 약품 선정도 달라지기 때문에 가격이 달라진다는 것이다. 특히 미용실이 위치한 지역에 따라 점포 임대비용이 다르기 때문에 강남이 강북 지역 점포보다는 비쌀 수밖에 없다.

청담동에 있는 J 헤어숍의 한 관계자는 같은 J 점포라도 지역에

메이커보다는 성분이 먼저

따라, 디자이너에 따라 가격이 들쑥날쑥하다고 말했다. "일반 퍼머의 경우 저희 매장에서는 16만 5,000원을 받는데, 같은 매장 안에서도 디자이너에 따라 20만 원이 넘어갈 수도 있어요." 기술이 좋아 단골손님이 많은 디자이너의 경우, 가격에 프리미엄이 붙기 때문이다.

모 방송사 제작진이 미용실 밀집 지역인 강남과 이대 앞, 서민층이 많이 사는 봉천동, 유명 프랜차이즈 미용실 등 모두 300여 곳의 가격을 비교해보았다.

그 결과 일반 매직스트레이트의 가격이 강남에서는 최고 40만 원, 봉천동은 평균 4만 원으로 무려 10배나 차이가 났다. 일률적인 잣대로 따지기 어려운 헤어디자이너의 기술이 고무줄 같은 미용실 가격의 주요원인인 셈이다.

미용실마다 서비스 가격이 다른 것도 서비스 효과 자체에 대한 소비자들의 불신을 키우는 대목이다. 자신을 '초보아줌마'라고 소개한 한 블로거는 미용실에 들를 때마다 미리 가격을 알 수 없어 가슴이 조마조마했던 경험담을 털어놓았다. 한 미용실에서 커트를 했다가 무려 4만 원을 낸 뒤로는, 퍼머나 염색 등 서비스를 받을 때마다 '이 가격은 도대체 얼마나 되는 걸까' 혼자 고민을 하게 된다는 것이다. 물론 서비스를 받을 때마다 물어볼 수도 있지만, 분위기상 가격 흥정이나 하는 것 같아 그만두기로 했단다. 그리고 미용실도 미리 알아볼 수 있는 가격표시판을 공개하면 좋겠다는 얘기였다.

완벽한 쇼핑

요즘 웬만한 음식점, 식료품가게, 옷가게 등에 들어가면 가격이 모두 정해져 있어 가격표를 보고 대충 그날의 소비 규모를 정할 수 있다. 미용실은 몇 안 되는 '정가제' 사각지대다. 대부분의 미용실이 가격표를 비치해놓지 않고 대뜸 "커트를 하시나요, 퍼머를 하시나요?"라고 묻는다. 고객이 퍼머라고 하면 일반퍼머, 디지털퍼머 등을 선택하라고 하지만, 다양한 선택별 가격에 대해 미리미리 설명해주는 곳은 많지 않다.

미용실에는 아예 정가제가 없는 걸까? 그렇지 않다. 구청이나 시청에서 권장하는 가격이 있지만 이를 지키는 업소가 없을 뿐이다.

실제로 미용실 측은 정가제를 지키기가 어렵다고 한다. 예컨대 퍼머의 기본가격이 2만 원이라고 했을 경우, 미용실 가격 또한 2만 원에서 시작한다. 여기에 디자이너가 원장이냐 A급이냐 B급이냐에 따라, 그리고 약품이 고가 제품이냐 저가 제품이냐에 따라, 트리트먼트나 영양공급 등 추가 서비스가 들어가느냐 등에 따라 가격은 10배 이상 차이가 날 수 있다. 들어가는 재료 없이 오직 기술만 필요한 커트의 경우 기본이 1만 원이라 해도 고객의 머리길이, 디자이너의 기술수준에 따라 2만 원, 3만 원으로 달라진다는 설명이다.

소비자들의 선택 폭을 넓힌다는 차원에서 보건복지부는 최근 이미용 업소도 서비스별 최종 지불요금을 게시토록 하는 방안을 추진 중이다. 내년 1월부터 영업장 신고면적 66평방미터(20평)

메이커보다는 성분이 먼저

이상 이·미용업소는 소비자들이 업소에 들어와서 가격을 쉽게 확인할 수 있도록 가격표시판을 비치토록 하는 내용의 공중위생관리법 시행규칙 개정안이 입법 예고됐다. 최종 지불요금에는 재료비, 봉사료, 부가가치세 등이 포함된다. 이렇게 될 경우 미용실을 찾는 소비자는 가격대를 훑어보고 서비스를 받을지, 아니면 다른 미용실을 찾을지 판단할 수 있다. 자연스레 '엿장수 맘대로' 가격이 정해지는 관행이 줄고 미용실 간 가격 경쟁도 일어날 것으로 전망된다.

하지만 미용업계는 디자이너가 사용하는 재료에 따라 가격이 천차만별인데 그걸 어떻게 일일이 다 공개하느냐며 반발하고 있다. 더구나 머리손질 비용에 미용실 임대료와 인건비, 전기료 등 운영비 등이 포함되기 때문에 미용실의 규모와 지역에 따라 큰 차이가 날 수밖에 없어 일률적인 정가제는 불가능하다고 주장한다. 전문가들도 디자이너의 창의성을 가격으로 환산하기 어렵기 때문에 음식 값처럼 가격표를 정하는 건 행정 편의주의적 발상이라고 지적한다.

문제는 갈수록 미용실 가는 게 부담이 될 정도로 가격이 뛰고 있다는 것이다. 두세 달에 한 번씩 미용실을 찾아야 하는 여성 소비자로서, 미용실이 디자이너 기술을 내세워 약품이나 부가서비스의 거품을 키우는 건 아닌지 의심할 수밖에 없다. 미용업계의 자발적인 가격표시제, 정가제 문화가 확산된다면 미용실을 찾는 고객의 발걸음이 좀 더 가벼워질 것이다.

완벽한 쇼핑

미용실 현명하게 이용하기

소셜커머스 쿠폰, 미용실과 제휴된 카드 할인, 미용실의 타임세일 등이 있다. 할인율만 보고 따진다면 대략 50퍼센트의 높은 할인율을 보이는 소셜커머스 쿠폰이 좋지만, 소셜커머스 쿠폰의 경우 비정기적으로 발행되며 매장 선택과 매장 위치 선택에 제한이 있다는 단점이 있다.

보유하고 있는 카드와 제휴하고 있는 미용실을 선택하는 것도 좋은 방법이다. 이 경우 약 20퍼센트가량의 할인혜택을 볼 수 있다. 조금 더 할인 받을 수 있는 방법은 미용실의 타임세일이다. 타임세일은 주로 손님이 적은 평일 오전시간에 이루어지며, 대략 30퍼센트 정도의 할인율이 적용된다.

그 많은 것을
어디서 사야 하나

완벽한 쇼핑

가구 아울렛을 찾아라

결혼생활 15년 만에 내 집을 마련한 알뜰녀 씨는 손길이 바빠졌다. 낡은 소파도 바꾸고 싶고, 인테리어 소품으로 거실과 안방에 포인트를 주고 싶은데 구입비용이 만만치 않다. 빠듯한 집안살림에 비싼 가구제품을 새로 들여놓기가 부담스럽다면 아울렛매장을 이용하는 것도 좋은 방법이다. 가구 아울렛매장은 패션 아울렛매장만큼 많지는 않지만 약간의 발품만 팔면 저렴한 비용으로 가구를 구입할 수 있다.

가구 아울렛, 최대 80퍼센트 할인판매

현재 국내에서 운영되고 있는 가구 아울렛매장은 손에 꼽을 정도다. 브랜드 가구업체들은 대리점 위주로 운영되기 때문에 대리점 매출에 영향을 미칠 수 있는 아울렛매장 도입을 꺼리는 편이

그 많은 것을 어디서 사야 하나

다. 기껏해야 공장 인근에 전시장을 마련하고, 하자가 있는 제품을 싸게 파는 수준이다.

브랜드 가구업체 중 아울렛매장을 운영하는 곳은 '까사미아'가 유일하다. 까사미아는 경기도 광주시 오포읍에 매장을 운영하고 있다. 825평방미터(250평) 규모의 오포 아울렛매장은 침대, 장롱 등의 가구류를 비롯해 이불커버, 매트리스커버, 베개, 커튼, 조명, 액자 등 소품류에 이르기까지 다양한 품목을 판매한다. 최대 30퍼센트까지 할인판매하고, 균일가 판매 등 이벤트가 연중 진행된다. 카페와 야외 테라스 등 고객을 위한 휴식공간도 마련돼 있다.

가구업체들은 본사나 공장 인근에 있는 직영전시장에서 시제품, 광고촬영 제품, 하자 있는 신상품, 모델하우스 전시품, 이월상품 등 B품 제품을 할인판매하기도 한다. BIF보루네오는 인천 남동공단에 1,320평방미터(400평) 규모의 아울렛매장에서 시즌이 지난 제품, 소비자의 변심에 의해 한 차례 반품되었던 물건을 싸게 팔고 있다. 이러한 기획전 등을 이용하면 최대 80퍼센트나 할인된 가격에 제품을 구입할 수 있다.

신제품이 출시되는 시기에 각 매장별로 전시품을 할인판매하는 기회를 이용하는 것도 알뜰 구매방법이다. 할인율은 제품 상태와 전시기간에 따라 다르지만, 보통 20~30퍼센트의 할인율이 적용된다. 한샘은 신제품 출시 시기를 전후해 부엌가구에 한해 전국 대리점의 전시제품 현황을 홈페이지(www.hanssem.com)

를 통해 확인할 수 있도록 하고 있다. 방배동, 논현동, 분당 직매장에서 특가제품을 선착순 판매하는 이벤트를 격주로 진행하기도 한다.

다양한 브랜드끼리 비교구매 가능한 가구멀티숍

아울렛매장은 아니지만 다양한 브랜드의 가구 제품을 한 곳에 모아 판매하는 가구멀티숍을 이용하면 시간을 절약할 수 있을 뿐만 아니라 봄철 성수기를 앞두고 진행되는 가격 할인행사를 통해 저렴한 가격대의 물건을 얻을 수 있다.

경기도 광주시 오포읍에 있는 G&G는 미국과 캐나다, 유럽 등지의 클래식·앤티크 가구를 수입해 판매하는 곳으로, 품목 수만도 2,300여 개에 이른다. 미주관, 유럽관, 리빙관, 이벤트관 등 6개의 전시장을 갖추고 있는데, 이들 매장을 꼼꼼히 둘러보는 데만 3시간 정도가 걸릴 정도로 큰 규모를 자랑한다. 회사 측 관계자의 말에 의하면, 미국과 캐나다, 이탈리아 등지에서 수입하는 클래식·앤티크 가구의 경우엔 서울 논현동 가구거리에 있는 수입가구 매장의 제품보다 평균 40퍼센트가량 저렴하다고 한다. 특히 이월상품과 세트 판매 후 남은 잔여 제품을 초저가에 판매하는 이벤트관을 이용하면 보다 저렴하게 구입할 수 있다고 한다.

용산 아이파크백화점은 3층부터 7층까지를 가구, 침구, 인테리어소품, 식기 등 생활에 필요한 모든 제품들로 구성된 리빙관을 운영하고 있다.

그 많은 것을 어디서 사야 하나

까사미아, 리바트, 보루네오, 올리브데코 등 종합가구에서부터 에이스침대, e-라이브러리, 플렉사 등 전문가구, 브로힐, 보컨셉, 밍데코 등 수입가구에 이르기까지 총 100여 개의 브랜드가 입점돼 있어 선택의 폭이 넓어졌을 뿐 아니라 비교 구매도 편리하게 할 수 있게 됐다. 특히 7층의 명품가구 매장에는 18개의 세계적인 가구 브랜드가 입점해 있다.

이탈리아의 플라스틱 명품가구 '카르텔', 백악관에서 애용한다는 'MGBW', 독일의 명품소파 브랜드 '히몰라', 미국식 클래식가구 '이튼알렌'과 '아멜리카 레더스', 이탈리아 전통명품가구 '이탈리아노'와 '보티첼리', '부띠' 등 각국의 명품가구를 선보이고 있다.

또한 세계 1위 침대업체인 '씰리침대'와 프랑스 명품 매트릭스 '젠코사' 등도 입점해 있으며, '한샘도무스', '영동가구', '한국가구' 등 해외명품을 수입하는 국내업체도 매장을 마련하였다. 아이파크는 4개 층에 국내 저가 브랜드부터 해외명품 브랜드까지, 그리고 어린이가구에서 전통가구에 이르기까지 한 곳에서 만나볼 수 있어 국내 최대의 가구메카로 자리매김하고 있다.

내 몸에 맞는 침대를 찾아라

사람은 일생의 3분의 1을 침대에서 보낸다. 이 때문에 침대는 건강과 직결된다. 숙면이 건강을 유지하는 선결조건이라는 것은 이미 잘 알려진 사실이라 각종 질병을 예방하고, 노화를 방지하는 등의 수면효과도 속속 발표되고 있다. 온돌문화인 우리나라의 가구당 침대 보급률이 최근 70퍼센트를 넘어선 지금, 건강과 질병 예방을 위해 내 몸에 맞는 침대를 구입하고 관리하는 지혜도 절실해졌다.

먼저 침대에는 어떤 것들이 있는지 알아보자. 침대는 크게 매트리스와 목물(헤드 및 받침대)로 나뉜다. 가장 중요한 것은 역시 매트리스다. 매트리스는 가장 대중적인 스프링 소재 외에도 천연고무 재질의 라텍스 매트리스, 코코넛 섬유를 채워 넣은 팜 매트리스 등이 있다. 또 천연석을 이용한 온열 돌침대도 한국적인 소재로 각광 받고 있다.

이 같은 다양한 매트리스는 각각의 소재가 지닌 특성의 장단점이 있으므로 유행에 따르기보다는 내 몸에 맞는 것, 즉 자신의 몸무게를 가장 최적으로 지지할 수 있는 경도의 매트리스를 골라야 한다. 옆으로 누웠을 때 허리뼈가 수평을 이루는 자세가 가장 이상적인데, 자기 몸이 바르게 펴지고 안락함을 느낄 수 있는 알맞은 쿠션감이라는 주관적 수치도 고려해야 한다.

가장 일반적인 스프링 매트리스는 스프링을 조립한 스프링판 위에 여러 내장재를 넣고 커버를 봉합해 쿠션감을 주도록 설계돼 있다. 몸을 받쳐주는 스프링 특유의 탄력성으로 통통 튀는 쿠션감이 느껴진다. 오랜 연구를 통한 스프링 기술의 발달로 스프링 제조공법과 배치, 충전소재 및 높이에 따라 다양한 탄력과 쿠션 감을 준다.

라텍스 매트리스는 천연고무로 만들어져 진드기, 박테리아가 서식하지 않으며 내구성이 좋아 오래 사용할 수 있다. 몸의 곡선에 따라 성형이 되면서도 묵직하게 받쳐주므로 밀착감 있는 쿠션감을 원하는 사람에게 적당하다. 라텍스에 대한 선호도가 높아지자, 실제로 불량 라텍스를 사용한 제품들이 많이 유통되고 있어 꼼꼼하게 따져보고 구입해야 한다.

또 팜 매트리스는 코코넛 열매의 속껍질을 감싸고 있는 코코넛 팜이라는 천연섬유를 이용해서 만든다. 코코넛 팜은 자체적으로 항균성을 가지고 있으며 통풍이 잘 되어 땀이 많은 사람이 사용하기에 적당하다. 약간 딱딱한 느낌이 있어 침대생활을 하지 못하고 좌식에 익숙한 사람들, 몸에 붙는 느낌을 싫어하는 사람들에게 좋다. 이 밖에 온열 기능의 돌침대는 허리 통증을 호소하는 노인들이 많이 이용하고 있다.

침대 종류를 알았으면, 이제 내 몸에 맞는 침대를 골라보자. 침대는 일단 누워보고 골라야 한다. 앉았을 때와 누웠을 때의 체중 분포가 다르기 때문이다. 에이스침대는 직접 누워보고 몸에 맞춰 고를 수 있도록 이동수면공학연구소를 운영하고 있으며, 한샘은 매트리스 체험존을 열고 있다.

스프링 매트리스는 표면을 만졌을 때 스프링이 느껴져서는 안 된다. 스프링이 느껴지는 것은 내장재를 제대로 쓰지 않았다는 증거다.

라텍스 매트리스는 밀도(천연고무 함량)에 따라 가격차가 크기 때문에 처음 고를 때부터 자신에게 맞는 밀도를 골라야 한다. 일반적으로 무게가 많이 나갈수록 밀도도 높고 고급 제품으로 봐도 무방하지만, 개개인에 따라 선호하는 매트리스의 강도가 다르므로 반드시 누워보고 고르는 것이 좋다.

또 팜 매트리스는 제조공법을 확인해야 한다. 코코넛 팜을 꼬아서 코팅해 만드는 트위스트 공법으로 만들어진 게 특히 좋다. 단순 압착식으로 만들어진 것은 쿠션감이 없는 저가의 제품으로 봐도 무방하다.

침대 싸게 파는 온라인 가구몰

글로리가구(www.glorygagu.com), 쏘홈(www.mysohome.co.kr), 미라지(www.mirage.co.kr), 레오가구(www.reogagu.net), 탤런트김혜선의 제니스가구(www.zenithgagu.com), 고품격침대싼곳 도로시가구(www.dorosigagu.com), 가구123(cafe.naver.com/gagu123), 펠리스침대(www.felizmall.com), 실속 있는 세르토(www.certogagu.com), 가구쇼핑전시장(www.gagusp.com), 직접생산판매 가구공장 가구땡(cafe.daum.net/gagudumping) 등

보물섬으로 불리는 남대문시장

'국보 1호' 남대문이 있는 남대문시장.

남대문시장은 우리나라를 대표하는 재래시장이다. 조선 이래 600년의 역사를 간직한 남대문시장은 서울을 찾는 외국인들이 가장 많이 찾는 서울의 명소다. 사람들의 발길은 숭례문을 기점으로 1만여 곳에 육박하는 점포로 향한다. 1년 365일, 하루 24시간 생동감이 넘쳐나는 남대문시장에 들르는 인원은 하루 평균 40만 명에 달한다. '남대문에 없으면 서울 어디에도 없다'는 말처럼 재래시장의 메카인 남대문시장은 서울의 보물을 품고 있다. 남대문시장의 보물들을 한번 알아보자.

국내외 그릇이란 그릇은 다 집결

국내 브랜드는 물론 해외 유명 브랜드의 식기와 와인 잔, 주방용 칼과 자잘한 집기류까지 주방에 필요한 모든 것들이 쌓여 있다. 모던하고 미니멀한 스타일, 유러피안 스타일과 오리엔탈 스타일, 플라스틱부터 칠기류까지 없는 그릇이 없다. 저렴한 가격 덕에 싱글 남녀, 조리학과 학생, 요리연구가와 주부들의 발길이 끊이지 않는다. 영업용 그릇과 맞춤그릇도 가능하기 때문에 카페나 식당을 개업하는 사람들도 이곳을 찾는다. 최근에는 커피 관련용품들이 인기를 끌고 있어 이곳에서 더치 커피기구, 수망 로스팅 기구, 드립 퍼, 드립 포트 등을 판매한다.

공장직영점이 많고 대부분의 가게들이 프랑스, 이탈리아, 독일에서 유명 브랜드의 제품을 직수입하기 때문에 저렴한 가격으로 구입할 수 있다. 백화점에서 파는 유명 브랜드의 제품보다 30~40퍼센트 저렴한 것은 물론, 흥정에 따라 파격적인 가격으로 장만할 수도 있다. D동 3층 대원상가와 삼성기물(커피 관련기구), C동 현대기물, 반도상사 등에서 가격을 비교해보고 구입하는 게 좋다.

눈길 끄는 고급 인테리어 소품이 가득

인테리어 전문가들이 적극 추천하는 곳이다. 각종 인테리어 소품과 파티용품, 장난감, 주방용품 등 인테리어에 대해 잘 모르는 사람들도 관심을 가질 만한 소품이 알짜배기처럼 그득하다.

가격 또한 일반 소매점보다 30~40퍼센트 싸다. 예림공예(97호. D동)에서는 '아!' 하는 감탄사가 저절로 나오는 아기자기한 일본 직수입 소품과 빈티지한 소품을 판매한다. 영광사(38호. D동)에서는 고급스런 라탄 소재의 바구니와 소품을 판매하며, 노아방(26호. E동)은 클래식한 인테리어용 도자기가 예쁘다. 천일양초(59호. D동)는 다양한 양초를 구비하고 있고, 현대데코(180호. E동)와 플라워 앳 홈(265호. E동)도 둘러볼 만하다.

나만의 액세서리를 갖자

중앙상가와 대도상가의 끝에 위치해 있다. 남대문시장에는 액세서리 상가들이 많지만 주로 도매점들이다. 하지만 E동 2층 '렝땅 액세서리'에서는 독특한 액세서리를 소매로 구입할 수 있다. 자체 디자인을 해서 수제로 만들어내는 이곳은 국내 도매는 물론 해외로 수출하는 물건을 만들기 때문에 고급스럽고 깜찍한 목걸이, 귀고리, 휴대폰 액세서리 등을 구입할 수 있다.

모든 가게가 소매를 하는 것은 아니지만 말만 잘하면 두고두고 간직하고픈 '나만의 액세서리'를 시중가의 40~50퍼센트 정도 가격으로 구매할 수 있으니 즐거운 비명이 절로 나온다.

명품가방 부럽지 않다

자유상가는 40여 년 전 핸드백, 옷가게, 자개상 등 다양한 잡화로 시작한 곳이다. 그러다가 가방이 유명해지면서 핸드백 전문상가로 자리잡았다. 100여 개의 점포가 입점해 전국적으로 도매를 하고 있으며 희귀한 특수피와 소가죽 등을 취급하고 있다. 이곳 상가 '악어 숍(92호)'에서는 질 좋은 특수피로 만든 지갑, 핸드백, 서류가방, 벨트 등을 시중가의 30~40퍼센트 가격으로 만나볼 수 있다.

가격은 저렴하지만 상품의 디자인과 마감처리는 수백만 원을 호가하는 특수피 명품핸드백 못지않다. '리세스(RICHESSE)'란 한국 브랜드로 장인정신을 가지고 만든다. 핸드백의 부자재는 국산을 사용하여 변질이 거의 없고 지퍼도 일본에서 수입한 고급제품만을 사용한다. 공장과 겸해서 장사하기 때문에 제품의 A/S를

완벽한 쇼핑

무상으로 해준다고 한다.

눈 번쩍 뜨이는 안경상가

숭례문 수입상가 뒤쪽의 본동상가, 남대문상가, 남대문극장 2층, 남대문로 보행도로변, 퇴계로 남대문시장 입구 '세계로 안경타운' 등 이곳 남대문시장 내외엔 안경점이 150여 곳이나 있다. 말 그대로 '안경천국'이다.

이곳의 안경 유통량은 전국 유통량의 50퍼센트 이상을 차지하고 있다. 안경과 콘택트렌즈, 선글라스 등 눈에 관련된 모든 것들을 판매한다. 안경은 국산 안경테부터 수입 안경테 등 다양한 디자인과 가격대의 물건이 있다. 안경점 가운데 규모가 큰 곳에서는 자체 브랜드를 직접 생산·판매하는 곳이 많아 시중가보다 30~50퍼센트 정도 싸다.

전국 최대규모 아동복상가

'Gate4' 쪽으로 나가면 유아복, 아동복, 액세서리, 신발, 잡화 등 유아부터 주니어까지 모든 아동 관련용품을 파는 상가들이 줄지어 서 있다. 대부분의 상가가 70~80년대에 오픈했다. 부르뎅, 마마, 포키, 원아동복 탑랜드(삼익패션타운 1층), 크레용아동복이 이곳에 있다. 이곳 상가는 공장직영으로 운영하기 때문에 시중에 있는 매장에 비해 훨씬 저렴한 가격으로 우수한 디자인의 물건을 구매할 수 있다.

그 많은 것을 어디서 사야 하나

부르뎅 아동상가의 '아이플러스(120호)'에서는 수제화를 판매하는데 돌잡이 아이에서 초등학교 아이의 신발까지 판매한다. 가격은 1만 8,000원부터여서 가격흥정이 가능하다. 특히 가죽제품의 수제화가 부드럽고 착용감이 좋다. 국내공장에서 직접 만들어 튼튼하고 A/S가 되며 교환과 환불도 가능하다. '캣 고고(24호)'는 특이하고 튀는 디자인의 옷들이 많다. 아이들 옷에서 흔치 않은 검정과 화이트 위주의 색상을 사용하여 스팽글과 다양한 부자재로 장식한 옷을 판매하는 집이다. 댄스를 하는 아이들을 위한 의상을 취급하며 단체복 맞춤도 가능하다.

온갖 수입품이 다 있다는 도깨비상가

외국에서 들여온 물건을 전문적으로 취급하는 수입용품 상가들 또한 남대문시장의 명물이다. 남대문시장에는 도깨비수입상가, E동 수입상가, D동 대도종합지하수입상가, C동 지하수입상가, 남도종합상가(국제수입상가), 숭례문수입상가 등 총 여섯 곳의 수입상가가 있다. 5,000원짜리 타월부터 200만 원대 명품의류, 800만 원대 모피, 1,000만 원대 보석까지 상상을 뛰어넘는 별세계가 숨어 있다.

일용품 잡화, 식품, 건강식품, 화장품, 여성속옷, 란제리, 이탈리아가구, 의류, 보석, 주방용품, 안경, 가전제품 등 다양한 상품이 취급되고 있다. 집에서 쓰는 양모이불, 베드 스프레드, 쿠션 커버, 발매트 등 패브릭 제품도 다양하다. 수입잡화 판매로 유명한 생활용품 브랜드 '코즈니'도 남대문에서 시작했다. 미국과 이탈리아 등지에서 수입한 유리포트나 컵도 시중가보다 20퍼센트 이상 저렴하며, 일본산 도기 포트, 홍찻잔 등도 주부들이 많이 찾는다.

화장품 상가도 눈에 띈다. 크리스찬디오르, 샤넬, 겔랑 등 백화점 입점 브랜드에서부터 일본 가네보의 폼클렌저까지 다양하고, 향수는 백화점보다 훨씬 종류도 많고 저렴하다. 수공예품 매장은 강남 아줌마들이 즐겨 찾는 곳이다. 원석이나 옥이 박힌 브로치와 반지는 10~50만 원대, 100만 원을 훌쩍 넘는 목걸이도 있다. 하지만 수공예 액세서리는 하나하나가 예술작품인데다 디자인도 아주 다양하다.

남 대 문 시 장 에 도 백 화 점 이 있 다 ?

남대문시장 중심부에 자리 잡은 삼익패션타운은 지하 5층, 지상 10층 건물로 남대문시장에서 건물이 가장 높다. 1층에는 서울 원아동복 186개 점포가 성업 중인데, 최고의 디자이너들이 만들어내는 자체 브랜드들은 '남대문시장은 아동복'이라는 오랜 명성을 이어오고 있다. 2층 숙녀복 전문매장은 남대문 최고의 상권을 자랑한다. 특히 69호(실방)는 일본과 유럽 등의 패션 디자이너들과 정기적인 교류를 통해 각국에서 유행하는 최신 디자인을 선보인다. 3층 숙녀복 전문매장(176개)은 대부분 자체 생산공장을 갖추고 있어 품질대비 가격이 저렴한 게 강점이다.

6층 구두매장은 우리나라 최초의 구두백화점으로, 생산자가 직접 운영까지 참여해 맞춤형 신발을 선호하는 고객들이 많다. 7~8층은 유명패션·스포츠·남성복·숙녀복 할인매장으로 LG패션 등의 브랜드 제품을 대거 선보이고 있다.

판매하는 곳마다 다른 가전제품

알뜰녀 씨는 냉장고를 사기 위해 백화점과 대형마트, 가전제품 전문점 등을 돌며 발품을 팔았다. 그녀가 마음에 둔 제품은 A전자 제품이다. 백화점에서는 270만 원, 대형마트에서는 255만 원에 팔리고 있었다. 하이마트에 가니 250만 원까지 내려갔다. 그녀는 갈등하기 시작했다. 백화점 제품은 정품이지만 대형마트나 전문점 제품은 부품의 질이 떨어지거나 이월제품이라는 얘기를 주위 사람들로부터 들은 기억 때문이다. 사실일까? 결론부터 말하면, 말도 안 되는 유언비어에 불과하다.

백화점과 대형마트, 가전제품 전문점에서 판매하는 제품은 모두 정품이다. 같은 회사의 같은 모델명을 가진 제품은 어느 곳에서 구매를 해도 동일한 생산라인에서 제조된 것이어서 제품은 동일하다. 삼성전자, LG전자의 경우, 브랜드 가치를 중시하기 때문에 특정 유통업체에 들어가는 제품의 일부 부속을 저가형으로 사용해 유통업체에 납품하는 방식을 채택하지 않고 있다.

그럼 가격은 왜 각기 다른 걸까? 이는 모델명과 기능이 다르기 때문이다.

알뜰녀 씨가 백화점과 대형마트, 가전제품 전문점에서 '똑같다'고 생각한 냉장고의 모델명을 꼼꼼히 따져보면 약간씩 차이가 있다. 모델명을 보면 숫자가 길게 나열돼 있는데, 거의 비슷해 보이지만 자세히 보면 알파벳 한두 개가 다르다. 이는 기본 사양에서 차이가 있다는 뜻이다. 예를 들어보자. 백화점에서 판매하는 냉장고는 풀 옵션이다. 대형마트와 가전제품 전문점의 물건은 풀 옵션에서 몇 개 기능이 빠진다고 보면 된다. 백화점 냉장고에는 공기청정 기능이 있는데, 대형마트와 전문점 제품에는 공기청정 기능이 빠지는 식이다.

삼성전자 관계자는 이러한 점에 대해 다음과 같이 설명했다.

"백화점은 최상의 품질을 원하는 고객들이 주로 찾기 때문에 최상의 제품을 선보이고 있는 것이지요. 대형마트나 전문점은 가격이 비교적 저렴한 제품을 찾는 고객들이 많아서 그에 맞춰 제품을 납품하고 있습니다."

그럼 풀 옵션인 백화점 제품을 싸게 살 수는 없을까? 백화점이 고가제품 위주로 판매하긴 하지만, 그 와중에서도 각종 사은행사, 진열상품 행사를 잘 활용하면 품목에 따라선 전문점이나 대형마트보다 싸게 살 수도 있다. 특히 소비자들이 많이 찾는 주말(금~일요일)에는 대부분의 백화점 가전매장이 특가행사를 진행해 주중 대비 5~10퍼센트 저렴하다.

가전제품의 특성상 타 상품군보다 객단가가 높기 때문에 고액 상품에 대한 프로모션 행사의 혜택도 다양하다. 고액 프로모션 행사는 세일 또는 창립행사 기간에 월 1회 정도 진행하는데, 구매금액의 최대 5퍼센트가량 상품권을 사은품으로 받을 수 있다.

이 밖에도 백화점이 제휴를 맺고 있는 신용카드로 구입하거나 혼수 고객을 대상으로 한 추가할인혜택도 받을 수 있다. 혹은 가전업체별로 품목에 따라 10~30만 원의 모바일 상품권을 추가로 주기도 한다.

백화점은 애프터서비스를 좀 더 안정적으로 받을 수 있는 장점

TIP 김기자에게 물어봐!

국내 최저가 노트북 구입에 도전하라!

모든 노트북 가격은 마치 고무줄처럼 조정이 가능하다. 노트북에 대한 지식이 없다면 대부분 상술에 의해 구입하기 마련이다. 비싸게 노트북을 구입하는 것을 막기 위해서는 미리 계획을 세워서 구입해야 한다. PC의 가격은 제품의 사양에 따라 천차만별이다. 가장 우선적으로 CPU가 인텔이냐 AMD냐에 따라 차이가 많이 나고, 듀얼코어인지 쿼드코어인지에 따라서도 차이를 보인다.

그래픽카드의 가격차도 무시 못한다. 일반 업무나 온라인 검색 등 가벼운 용도로 사용하는 그래픽 카드가 내장된 메인보드라면 가격이 많이 저렴하다. 하지만 3D 온라인게임을 즐길 수 있는 고사양의 그래픽카드가 장착됐을 경우 가격은 치솟는다.

램 용량의 차이와 하드디스크의 용량 OS(윈도우)의 유무에 따라 생기는 가격차도 무시 못한다. 따라서 AMD, CPU에 듀얼코어, 내장형 그래픽카드, OS, 램과 하드디스크의 용량을 적게 했을 경우 가격은 아주 저렴하다. 이런 사양들을 초특가 세일이라고 눈속임 판매하는 곳들이 많으니 주의해야 한다. 결국 제 가격 주고 구입하는 것이다.

이 있다. 백화점 고객센터에 전화하면 백화점 측이 제조사에 AS를 의뢰해 서비스를 처리해준다. 백화점의 또 다른 장점은 가전제품을 살 때 추가비용이 거의 생기지 않는다는 것이다. 인터넷 쇼핑몰의 경우를 보면 표시된 가격은 최저가이지만, 대신 설치비를 과다 청구하거나 운송비를 별도로 받는 등의 편법을 통해 가격을 보전하는 경우가 많다. 특히 에어컨은 설치비가 비싸 분쟁이 일어나는 사례가 많다. 하지만 백화점에서는 대부분 호스 길이 8미터까지는 기본 설치비를 따로 받지 않는다고 한다.

리퍼브 제품을 아시나요?

근래 들어 결혼을 앞둔 예비신부들 중에 아침을 먹고 나면 집을 나와 한나절 내내 동서남북을 휘젓고 다니는 분들이 많다. 바로 '리퍼브' 제품을 구입하기 위해서이다. 알뜰하기로 소문난 이 예비신부들이 하루 6시간 정도 발품을 팔며 찾아다니는 '리퍼브' 상품은 대체 뭘까?

물가가 고공행진을 이어가면서 '리퍼브' 상품이 새롭게 주목받고 있다. '새로 꾸미다'라는 의미를 갖고 있는 '리퍼비시(refurbish)'의 준말로, 구매자의 단순 변심이나 미세한 흠집 등으로 반품되거나 과거 진열장에 전시되었던 제품들을 의미한다. 즉 약간의 흠집이 있는 상품이나 반품된 상품을 손질하여 소비자에게 정품보다 싼 가격으로 되파는 제품을 말한다. 리퍼브 제품은 미국 등 서구문화에 익숙한 젊은층에게는 일반적인 현상이지만, 우리나라에서는 최근 들어 관심을 끌며 수요가 늘고 있다.

리퍼브 제품이 인기를 끄는 가장 큰 이유는 품질 대비 가격이 저렴하기 때문이다. 이들 제품은 약간의 흠을 제외하고는 정상 제품과 동일한 품질을 가지고 있지만, 가격은 일반적으로 30~40퍼센트 정도 저렴하다. 반품 후 꼼꼼한 검사 과정을 거쳐 새롭게 포장·판매돼 새 제품과 별 차이가 없는 것도 장점이다.

장롱, 식탁, 소파 등 가구들도 리퍼브 제품이 인기다. 이들 제품은 새것이지만 전시, 반품 등의 이유로 도장이 살짝 벗겨지거나 표면에 약간의 오염이나 흠집이 있는 것들이다. 이 같은 스크래치 가구들은 정상제품보다 평균 40~50퍼센트가량 저렴하다.

TIP 김기자에게 물어봐!

리퍼브 제품 어디서 사나?

온라인의 경우 11번가 리퍼브(www.11st.co.kr), 옥션 리퍼브(www.auction.co.kr), 롯데닷컴 리퍼브(www.lotte.com), 어바웃 리퍼브 가격비교(www.about.co.kr), G마켓 리퍼브(www.gmarket.co.kr), 리퍼브 위즈위드(www.wizwid.com) 등이 소비자들 사이에 널리 알려져 있다.

오프라인 매장은 리퍼브샵(031-769-8836), 수원리퍼브샵(080-365-1825), 리퍼브샵 군포점(031-397-0078), 제일리퍼브샵(031-257-4485), 리퍼브샵 하남점(031-795-0021) 등이 대표적이다

　일부 리퍼브 샵에서는 반품 시기를 놓친 명품가방이나 선글라스 등이 시중가의 70~80퍼센트에 판매되는가 하면, 110만 원대의 노트북이 60만 원대에 판매되기도 한다. 새 물건이나 다름없는 제품을 반값 가까이 할인 받을 수 있으니 얼마나 좋은가.

그 많은 것을 어디서 사야 하나

대한민국 유통이 변하고 있다

"선배! 결혼 준비해야 하는데요. 가구와 침대 싸게 살 수 있는 방법 없나요?"

"기환아! 냉장고 사야 하는데 백화점 갈까? 대형마트 갈까? 어디 가서 사야 좋을지 알려줘."

"와이프 생일선물로 아울렛에서 명품가방 하나 사려는데 정품 맞나? 혹시 '싼 게 비지떡' 아닌가?"

유통기자를 10년 하다보니 지인들로부터 이런 전화를 자주 받는다. 이들의 공통점은 "무조건 싸게 살 수 있는 방법"을 알려달라는 것이다. 그때마다 저자는 '알뜰구매' 노하우와 제품 고르는 방법까지 자세히 설명해준다. 이렇게 제품을 구매한 지인들은 한결같이 만족한다는 반응들이었다.

이 책을 내게 된 동기가 바로 여기에 있다. 저자의 지인뿐만 아니라 많은 사람들에게 알뜰구매 방법을 알려주면 좋겠다는 생각에서다. 특히 유통 분야를 오래 담당하다보니 서민경제 체감도가 남다른 편이다. 요즘 얼마나 살기 힘든가.

버는 것은 한정돼 있는데 물가는 오르고 돈 들어 갈 곳은 많다. 만 원짜리 한 장을 들고 마트에 가서 장바구니에 담을 수 있는 가짓수는 갈수록 줄어든다. 젖먹이 분유부터 아이들이 즐겨 먹는 과자, 학용품, 옷, 술 등 오르지 않은 품목이 거의 없다. 역대 정부마다 서민물가만은 잡겠다고 약속하지만 공언으로 끝나곤 했다.

2008년 금융위기 이후 전 세계가 침체 국면에 빠져 있고 국내 경기도 좀체 활기를 찾지 못하고 있다. 20대 가운데 90퍼센트는 백수라는 '이구백', 취직 못해서 인턴으로만 옮겨 다닌다는 '메뚜기 인턴', 31세까지 취직 안 되면 끝이라는 '삼일절' 등의 신조어가 이를 잘 반영한다.

경기가 나빠지면 주부들은 식탁에 올릴 반찬 가짓수를 줄이고 의류 구입비, 문화 생활비 등을 차례차례 줄여나간다. 그렇다고 '소비의 욕구'가 줄어드는 건 아니다. 잠시 뒤로 유보할 뿐이다. 앞으로도 비관적인 경제 전망이 주류를 이루고 있다. 그렇다면 비용을 줄이면서 '똑똑한 소비'를 할 수 있는 방법은 없을까. 이런 소비자의 고민을 담은 이 책이 서민들의 소비 생활에 큰 도움을 줄 것으로 믿는다.

책에서 소개한 대로 중고차와 신차(수입차 포함)만 잘 사도 수십~수백만 원은 절약할 수 있다. 먹을 수 있는 두부와 우유를 유통기한이 며칠 지났다고 무조건 버리던 알뜰녀의 나쁜 습관을 일깨워줬다면 이 또한 큰 수확이다.

주유소 가장 싼 곳 이용하기, 영화 저렴하게 보기, 유아복 싸게 사기, 책 싸게 구입하기 등 일상생활과 밀접한 부분에서도 알뜰 소비가 기대된다.

저자는 확신한다. 새집에 새 가정을 꾸리는 부부가 1년간 이 책을 보고 살림살이를 장만하고, 옷을 사 입고, 아이를 낳아 행복하게 산다면 최소 몇백만 원의 가계비를 줄일 수 있다고.

그런데 이 책을 내면서 한 가지 마음에 걸리는 게 있다. 10년 넘도록 출입하던 기업들이다. 누구보다도 속사정을 잘 아는 저자가 그들이 숨기고 싶어 하는 것을 밖으로 끄집어냈기 때문이다. 소비자들한테는 부끄럽고, 저자한테는 서운할 수 있다. 하지만 저자는 달리 생각한다. 알뜰구매 방법을 소비자들이 알았으니 소비가 더 활발히 이뤄져 기업들이 더 많은 수익을 올릴 수 있다는 기대에서다.

아무쪼록 이 책이 장기불황을 겪고 있는 대한민국 경제에 알뜰소비를 진작시켜 내수경기에 활기를 불어 넣어줬으면 좋겠다

완벽한 쇼핑

**THE PERFECT
SHOPPING**